GUSTAVO TAIT

Relacionamento BLINDADO

Literare Books
INTERNATIONAL
BRASIL · EUROPA · USA · JAPÃO

Presidente do conselho:
Maurício Sita

Presidente:
Alessandra Ksenhuck

Vice-presidentes:
Cláudia Pires e Julyana Rosa

Diretora de projetos:
Gleide Santos

Coordenadora editorial:
Amanda Moura

Editor:
Anselmo Vasconcelos

Assistentes editoriais:
Júlia Almeida, Lui Navarro e Emerson Xavier

Design de capa, projeto gráfico e diagramação:
Gabriel Uchima

Ilustração do escudo:
Midjourney

Revisão:
Letícia Nakamura e Luísa Bérgami

Impressão:
Printi

Dados Internacionais de Catalogação na Publicação (CIP)
(Câmara Brasileira do Livro, SP, Brasil)

Tait, Gustavo
Relacionamento blindado : a jornada para um amor inabalável / Gustavo Tait. -- São Paulo : Literare Books International, 2024.

ISBN 978-65-5922-980-2

1. Autoconhecimento 2. Casamento 3. Desenvolvimento pessoal 4. Relacionamentos I. Título.

24-232608 CDD-158.2

Índices para catálogo sistemático:

1. Relacionamentos : Psicologia 158.2

Eliete Marques da Silva - Bibliotecária - CRB-8/9380

Literare Books International.
Alameda dos Guatás, 102 – Saúde – São Paulo, SP.
CEP 04053-040
Fone: +55 (0**11) 2659-0968
Site: www.literarebooks.com.br
E-mail: literare@literarebooks.com.br

FSC www.fsc.org
MISTO
Papel | Apoiando o manejo florestal responsável
FSC® C196274

NOTA DE ESCLARECIMENTO

Queridos leitores e leitoras,

Este livro foi cuidadosamente escrito para celebrar e fortalecer toda forma de amor, independentemente de sua configuração. Embora sua linguagem tenha sido direcionada às dinâmicas de casais heterossexuais e cisgêneros, os princípios abordados aqui transcendem esses limites. O amor, a parceria, a comunicação, a empatia e a superação de conflitos são temas universais, que tocam a essência de qualquer relacionamento, seja ele qual for.

Imagine cada página aqui como uma bússola, apontando não para um caminho específico, mas para o coração do seu relacionamento. Não importa a configuração da sua união, o que importa é a intenção de crescer juntos, de conhecer melhor um ao outro, de fortalecer a conexão entre vocês. Este livro é um convite para que vocês dois, em qualquer forma de amor, embarquem nesta jornada de autoconhecimento e fortalecimento mútuo.

As ferramentas, reflexões e técnicas que apresentamos aqui são flexíveis, como o vento que se adapta à força das velas, impulsionando o barco. Elas podem e devem ser ajustadas à realidade de vocês, à singularidade da sua relação. O que importa, acima de qualquer distinção, é o desejo sincero de construir algo firme, que resista às tempestades e ao tempo. Um relacionamento em que a confiança, o respeito e a conexão emocional são as âncoras que os mantêm juntos, mesmo em mares agitados.

No final, o que importa é que o amor seja a bússola que guie sua jornada, e que, juntos, vocês encontrem a força e a alegria de remar na mesma direção.

INTRODUÇÃO: O COMPROMISSO COM O AMOR!

Imaginem-se em uma travessia desafiadora, como se estivessem juntos em uma canoa, navegando por um rio que alterna entre águas calmas e correntezas imprevisíveis. Vocês dois estão remando, lado a lado, enfrentando cada curva, cada obstáculo, com um objetivo claro: alcançar a margem onde o amor é mais forte, mais sólido, mais verdadeiro. Nessa jornada, o trabalho em equipe será a chave para superar as dificuldades que surgirem pelo caminho. Só juntos, com união e compreensão, será possível atravessar esse rio e encontrar a tranquilidade das águas mais calmas que esperam à frente.

Este livro é mais que um simples manual de técnicas para melhorar a comunicação ou resolver conflitos. Ele é um mapa que irá guiá-los rumo à construção de um relacionamento inabalável, uma fortaleza de amor e cumplicidade. Reunimos aqui os estudos mais avançados da neurociência, que revelam os mistérios de como nossa mente e nosso coração funcionam, e somamos isso aos ensinamentos mais profundos da psicologia, da filosofia e até das tradições espirituais. Vocês vão caminhar ao lado de gigantes como Freud, Jung, Gandhi e tantos outros que nos ensinaram, ao longo dos séculos, que o amor verdadeiro é mais que um sentimento – é uma prática diária, uma escolha constante de cuidado, respeito e crescimento mútuo.

Mas saibam que, assim como toda travessia, essa jornada exigirá esforço. Em dados momentos, remar contra as correntezas das próprias emoções e das dificuldades que surgem pode ser cansativo. Haverá momentos em que o barco parecerá instável, onde a comunicação falhará e os conflitos surgirão. Mas não deixem que essas turbulências os desanimem. A verdadeira força de um casal está em como enfrentam os desafios juntos, com amor, paciência e determinação.

Este livro será um espaço seguro para vocês. Um momento diário para se reconectarem e, acima de tudo, para se lembrarem do compromisso que fizeram quando escolheram estar um com o outro. Cada capítulo, cada reflexão e cada palavra foram escritos para ajudá-los a fortalecer o que há de mais precioso: a relação de vocês. E aqui vai o convite: leiam juntos, dividam esse momento. Façam dessa jornada uma rotina, reservando todos os dias um tempo para caminhar lado a lado nesse percurso.

Se houver momentos de desconforto ou desafios emocionais, acolham essas sensações com maturidade. Este livro não visa causar brigas, e sim abrir portas de diálogo e de cura. Sigam juntos com a certeza de que, ao final da travessia, estarão mais unidos, mais fortalecidos e preparados para enfrentar qualquer correnteza que a vida colocar no caminho de vocês.

Ao longo desta jornada, vocês serão apresentados a ferramentas práticas, reflexões poderosas e técnicas comprovadas. Desde a comunicação não violenta (CNV) até as mais avançadas teorias sobre a linguagem do amor: tudo está aqui para que vocês superem os obstáculos e, no fim, fortaleçam-se como nunca. A cada página, darão um passo rumo a essa construção – a um relacionamento blindado, imune às intempéries da vida. Não importa se vocês estão atravessando um momento de crise ou se simplesmente querem solidificar ainda mais o que já construíram, este livro será o mapa que os conduzirá a esse amor inabalável.

Este é o momento de se reconectar, de transformar e de fortalecer o amor. Remem juntos, na mesma direção, e alcancem o destino que vocês merecem.

No entanto, queridos leitores, sei que nem sempre os dois estão prontos para remar na mesma direção ao mesmo tempo. Talvez você olhe para o lado e sinta que seu parceiro ou parceira ainda não esteja aberto(a) para a travessia, e isso pode doer. Mas aqui vai uma verdade que eu gostaria que você carregasse com carinho: remar sozinho não significa fracasso. Pelo contrário, significa que está cuidando do que pode controlar – sua própria evolução. Ao fortalecer seu lado da canoa, você equilibra a jornada, mesmo que o outro ainda esteja hesitante em pegar o remo.

A sua transformação pessoal pode ser o farol que ilumina o caminho do outro, sem pressões ou cobranças. Às vezes, é ao observar a mudança em você que o parceiro ou parceira começa a sentir o desejo de mudar também. Se você sente que carrega o peso de uma relação desgastada ou que está à beira do fim, lembre-se de que este livro é, antes de tudo, um convite para resgatar sua própria força. Não se trata de esperar que o outro mude primeiro, mas de fortalecer seu coração, suas convicções, sua clareza.

Se o seu parceiro ou parceira ainda não estiver disposto(a) a embarcar nesta leitura ao seu lado, não desanime. Continue sua travessia, firme e com propósito. Você pode ser o exemplo de que o amor é capaz de se transformar, e de que que a mudança começa dentro de nós. Ao focar no seu próprio crescimento, você cria uma nova dinâmica no relacionamento – uma transformação silenciosa, que pode inspirar o outro a querer seguir esse mesmo percurso.

O autoconhecimento é o ponto de partida de qualquer grande mudança. Se você está enfrentando conflitos, se sente incompreendido(a) ou até mesmo à beira de um término, este livro é um farol. Ele convida você a reconstruir sua própria força interior e, com ela, ter a chance de restaurar a união, de um jeito mais autêntico e mais profundo. E se, por algum motivo, essa travessia a dois não for restaurada, que essa transformação pessoal seja o início de uma nova fase, marcada por mais autoconfiança e amor-próprio.

Para aqueles que estão lidando com o luto de uma relação perdida, saibam que este livro também pode ser seu guia em tempos de tempestade. Ele oferece as ferramentas para entender a dor, processar o sofrimento e, eventualmente, abrir as velas para um novo ciclo, mais fortalecido(a) e consciente de si. Este livro é a bússola que pode suscitar a nitidez e a coragem para reconstruir sua vida amorosa ou, quem sabe, acolher um novo amor no futuro, mais sólido e verdadeiro.

Minha mensagem é clara: não force, apenas convide. Convide o outro a remar ao seu lado, mas não perca a força se ele ou ela não aceitar o convite de imediato. Lembre-se: este livro é, antes de tudo, uma jornada de fortalecimento pessoal. Ao seguir essa travessia sozinho(a), você plantará a semente de algo muito maior. O amor se transforma nos pequenos gestos, na compreensão silenciosa e na coragem de crescer, um passo de cada vez.

Ao dedicar-se a esta leitura e aplicar o que aprenderá aqui, você dará um passo valioso – seja para fortalecer sua união atual ou para pavimentar o caminho do amor que tanto deseja viver. Este é um convite para a mudança, e você já deu o primeiro passo.

Estou ao seu lado nesta travessia, e espero que as palavras encontradas aqui toquem seu coração e o ajudem a transformar sua vida e sua relação, de dentro para fora.

Com carinho e confiança,

Gustavo Tait

SUMÁRIO

CAPÍTULO 16

QUEIXAS E RESOLUÇÕES: AJUSTANDO AS ARESTAS DA RELAÇÃO 233

Capítulo 1

A ARTE E A CIÊNCIA DO AMOR: EXPLORANDO OS MISTÉRIOS DA CONEXÃO HUMANA

AMOR. Um sentimento tão vasto e profundo que, por vezes, nos deixa sem palavras, nos mergulha em perguntas sem respostas. E talvez seja exatamente essa imprevisibilidade que o torna tão irresistível, tão mágico. Como pode ser que duas almas, carregando histórias tão únicas e distantes, se entrelacem para criar algo tão grandioso? Talvez o segredo não resida apenas no coração, mas nas profundezas do cérebro, onde ciência e emoção dançam, revelando os mistérios dessa força transformadora.

Estão prontos para embarcar nesta jornada?

Vamos juntos, de coração aberto, desvendar não apenas os mistérios do amor, mas também enfrentar, com coragem, os desafios que surgem ao longo do caminho. O que ofereço aqui vai além do entendimento racional – é uma promessa de crescimento, de cura e de fortalecimento mútuo. Cada página é um convite para vocês se redescobrirem, reforçando o laço que os une, transformando este momento em uma experiência que tocará a alma e renovará a essência do relacionamento.

Quando nos apaixonamos, o cérebro se ilumina, literalmente. Há uma "explosão" de substâncias químicas que nos fazem sentir eufóricos: dopamina, ocitocina, serotonina. Cada gesto de carinho do outro provoca essa química poderosa, criando aquele prazer inigualável e o desejo de proximidade. Vocês já viveram isso, certo?

Mas o tempo passa, e a paixão se transforma. Não quer dizer que ela desaparece, mas que evolui para algo mais estável, mais sólido. Vocês sabem do que estou falando. Esse é o momento em que o amor vira parceria, e o companheirismo toma o lugar daquela paixão inicial. Isso é natural e também necessário. Só que, muitas vezes, é aí que os desafios aparecem.

Nos momentos de tempestade, o cérebro reage como se estivesse diante de um perigo iminente. A tensão cresce, as palavras se perdem, e tudo parece mais distante e complicado. Mas respirem fundo. Vocês não estão sozinhos nesta travessia. Existe um caminho. A neurociência nos revela que o cérebro é maleável – ele pode aprender, se transformar e superar os conflitos. E é exatamente isso que vamos fazer aqui, juntos: romper os antigos padrões que os afastam e construir novas formas de se reconectar, guiados pelas técnicas mais modernas da ciência e pela sabedoria dos grandes filósofos que marcaram a história.

Já ouviram falar de estoicismo? Essa filosofia nos ensina que, **embora não possamos controlar o que acontece, podemos controlar como reagimos às coisas**. Isso é fundamental nos relacionamentos: vocês não podem mudar o outro, mas podem mudar como respondem a ele. E essa é uma chave poderosa. Sêneca, um dos grandes mestres do estoicismo, dizia: **"Dificuldades fortalecem a mente, assim como o trabalho físico fortalece o corpo"**. E o mesmo vale para os relacionamentos: os desafios, quando enfrentados com resiliência, podem fortalecer os laços de maneira surpreendente. Cada conflito pode ser uma oportunidade de crescimento – desde que vocês estejam dispostos a aprender com ele.

Lembrem-se também da compaixão, um princípio que o budismo nos oferece. No calor de uma discussão, é fácil esquecer que as emoções são passageiras. Ser compassivo consigo mesmo e com o outro pode transformar qualquer situação. Quando entendemos que até as emoções mais intensas vão passar, encontramos espaço para o diálogo e a cura.

O amor, queridos leitores, não é apenas um sentimento que invade o coração. Ele é um ato de coragem, uma decisão renovada a cada dia. Amar é escolher, em meio às tempestades e calmarias, cuidar do outro e crescer lado a lado. É uma dança delicada entre dar e receber, entre ouvir e ser ouvido. E é exatamente por isso que estou aqui, para caminhar com vocês nesta jornada, oferecendo as ferramentas que podem fortalecer e nutrir a união, tornando-a mais sólida e verdadeira a cada passo.

> **Lembrem-se: a mudança começa de dentro.** Ao desvendar os mistérios que unem o cérebro e o coração, vocês terão o poder de transformar esse relacionamento. A ciência nos mostra que a mudança é possível, enquanto a sabedoria ancestral nos guia na arte de aplicar essa transformação.

Vocês já deram o passo mais importante ao estarem aqui, prontos para esta jornada. Sigam comigo, de mãos dadas, nesta travessia de autodescoberta e fortalecimento. Porque o verdadeiro amor não é apenas aquele que resiste, mas aquele que cresce e floresce, mesmo em meio às maiores adversidades.

Capítulo 2

A CRISE DOS RELACIONAMENTOS MODERNOS: UM CHAMADO PARA A TRANSFORMAÇÃO

Imagine-se no comando de um navio em mar aberto. O céu, antes azul e calmo, agora está coberto por nuvens escuras. O mar, que antes parecia sereno, transforma-se em uma tempestade avassaladora, com ondas enormes surgindo à sua frente. O mapa nas suas mãos está borrado, o leme fora de controle, e as estrelas que costumavam guiar sua rota desapareceram. Essa metáfora é muito parecida com o que muitos casais enfrentam nos dias de hoje. Relacionamentos que começam cheios de amor e esperança, com promessas de futuro, acabam se perdendo em uma tempestade de conflitos, traições, mentiras, mágoas e, em muitos casos, violência.

O que testemunhamos não é um problema isolado. É uma crise global nos relacionamentos. Uma crise que devasta lares, desestrutura famílias e, mais alarmante ainda, compromete a saúde mental e emocional de milhões de pessoas. E eu quero que você saiba que esses números refletem algo profundo, algo que tem afetado as nossas conexões mais íntimas.

Vamos dar uma olhada nesses números. Eles são impressionantes, mas importantes para entender o tamanho da crise. Em âmbito global, **cerca de 50% dos casamentos terminam em divórcio**. Nos Estados Unidos, esse número chega a 39%, e no Reino Unido, 42%[1]. Aqui no Brasil, a taxa de divórcios chegou a 50% em várias regiões, de acordo com o IBGE. Isso não é apenas uma mudança cultural; é uma evidência clara de que nossos relacionamentos estão mais frágeis e difíceis de manter. O casamento, antes visto como união para a vida toda, vem sendo interrompido cada vez mais cedo por uma desconexão emocional crescente.

Mas os números não param por aí. E se falarmos das traições? **Estudos mostram que entre 50% e 60% das pessoas já traíram seus parceiros pelo menos uma vez**[2]. Esse dado é difícil de digerir, porque a traição corrói o pilar fundamental de qualquer relacionamento: a confiança. Traições deixam marcas profundas, difíceis de apagar, e muitas vezes são o sintoma de uma sociedade que perdeu a conexão emocional e o respeito mútuo.

E o que dizer da violência doméstica? A realidade é dura e urgente, impossível de se ignorar, mesmo quando o silêncio tenta encobrir as cicatrizes mais profundas. No Brasil, mais de **1,2 milhão de casos de violência doméstica são registrados a cada ano, e a cada sete minutos, uma mulher é agredida dentro de casa**[3]. O cenário é ainda mais devastador quando olhamos para o feminicídio – o ato brutal de tirar a vida de uma mulher simplesmente por ela ser mulher. Em média, **quatro mulheres são assassinadas por dia**[4] no Brasil por razões de gênero, um número que ecoa o grito sufocado de milhares de vítimas invisíveis.

Essa violência se esconde nas paredes do lar, no espaço onde o amor deveria florescer. Não é só física; é a dor invisível das palavras, o controle psicológico que corrói, a manipulação silenciosa que suga a dignidade e o respeito. É o abuso emocional, que aos poucos destroça a alma, transformando o que deveria ser acolhimento em um campo de batalha diário. As marcas, muitas vezes, não estão na pele, mas no coração e na mente, e são profundas.

O feminicídio é a face mais sangrenta dessa destruição. Um país onde **uma mulher é morta a cada seis horas por um parceiro ou ex-parceiro**[5] revela quão frágil ainda é o pacto de respeito e dignidade nas relações. E essa violência não para nas mulheres. Crianças, que assistem a esses abusos, crescem com cicatrizes emocionais que perduram por toda a vida. Homens, muitas vezes presos ao machismo estrutural, também sofrem. Eles são ensinados a reprimir emoções, a usar o controle como forma de poder, e acabam reféns de uma masculinidade tóxica que destrói não apenas seus relacionamentos, mas a si mesmos.

A violência doméstica é um colapso do respeito, um abismo onde o amor genuíno se perde. O que era para ser um lar, um lugar de segurança, se transforma em um espaço de dor. Estamos vivendo uma crise que atravessa todas as camadas da sociedade, onde o machismo, o silêncio e a opressão continuam a minar o que deveria ser a base do amor e da parceria.

Esses números não podem ser vistos como estatísticas frias. Eles representam vidas reais, pessoas que estão sofrendo. É uma sociedade inteira à beira de um colapso emocional, onde o respeito, o carinho e a compreensão são substituídos por abuso, manipulação e silêncio.

E mais do que isso: a crise dos relacionamentos modernos deixa marcas profundas na saúde mental. No Brasil, quase **19 milhões de pessoas sofrem de ansiedade, e cerca de 12 milhões enfrentam depressão**. De acordo com a Organização Mundial da Saúde (OMS), **o Brasil é o país com maior índice de ansiedade e depressão do mundo**[6]. Relações disfuncionais têm um impacto devastador, levando muitas pessoas ao limite emocional. E o suicídio, que infelizmente é uma das principais causas de morte entre os jovens, está profundamente ligado a esses conflitos emocionais e a relacionamentos tóxicos. No Brasil, são registrados **13 mil suicídios por ano**; em média, cerca de **38 pessoas tiram a própria vida por dia**. Estima-se que, para cada suicídio consumado, existam cerca de 20 tentativas. Isso significa que aproximadamente **760 pessoas tentam suicídio por dia**[7]. Esses dados refletem um problema de saúde pública que afeta famílias e comunidades, exigindo mais diálogo, suporte emocional e acesso a tratamento adequado para quem passa por crises emocionais profundas. Sentir-se preso em uma relação que causa dor, isolamento e frustração pode ser um gatilho poderoso para o colapso da saúde mental.

A neurociência nos ajuda a entender o que acontece no cérebro durante esses momentos de crise. O neurocientista Joseph LeDoux explica que a amígdala, a parte do cérebro que processa as emoções, entra em alerta máximo quando nos sentimos ameaçados ou em conflito. Isso significa que, em uma discussão, nosso cérebro ativa o sistema de "luta ou fuga", liberando cortisol, o hormônio do estresse. E, quando estamos nesse estado, fica muito mais difícil comunicar ou resolver os problemas de maneira racional. Em vez de nos aproximarmos, acabamos nos distanciando, presos em um ciclo de reatividade emocional que parece não ter fim.

Um fator que também intensificou essa crise são as redes sociais. Criadas para conectar as pessoas, elas acabaram por criar uma realidade distorcida. O que vemos on-line são versões "perfeitas" de vidas e relacionamentos. Casais publicam suas fotos de momentos felizes, e isso cria uma pressão enorme para que as relações reflitam essa "perfeição". Quando enfrentamos desafios – e todos os casais os enfrentam –, começamos a achar que estamos falhando. As redes sociais criam uma expectativa irreal de felicidade contínua, e essa comparação constante destrói a autenticidade das relações.

Não podemos ignorar as camadas de desigualdade que afetam muitos casais, em especial aqueles que fazem parte de grupos marginalizados.

O racismo, o machismo, a homofobia, a transfobia e tantas outras formas de discriminação tornam os conflitos ainda mais difíceis de navegar. Casais que enfrentam essas opressões vivem em constante estresse, e muitas vezes o relacionamento acaba refletindo tensões sociais mais amplas.

Casais LGBTQIAPN+, por exemplo, enfrentam não apenas os desafios comuns de qualquer relacionamento, mas também o preconceito e, em muitos casos, a violência. O racismo estrutural também é uma realidade diária para muitos casais, criando uma atmosfera de desigualdade e frustração que impacta diretamente o relacionamento. Nesses casos, o diálogo se torna uma ferramenta ainda mais essencial para criar um espaço seguro onde a dor e as vulnerabilidades possam ser compartilhadas e compreendidas.

E então chegamos à questão econômica. A crise financeira é outro fator que exerce uma pressão imensa sobre os relacionamentos. A luta para pagar as contas, lidar com dívidas ou o desemprego pode criar um ambiente de estresse constante dentro de casa. Esse estresse não só afeta a harmonia do lar, mas também mina o vínculo entre o casal, levando a discussões frequentes e a uma sensação de impotência.

Zygmunt Bauman, um famoso sociólogo, fala sobre como as relações humanas estão se tornando descartáveis, assim como os produtos que consumimos. Quando um relacionamento encontra obstáculos ou perde o brilho inicial, em vez de trabalhar nele, muitos optam por abandonar a relação. Isso é alimentado pela lógica do consumismo exaltado em nosso modelo capitalista, onde estamos sempre buscando "mais" – mais dinheiro, mais sucesso, mais felicidade – e acabamos negligenciando o que realmente importa: a conexão humana.

Então, a pergunta que fica é: como salvar os relacionamentos dessa crise? A resposta começa com autoconhecimento. Nenhum relacionamento pode prosperar se ambos os parceiros não estiverem dispostos a olhar para dentro, reconhecer suas falhas e crescer. Carl Jung dizia que **"aquilo a que você resiste, persiste"**. Ou seja, os problemas que você evita enfrentar continuarão a crescer até que esteja pronto para encará-los. Autoconhecimento é a chave para quebrar ciclos destrutivos, como a reatividade emocional, o ciúme e a frustração.

Transformar um relacionamento não é uma tarefa fácil, mas é possível. Exige dedicação, paciência e, acima de tudo, a vontade de crescer juntos. Como disse Nietzsche: **"O que não me mata me fortalece"**. Os desafios que enfrentamos, se encarados com maturidade, podem se tornar os catalisadores para uma relação mais forte e significativa.

É hora de encarar uma verdade fundamental: ou vocês, como casal, mergulham profundamente no autoconhecimento, ou suas chances de construir um relacionamento saudável e duradouro serão drasticamente reduzidas. Sei que essas palavras podem soar duras, mas quero que entendam que a crise nos relacionamentos modernos não é algo que podemos ignorar ou deixar para depois. É um chamado urgente à transformação.

Do jeito que as coisas estão, com as pressões da vida moderna, as comparações constantes nas redes sociais, as crises econômicas e as tensões que a sociedade nos impõe, os relacionamentos são colocados à prova diariamente. Sem um compromisso genuíno com o autoconhecimento, vocês podem facilmente se perder nesse mar agitado. E quando isso acontece, o que era para ser uma parceria de crescimento e amor se torna um campo de batalha emocional.

Mas há uma saída. É preciso olhar para dentro de si, reconhecer as próprias falhas e vulnerabilidades e trazer essa consciência para a relação. Só assim vocês poderão romper padrões antigos, superar os desafios com maturidade e criar uma base sólida para um amor que resistirá ao tempo. Um relacionamento blindado e um amor inabalável.

E é exatamente isso que oferecemos neste livro. Aqui, vocês vão encontrar uma fusão poderosa entre os estudos mais avançados da neurociência, que nos ajudam a entender o funcionamento da mente e das emoções, e os ensinamentos dos mestres ancestrais, que nos oferecem a sabedoria necessária para aplicar essas descobertas no dia a dia.

O caminho à frente não será sempre fácil. Haverá momentos em que o processo de autoconhecimento será desafiador, e vocês vão se deparar com questões difíceis. Mas posso garantir: vale a pena. Este é o investimento mais importante que vocês podem fazer – não apenas no relacionamento, mas também em si mesmos.

A decisão está nas mãos de vocês. A jornada começa aqui. O que farão a partir daqui vai determinar o futuro do seu relacionamento. E lembrem-se: o amor verdadeiro não é apenas aquele que sobrevive às tempestades, mas aquele que floresce apesar delas.

A verdadeira vitória não é escapar das tempestades, mas aprender a navegar por elas com coragem e determinação.

REFERÊNCIAS:

1. ESTADÃO CONTEÚDO. Um a cada três casamentos termina em divórcio no Brasil. *Veja*, 9 jan. 2018. Disponível em: https://veja.abril.com.br/brasil/um-a-cada-tres-casamentos-termina-em-divorcio-no-brasil. Acesso em: 19 out. 2024.

   HOTMART. Por que casais se separam? Hotmart, [*s. d.*]. Disponível em: https://hotmart.com/pt-br/marketplace/produtos/por-que-casais-se-separam/G93116553R. Acesso em: 19 out. 2024.

   RECOUPLING. Recoupling, 2024. Disponível em: https://www.recoupling-app.com. Acesso em: 19 out. 2024.

WRONA, Aleksandra. Half of marriages end in divorce? *Snopes*, 1 ago. 2024. Disponível em: https://www.snopes.com/fact-check/half-marriages-end-in-divorce/. Acesso em: 19 out. 2024.

2. SCHEEREN, Patrícia; APELLÁNIZ, Iñigo de Alda Martínez de; WAGNER, Adriana. Infidelidade conjugal: A experiência de homens e mulheres. *Trends in Psychology*, v. 26, n. 1, p. 355-369, jan. 2018. Disponível em: https://pepsic.bvsalud.org/scielo.php?script=sci_arttext&pid=S1677-29702005000100003. Acesso em: 19 out. 2024.

3. CERQUEIRA, Daniel; BUENO, Samira (coord.). Atlas da violência 2023. Brasília: Ipea; FBSP, 2023. Disponível em: https://dx.doi.org/10.38116/riatlasdaviolencia2023. Acesso em: 19 out. 2024.

FÓRUM BRASILEIRO DE SEGURANÇA PÚBLICA. *17º Anuário Brasileiro de Segurança Pública*. São Paulo: Fórum Brasileiro de Segurança Pública, 2023. Disponível em: https://forumseguranca.org.br/wp-content/uploads/2023/07/anuario-2023.pdf. Acesso em: 19 out. 2024.

FÓRUM BRASILEIRO DE SEGURANÇA PÚBLICA. *18º Anuário Brasileiro de Segurança Pública*. São Paulo: Fórum Brasileiro de Segurança Pública, 2024. Disponível em: https://publicacoes.forumseguranca.org.br/handle/123456789/253. Acesso em: 19 out. 2024.

4. FÓRUM BRASILEIRO DE SEGURANÇA PÚBLICA. *17º Anuário Brasileiro de Segurança Pública*. São Paulo: Fórum Brasileiro de Segurança Pública, 2023. Disponível em: https://forumseguranca.org.br/wp-content/uploads/2023/07/anuario-2023.pdf. Acesso em: 19 out. 2024.

5. FÓRUM BRASILEIRO DE SEGURANÇA PÚBLICA. *17º Anuário Brasileiro de Segurança Pública*. São Paulo: Fórum Brasileiro de

Segurança Pública, 2023. Disponível em: https://forumseguranca.org.br/wp-content/uploads/2023/07/anuario-2023.pdf. Acesso em: 19 out. 2024.

6. ORGANIZAÇÃO MUNDIAL DA SAÚDE. *Depression and other common mental disorders*: global health estimates. Genebra: WHO, 2017. Disponível em: https://www.who.int/publications/i/item/depression-global-health-estimates. Acesso em: 19 out. 2024.

7. AGÊNCIA BRASIL. Prevenção ao suicídio: no Brasil, são 38 pessoas por dia, em média; jovens preocupam. *Jornal Hoje em Dia*, 10 set. 2023. Disponível em: https://www.hojeemdia.com.br/geral/prevenc-o-ao-suicidio-no-brasil-s-o-38-pessoas-por-dia-em-media-jovens-preocupam-1.978950. Acesso em: 19 out. 2024.

CONSELHO FEDERAL DE MEDICINA. Taxa de suicídio cresce 43% em uma década no Brasil. *CFM*, Brasília, [*s. d.*]. Disponível em: https://portal.cfm.org.br/eventos/taxa-de-suicidio-cresce-43-em-uma-decada-no-brasil. Acesso em: 19 out. 2024.

BRASIL. Ministério da Saúde. Secretaria de Vigilância em Saúde e Ambiente. *Boletim epidemiológico*: panorama dos suicídios e lesões autoprovocadas no Brasil de 2010 a 2021. Brasília: Ministério da Saúde, v. 55, n. 4, 6 fev. 2024. Disponível em: https://www.gov.br/saude/pt-br/centrais-de-conteudo/publicacoes/boletins/epidemiologicos/edicoes/2024/boletim-epidemiologico-volume-55-no-04.pdf. Acesso em: 19 out. 2024.

Capítulo 3

OBJETIVOS E IMPORTÂNCIA DE BLINDAR O RELACIONAMENTO

Sejam bem-vindos a uma nova etapa desta jornada transformadora. Aqui, vamos mergulhar em algo essencial e profundamente humano: a construção de um amor que resista ao tempo, que seja tão forte quanto delicado, e que floresça mesmo diante das tempestades da vida – um relacionamento duradouro e resiliente. Imagine-se, junto ao seu parceiro, embarcando em uma viagem épica rumo à construção de uma fortaleza impenetrável. Cada decisão que tomam, cada gesto de carinho e compreensão que oferecem um ao outro, é como um tijolo que fortalece essa muralha, protegendo a relação das tempestades que a vida inevitavelmente trará. Assim como um castelo se defende de invasões, o seu relacionamento precisa de proteções, a fim de não apenas sobreviver, mas também de prosperar por toda a vida.

A IMPORTÂNCIA DE SE BLINDAR CONTRA AS ADVERSIDADES

Quando falamos em blindar o relacionamento, pode vir à mente a imagem de um escudo ou uma armadura. Mas, aqui, essa blindagem é feita de carinho, diálogo, respeito e compreensão. As adversidades, como todos sabemos, são inevitáveis. Elas vêm em várias formas: crises financeiras, problemas de saúde, perdas ou mesmo os pequenos desentendimentos do cotidiano. A grande diferença entre um relacionamento que sobrevive a essas tempestades e um que não sobrevive está na preparação. Blindar o relacionamento significa construir um vínculo emocional tão forte que resista aos desafios com união, resiliência e confiança.

Relacionamentos saudáveis não são apenas questão de bem-estar emocional. Eles são cientificamente comprovados como essenciais para a nossa saúde mental e física a longo prazo. Robert Waldinger, diretor do famoso estudo de Harvard sobre desenvolvimento adulto, que durou mais de 80 anos, demonstrou que pessoas que mantêm relacionamentos positivos vivem mais e com maior qualidade de vida. Ele concluiu que **não é o dinheiro nem a fama que nos mantêm felizes, mas sim os nossos relacionamentos**.

A ciência moderna também reforça esse ponto. A neurociência mostra que vínculos fortes têm um impacto direto no nosso cérebro. Quando nos conectamos emocionalmente, tocamos, abraçamos ou demonstramos carinho, o corpo libera ocitocina, o famoso "hormônio do amor". Esse hormônio cria uma sensação de segurança e confiança, fortalecendo os laços entre o casal. Casais que mantêm contato físico e emocional constante, que se comunicam de maneira positiva e demonstram afeto, têm níveis mais elevados de ocitocina – o que ajuda a criar uma verdadeira fortaleza emocional.

No entanto, blindar um relacionamento não é apenas uma estratégia para garantir que ele sobreviva. É também um jeito de fazê-lo florescer. O Papa Francisco aborda o matrimônio com uma linguagem poética e rica, afirmando que o amor no casamento é um processo dinâmico, que requer tempo, dedicação e sacrifício. Ele destaca a importância de enfrentar as dificuldades e crises para fortalecer o relacionamento e construir uma união sólida e bela, comparando o crescimento no amor a um projeto contínuo. O filósofo Martin Buber, em sua obra sobre a relação "eu-tu", explicou que os relacionamentos verdadeiros são baseados em reciprocidade e respeito mútuo. Para ele, o "eu" e o "tu" formam uma unidade que vai além do egoísmo e da superficialidade. Esse tipo de conexão profunda sustenta os casais nas dificuldades, porque estão comprometidos em construir algo juntos, em vez de simplesmente almejarem obter algo da relação.

Esse conceito encontra respaldo na ciência. Estudos sobre vínculos emocionais mostram que a reciprocidade – o ato de cuidar e ser cuidado – ativa o sistema de recompensa no cérebro, gerando uma sensação de bem-estar e realização.

COMO BLINDAR SEU RELACIONAMENTO NO DIA A DIA

A blindagem de um relacionamento não acontece apenas nos momentos de crise. Ela é construída diariamente, em pequenas atitudes de carinho e cuidado. Um plano diário de blindagem envolve práticas simples, mas poderosas: diálogo de qualidade, gestos de cuidado e entrega, resolução rápida de microconflitos, contato físico e trocas de palavras afirmativas. Cada uma dessas ações contribui para manter o relacionamento crescendo e florescendo, mesmo quando os desafios aparecem.

A cientista política Joan Tronto, especialista na ética do cuidado, defende em várias de suas obras que o cuidado é uma prática essencial nas relações humanas e deve ser contínuo, promovendo a interdependência e a responsabilidade compartilhada[1]. Amar alguém é uma responsabilidade que assumimos, e blindar o relacionamento requer esse compromisso diário, essa dedicação contínua.

À medida que vocês se comprometem com a blindagem do relacionamento, lembrem-se de que estão construindo algo que transcende as dificuldades do mundo exterior. Crises virão, mas com uma fortaleza emocional sólida, vocês estarão preparados para enfrentá-las juntos.

O amor verdadeiro não é aquele que vive isento de dificuldades, mas aquele que encontra força nas adversidades. Vocês já começaram essa jornada ao buscar o conhecimento e as ferramentas necessárias para blindar a relação. Agora, continuem juntos, investindo no amor, na compreensão e no cuidado mútuo. A verdadeira vitória não está em evitar as tempestades, mas em aprender a navegar por elas com coragem, sabedoria e, acima de tudo, com o coração e a mente blindados.

Então, agora que entendemos a importância de blindar o relacionamento, quero deixar vocês com uma reflexão poderosa: a construção de uma relação saudável começa de dentro para fora. **Não há como criar uma fortaleza emocional se as bases internas não forem sólidas**. Por isso, no Capítulo 4, vamos mergulhar em um dos pilares mais essenciais na construção de qualquer relacionamento: o **amor-próprio**.

A verdade é que não há como amar verdadeiramente outra pessoa se você não amar a si mesmo primeiro. E essa jornada, de aprender a se valorizar, cuidar de si e se aceitar, é fundamental para que o amor no relacionamento floresça e se torne inabalável.

Preparem-se, porque a próxima etapa dessa jornada será verdadeiramente transformadora. Vamos juntos descobrir como o amor-próprio é a base sólida de qualquer relacionamento duradouro. Ao fortalecer essa conexão consigo mesmos, vocês estarão mais preparados do que nunca para enfrentar qualquer desafio que a vida traga. O amor que cultivamos dentro de nós reflete na união que construímos a dois.

Se vocês estão navegando juntos nesta travessia, aproveitem o momento para um exercício de afeto: segurem as mãos com firmeza, olhem profundamente nos olhos um do outro e, com o coração aberto, digam: **"Vamos juntos, com amor e dedicação, transformar a nossa história. Eu te amo e confio em você"**.

E caso esteja seguindo este caminho de forma individual, mentalize seu amor à sua frente e, com a mesma intenção e carinho, repita essa afirmação. Lembre-se: a jornada começa dentro de cada um.

Sigam comigo, porque o melhor ainda está por vir – e o amor, quando nutrido com cuidado e verdade, é capaz de superar qualquer obstáculo.

REFERÊNCIAS:

1. TRONTO, Joan C. *Moral boundaries:* a political argument for an ethic of care. Nova Iorque: Routledge, 1993.

Capítulo 4

AMOR-PRÓPRIO: A BASE DE TUDO

Feche os olhos por um momento e imagine tentar acender uma vela sem fogo ou encher um copo de uma jarra completamente vazia. É impossível, não é? Da mesma forma, é impossível amar alguém de verdade se você não se ama. O **amor-próprio** não é um luxo ou uma demonstração de vaidade – ele é a base de tudo que você quer construir em um relacionamento saudável. Não dá para simplesmente oferecer o que não se tem. Antes de entregar seu coração a alguém, é essencial que ele esteja preenchido com carinho, respeito e aceitação por si mesmo. O amor-próprio é a chave que abre as portas para um amor verdadeiro, profundo e duradouro.

Sem essa base, os relacionamentos se tornam frágeis, dependentes de validação externa e sufocados por expectativas irreais. Amar a si mesmo é o primeiro passo para permitir que o outro também te ame, e é a única maneira de verdadeiramente aceitar o amor que o outro tem para oferecer. Neste capítulo, quero te convidar para uma jornada interior, uma aventura de autodescoberta, onde você vai aprender a reconhecer e valorizar a pessoa incrível que você é.

A CIÊNCIA DO AMOR-PRÓPRIO: ENTENDA COMO ELE MOLDA SEUS RELACIONAMENTOS

O amor-próprio não é apenas uma ideia bonita. Ele tem raízes sólidas na ciência. A neurociência mostra que, quando praticamos o amor-próprio, ativamos regiões do cérebro diretamente ligadas à felicidade e ao bem-estar emocional. O sistema de recompensa dopaminérgico, responsável pela sensação de prazer e satisfação, é estimulado quando cuidamos de nós mesmos e nos tratamos com bondade. Isso não só melhora a maneira como enfrentamos os desafios emocionais, mas também nos torna parceiros mais equilibrados e amorosos.

O psicólogo Carl Rogers, em sua teoria da "autoaceitação incondicional", argumentava que aceitar quem somos – sem nos julgar duramente – é essencial para desenvolver relacionamentos saudáveis. Quando nos amamos e nos aceitamos, criamos um espaço interno de paz, onde não dependemos do outro para nos sentirmos completos. Isso reduz a pressão sobre o relacionamento e permite que ele flua de maneira mais harmoniosa e autêntica.

As pesquisas de Kristin Neff, uma das maiores especialistas em autocompaixão, mostram que o amor-próprio é essencial para a boa saúde mental. Quando praticamos a autocompaixão – uma forma de amor-próprio que envolve ser gentil consigo mesmo em momentos de falha ou dificuldade –, reduzimos o nível de cortisol no corpo, o hormônio do estresse. Isso não só nos ajuda a enfrentar desafios com mais calma, como também nos torna mais abertos e empáticos nas interações com parceiros.

O IMPACTO DO AMOR-PRÓPRIO NOS RELACIONAMENTOS

Tudo começa dentro de você. Quando você cultiva o amor-próprio, constrói uma base emocional sólida sobre a qual o relacionamento pode crescer. Casais que trazem autoestima saudável para a relação têm mais facilidade em lidar com conflitos, porque não buscam no outro uma solução para suas inseguranças. Já os casais que entram em uma relação com baixa autoestima acabam projetando suas insatisfações no parceiro, o que mina a saúde da relação.

Estudos indicam que pessoas com níveis elevados de amor-próprio experimentam maior satisfação em seus relacionamentos, porque conseguem comunicar necessidades de forma mais saudável, evitam comportamentos dependentes e enfrentam os desafios com mais maturidade[1]. Helen Fisher, uma das principais neurocientistas no estudo do amor, afirma que a capacidade de amar a si mesmo é um fator determinante para manter a paixão e a estabilidade em um relacionamento a longo prazo.

Além disso, a ocitocina, o famoso "hormônio do amor", desempenha um papel fundamental. Ela é liberada durante o toque físico, como abraços e beijos, mas sua produção é ainda mais eficaz quando estamos emocionalmente equilibrados. Isso significa que, ao cultivar o amor-próprio, você fortalece não apenas o seu bem-estar individual, mas também a sua capacidade de se conectar genuinamente com o outro.

AMOR-PRÓPRIO: ENFRENTANDO TRAUMAS E DESAFIOS

É importante reconhecer que o caminho para o amor-próprio nem sempre é fácil. Muitos de nós carregamos traumas e feridas emocionais que tornam essa jornada desafiadora. Enfrentar e curar as feridas é crucial para construir uma relação saudável. Friedrich Nietzsche, um dos mais influentes filósofos da modernidade, oferece uma lição poderosa sobre o que significa aceitar a vida em sua totalidade por meio do conceito de *amor fati* – o amor ao destino. Para Nietzsche, amar o destino é abraçar tudo o que nos acontece, sem rejeitar as partes difíceis ou dolorosas da jornada. Ele nos desafia a olhar para nossas experiências, não como algo a ser lamentado, mas como elementos essenciais que moldam quem somos e nos ajudam a crescer.

Esse conceito se entrelaça de forma profunda com a ideia de **amor-próprio**. Quando amamos o nosso destino, amamos todas as nossas versões – o passado, o presente e o futuro. Acolher nossa história com todas as suas falhas e acertos, desafios e vitórias, é o alicerce sobre o qual construímos um amor-próprio inabalável.

Nietzsche acreditava que o verdadeiro poder reside na aceitação radical da vida. Ao desenvolver esse amor por nós mesmos, com todas as nossas imperfeições e cicatrizes, preparamos o terreno para relações mais autênticas e saudáveis. Afinal, só podemos oferecer ao outro aquilo que já cultivamos dentro de nós.

Portanto, ao fortalecer esse **amor-próprio**, vocês não só aprendem a ser mais gentis consigo mesmos, mas também a acolher o outro com mais empatia, compreensão e amor verdadeiro.

A epigenética, um campo fascinante da biologia, nos mostra que os traumas passados podem ser transmitidos de geração em geração. Ao lidar com nossas dores e curar nossas feridas, não apenas nos libertamos, mas também livramos as futuras gerações dos ciclos repetitivos de dor. Quando aprendemos a amar a própria história, liberamos espaço para o crescimento e a transformação.

O amor-próprio nos capacita a olhar para nossas imperfeições com compaixão, em vez de vergonha. Quando encaramos os desafios com gentileza, nos tornamos mais fortes emocionalmente e mais resilientes. Isso nos prepara para lidar com as dificuldades que inevitavelmente surgirão em qualquer relacionamento.

A FILOSOFIA E A PSICOLOGIA DO AMOR-PRÓPRIO NO RELACIONAMENTO

Ao praticar o amor-próprio, você aprende a se aceitar de maneira profunda e autêntica, e isso transforma a maneira como você se relaciona com os outros. **A vida é uma dança entre o que queremos e o que somos**, o amor-próprio nos ensina a equilibrar os desejos com a realidade de quem somos, promovendo relações mais saudáveis e verdadeiras.

Quando você cria essa base interna de estabilidade, o relacionamento se torna uma extensão dessa confiança. Não há necessidade de buscar no parceiro a validação que você já encontrou em si mesmo. E, assim, a relação se transforma em uma parceria de crescimento mútuo, em vez de um campo de batalha onde inseguranças e carências se manifestam.

A JORNADA CONTÍNUA DO AMOR-PRÓPRIO

Amar a si mesmo é uma jornada contínua, que nunca acaba. A cada nova etapa da vida, você se fortalece e se torna mais preparado para enfrentar os desafios, tanto individuais quanto no relacionamento. Carl Jung nos lembra de que **"quem olha para fora, sonha; quem olha para dentro, desperta"**[2]. O amor-próprio é o despertar para o seu verdadeiro eu. Antes de oferecer seu amor a outra pessoa, é preciso acolher a si mesmo, com todas as suas falhas e qualidades.

Quando você se ama, cria a fundação emocional necessária para aceitar o amor do outro de maneira verdadeira e saudável. Não existe amor genuíno sem o amor-próprio. Este é um dos pilares que sustenta qualquer relacionamento duradouro.

REFLEXÕES SOBRE AMOR-PRÓPRIO

1. **Reconheça o que você ama em si mesmo:** faça uma pausa e escreva três qualidades que você valoriza em si. Por exemplo, talvez você seja uma pessoa paciente, generosa ou resiliente. Agora, reflita sobre como essas qualidades impactam positivamente o seu relacionamento. Se você é paciente, como essa paciência ajuda a resolver conflitos com seu parceiro(a)? Se é generoso, de que maneira sua generosidade contribui para o bem-estar e a harmonia entre vocês?

Exemplo prático: se você reconhece ser uma pessoa paciente, perceba como essa paciência já ajudou em momentos de discussão com seu(sua) parceiro(a), permitindo que ouvisse sem interromper ou agisse com calma em situações tensas. Isso fortalece a dinâmica entre vocês.

2. **Identifique onde você pode crescer:** reflita sobre uma área onde você ainda não pratica o amor-próprio. Talvez você seja crítico demais consigo quando comete erros ou tenha dificuldade em se perdoar por falhas. Pense em como essa falta de autoaceitação pode influenciar sua relação com o outro. Por exemplo, se você é muito duro consigo, pode ser que isso o torne mais exigente ou distante de seu(sua) parceiro(a), criando barreiras emocionais.

Exemplo prático: se você percebe que tem dificuldade em aceitar suas falhas, talvez você projete essa expectativa de perfeição no relacionamento, esperando que o outro também seja infalível. Ao trabalhar no amor-próprio, você se tornará mais compassivo, tanto consigo quanto com seu(sua) parceiro(a), criando mais espaço para compreensão mútua.

3. **Agradeça a si mesmo:** pratique a gratidão diária voltada para si. Mantenha um diário onde, ao final de cada dia, você escreva algo de bom que fez por si mesmo ou pelo relacionamento. Pode ser algo simples, como ter se permitido descansar após um dia difícil ou ter dedicado tempo de qualidade ao(à) seu(sua) parceiro(a). Reconhecer essas ações irá fortalecer seu senso de valor e autoestima.

Exemplo prático: ao anotar no seu diário que você teve paciência em uma conversa difícil com o(a) parceiro(a) ou reservou tempo para cuidar da saúde mental, você reforça que essas pequenas ações são importantes e contribuem para a harmonia do relacionamento.

Essas reflexões convidam você a praticar o amor-próprio de maneira prática e intencional, impactando positivamente tanto sua vida pessoal quanto sua relação.

A verdadeira base de um relacionamento saudável começa com o amor-próprio. Sem ele, você constrói sobre areia. Com ele, você pode erguer uma fortaleza inabalável. Aprenda a se amar para que o amor que você oferece seja profundo, autêntico e resiliente.

Este é o primeiro e mais importante passo para construir uma relação que não apenas sobreviva, mas floresça em meio aos desafios. Ao se amar, você cria a base para um relacionamento verdadeiramente blindado.

Agora que estão no caminho do amor-próprio, é hora de olhar para a próxima fase da jornada – um dos pilares mais essenciais para qualquer relacionamento: **a parceria**. Em um mundo voltado para a competição, onde o "eu" muitas vezes se sobrepõe ao "nós", muitos casais acabam agindo mais como adversários do que como aliados. Mas a verdade é que, para que o relacionamento prospere, vocês precisam estar do mesmo lado, remando juntos na mesma direção.

Pensem no relacionamento como uma canoa. Se ambos remarem para lados opostos, ou mesmo se um remar enquanto o outro fica parado, talvez ela siga em frente, só que em velocidade reduzida. Pior ainda, ela pode ficar rodando, sem sair do lugar, ou ser levada pelas correntes da vida. Mas, quando ambos encontram harmonia no ritmo, remando juntos com propósito e parceria, conseguem navegar por qualquer tipo de água – desde os rios calmos até as tempestades mais desafiadoras.

No Capítulo 5, vamos descobrir como fortalecer essa parceria, aprender a remar lado a lado e construir uma relação onde o apoio mútuo é a chave para o sucesso. Sigam comigo nesta travessia – vocês estão apenas começando a descobrir o poder de remar juntos.

REFERÊNCIAS:

1. ASGHAR, Andleeb. The science of self-love: the evidence-based benefits of loving yourself. *Ness Labs,* [*s. d.*]. Disponível em: https://nesslabs.com/self-love#:~:text=Self%2Dlove%20can%20lead%20to,for%20learning%20and%20personal%20growth. Acesso em: 19 out. 2024.

   BRENNER, Grant Hilary. How we communicate affects our own relationship satisfaction. *Psychology Today*, 20 jul. 2022. Disponível em: https://www.psychologytoday.com/intl/blog/experimentations/202207/how-we-communicate-affects-our-own-relationship-satisfaction. Acesso em: 19 out. 2024.

2. JUNG, Carl Gustav. *Memories, dreams, reflections*. Nova Iorque: Pantheon Books, 1963.

Capítulo 5

PARCERIA, NÃO COMPETIÇÃO: A ESSÊNCIA DE UM RELACIONAMENTO DURADOURO

Feche os olhos e imagine um casal como dois marinheiros navegando no mesmo barco. Se ambos remarem em direções opostas ou tentarem assumir o controle do leme ao mesmo tempo, esse barco nunca chegará ao destino. Na verdade, ele pode até virar. Infelizmente, muitos relacionamentos hoje seguem esse padrão de competição em vez de colaboração. Influenciados por uma cultura capitalista e individualista, muitos casais acabam competindo entre si, esquecendo-se de que a verdadeira força está em serem parceiros, e não adversários.

No mundo contemporâneo, com a pressão imensa para alcançar sucesso, muitos casais caem na armadilha de transformar o relacionamento em uma arena de disputa. Seja nas pequenas conquistas do cotidiano ou nos grandes sonhos de vida, a competição cria um ambiente de ressentimento, mágoa e distanciamento emocional. Mas o que um relacionamento saudável precisa ser é exatamente o oposto: uma parceria de apoio mútuo, onde ambos remam na mesma direção, apoiando-se e celebrando as vitórias um do outro.

A COMPETIÇÃO NO RELACIONAMENTO: INFLUÊNCIAS DO SISTEMA CAPITALISTA

Vivemos em uma sociedade que exalta a competição. Desde cedo, somos ensinados a buscar ser os melhores, alcançar o topo e competir para ganhar. Embora a competição possa ser saudável em alguns contextos, ela se torna venenosa quando trazida para dentro de um relacionamento. Casais que competem entre si – seja para ganhar uma discussão, ter mais sucesso no trabalho ou ser o "melhor" em qualquer aspecto da vida – acabam criando um ambiente tóxico de convivência.

Essa mentalidade de "vencedor" e "perdedor" cria divisão, ao invés de união. O filósofo Jean-Paul Sartre disse que **"o inferno são os outros"**, referindo-se ao fato de que a convivência humana muitas vezes cria tensões insuportáveis. Em um relacionamento, essa competição transforma o parceiro em um adversário, e não em um aliado. **Quando se está sempre tentando ser o "vencedor", o relacionamento sai perdendo**.

Essa competição pode se manifestar de várias formas: quem tem o melhor emprego, quem ganha mais, quem é mais popular nas redes sociais, quem está certo em uma discussão ou até quem faz mais atividades em casa. Quando um casal entra nesse ciclo, a relação deixa de ser uma parceria de crescimento e se transforma em uma batalha constante, onde não há espaço para vulnerabilidade, apoio ou afeto genuíno.

PARCERIA COMO A BASE DO RELACIONAMENTO

Um relacionamento saudável deve ser uma parceria, na qual ambos são os maiores apoiadores um do outro. Aristóteles, o filósofo grego, acreditava que a amizade verdadeira, baseada na virtude, era um dos mais altos valores da vida. Em um relacionamento amoroso, essa amizade e parceria devem ser a base de tudo. Ao contrário da competição, em que um tenta superar o outro, a parceria é construída sobre apoio mútuo, confiança e comprometimento com o sucesso do parceiro.

Em vez de tentar provar quem é melhor, o casal deve atuar como equipe. Isso significa que, quando um está em um momento de fraqueza, o outro oferece força. Quando um conquista uma vitória, o outro a celebra como se fosse sua. Esse apoio mútuo não só evita a competição, mas fortalece o laço entre o casal, sabendo que podem contar um com o outro incondicionalmente.

Immanuel Kant, com sua ênfase no respeito mútuo, afirmava: "Age de tal maneira que trates a humanidade, tanto na tua pessoa como na de qualquer outro, sempre e simultaneamente como um fim e nunca simplesmente como um meio". No contexto de um relacionamento amoroso, isso significa que cada parceiro deve ser visto e tratado como um fim em si mesmo, ou seja, como um ser com valor intrínseco, digno de respeito, independentemente de suas falhas ou diferenças. Para Kant, um relacionamento moral só pode existir se ambos reconhecerem a dignidade e a individualidade do outro, respeitando escolhas, conquistas e necessidades sem impor ou exigir mudanças.

Esse respeito mútuo cria uma base sólida em que não há competição, mas sim colaboração, e ambos trabalham juntos para alcançar objetivos comuns. É o reconhecimento de que, em uma relação saudável, o sucesso de um é o sucesso de ambos.

APOIO MÚTUO: UM RELACIONAMENTO DE PARCERIA

A verdadeira chave para um relacionamento próspero e duradouro é o apoio mútuo. Quando ambos se dedicam a apoiar os sonhos e conquistas do outro, criam uma atmosfera de crescimento e segurança. Não há espaço para sentir que um está "perdendo" enquanto o outro "ganha". Ao contrário, os dois ganham quando se apoiam.

Costumo dizer que **o valor de um relacionamento não está em quantas lutas vocês superam, mas em quão sinceramente vocês se apoiam**. Esse apoio se manifesta de várias formas: desde encorajar o parceiro a seguir um novo projeto até estar ao lado dele nos momentos mais difíceis. Quando há esse apoio incondicional, o relacionamento floresce de forma natural e contínua.

Viver em competição é suicídio para o relacionamento. Quando um casal vive em constante competição, a relação começa a ruir. A competição cria distâncias emocionais, porque cada parceiro se sente ameaçado pelo sucesso ou pela vitória do outro. Isso gera ressentimento e mágoa, distanciando o casal em termos emocionais e, eventualmente, levando à desconexão total.

Friedrich Nietzsche nos alertou sobre o perigo de viver em um estado de constante competição. Ele disse: **"Aquele que luta com monstros deve tomar cuidado para não se tornar um monstro"**. Em um relacionamento, competir transforma o casal em oponentes, e isso destrói o afeto e a confiança que são essenciais para o amor.

Para evitar essa armadilha, é importante que os casais pratiquem o reconhecimento do valor individual e do valor compartilhado. Celebrar as conquistas um do outro, em vez de sentir inveja ou ressentimento, é um dos pilares de um relacionamento bem-sucedido. Quando ambos estão focados no sucesso do relacionamento, e não em quem é "melhor", criam uma base sólida de amor e felicidade.

FERRAMENTAS PRÁTICAS PARA CULTIVAR A PARCERIA

1. **Celebrem as vitórias juntos:** quando um parceiro conquista algo, o outro deve compartilhar dessa vitória como se fosse sua. Isso fortalece o senso de união. Por exemplo, se um dos parceiros conseguir uma promoção no trabalho, o outro pode comemorar com um jantar es-

pecial ou uma noite de celebração, demonstrando apoio e orgulho. Isso cria uma atmosfera de entusiasmo mútuo e reconhecimento.

2. **Pratiquem a comunicação não violenta (CNV):** em vez de transformar uma discussão em competição de argumentos, trabalhem juntos para expressar sentimentos de forma gentil e aberta. Um exemplo prático seria durante uma discordância sobre finanças. Em vez de dizer "você sempre gasta demais!", o parceiro poderia usar a CNV e dizer: "Quando vejo grandes compras sendo feitas, fico preocupado com nosso orçamento. Poderíamos conversar sobre isso?". Essa abordagem evita o confronto e abre espaço para um diálogo saudável.

3. **Dividam os sonhos e estabeleçam objetivos comuns:** reservem momentos para falar sobre os sonhos individuais e descubram como podem apoiá-los. Por exemplo, se um dos parceiros sonha em abrir um negócio, o outro pode contribuir com ideias ou suporte emocional durante os altos e baixos do processo. Ao planejar férias ou até uma aposentadoria, discutam os desejos e as metas para garantir que ambos estão alinhados e sentem que seus sonhos são respeitados.

4. **Fortaleçam o time – vocês são uma equipe:** pensem no relacionamento como uma equipe. Cada parceiro tem forças e fraquezas, mas juntos vocês podem se complementar. Se um é mais organizado e o outro é mais criativo, aproveitem essas características para dividir tarefas e responsabilidades de maneira equilibrada. Por exemplo, um pode planejar as finanças e o outro cuidar da parte social e das atividades em família. Dessa forma, ambos contribuem com suas melhores habilidades.

5. **Pratiquem a gratidão diária:** pequenas expressões de gratidão podem fortalecer o vínculo. Não precisa ser algo grandioso – um simples "obrigado por me ouvir" ou "aprecio quanto você cuida de nossa casa" faz uma enorme diferença. Um exemplo prático seria

terminar o dia agradecendo ao parceiro por algo específico que ele fez naquele dia, como preparar uma refeição ou oferecer um ombro amigo em um momento difícil. Isso reforça a importância da presença e do esforço de cada um.

Essas práticas são simples, mas poderosas. Ao aplicá-las regularmente, vocês constroem um relacionamento sólido, no qual o respeito, o apoio mútuo e a gratidão são os pilares que sustentam o amor.

UM RELACIONAMENTO DE CRESCIMENTO E PARCERIA

Em vez de competir, um casal deve ser composto pelos maiores aliados um do outro. Um relacionamento construído sobre parceria, respeito e apoio mútuo cria uma base sólida para enfrentar os desafios da vida. **Mahatma Gandhi** dizia que **"a força não vem da capacidade física, mas de uma vontade indomável"**. Quando um casal está determinado a crescer junto, a competição dá lugar ao apoio e ao amor incondicional.

Viver em competição com seu parceiro é como plantar sementes de destruição no solo do amor. A verdadeira união vem da capacidade de ver o sucesso do outro como uma extensão do seu próprio. O convite é claro: sejam parceiros, não adversários. Trabalhem juntos para construir o relacionamento dos seus sonhos, onde o apoio, o respeito e o amor sejam os pilares que sustentam o futuro que vocês estão criando.

REFLEXÕES SOBRE CRESCIMENTO E PARCERIA

1. **Em que momentos você sentiu que estava competindo com seu parceiro, em vez de apoiá-lo?** Às vezes, sem perceber, podemos competir com nosso parceiro em áreas como a carreira, as realizações pessoais ou até no cuidado dos filhos. Um exemplo disso é quando um dos parceiros ganha uma promoção no trabalho, e o outro sente

uma ponta de ciúme ou inadequação, pensando: "Por que não estou progredindo como ele(a)?".

Exemplo prático: pense em um momento recente em que você sentiu inveja ou a necessidade de "superar" seu(sua) parceiro(a) em vez de apoiá-lo(a). Questione-se: o que causou essa sensação? Foi insegurança, medo de não ser reconhecido ou valorizado? Em vez de competir, como você poderia ter expressado seu orgulho pelo sucesso dele(a) e se unido na celebração?

2. **Como você pode ser mais intencional em celebrar as conquistas do outro, em vez de se sentir ameaçado?** Muitas vezes, o sucesso de um parceiro pode ser visto como ameaça, em especial quando projetamos nossas inseguranças em relação à própria vida. Em vez disso, celebre as conquistas do outro como parte da jornada do casal.

Exemplo prático: se o(a) seu(sua) parceiro(a) acabou de finalizar um projeto importante ou atingiu uma meta pessoal, em vez de sentir ciúme ou se comparar, prepare um gesto especial para comemorar – pode ser um jantar, uma carta expressando orgulho ou até mesmo uma noite de descanso em casa. Ao praticar a celebração mútua, você fortalece a união e minimiza sentimentos de inadequação.

3. **Que ações você pode tomar para transformar seu relacionamento em uma verdadeira parceria, baseada em apoio e crescimento mútuo?** Pense no relacionamento como um empreendimento conjunto, no qual cada pessoa tem um papel fundamental para o sucesso. Para isso, é importante reconhecer onde vocês estão trabalhando juntos e como podem melhorar.

Exemplo prático: se você percebe que um dos dois sempre toma a dianteira na organização da casa ou das finanças, pode ser a hora de redistribuir essas responsabilidades de forma mais equilibrada. Comece uma conversa aberta com seu parceiro sobre como ambos podem compartilhar as tarefas diárias de um modo que respeite as forças de cada um. Ao criar um plano conjunto, vocês eliminam o fardo de um carregar mais responsabilidades e fortalecem o senso de equipe.

Tais reflexões não apenas ajudam a identificar áreas de crescimento no relacionamento, mas também abrem espaço para maior colaboração, empatia e união. É importante ver o sucesso do outro como parte do sucesso dos dois como casal, trabalhando juntos para crescer e evoluir em todas as fases da vida.

A partir deste momento, a escolha está diante de vocês: continuar no caminho da competição ou trilhar a jornada da verdadeira parceria. **Um relacionamento de sucesso não é medido pelo número de batalhas vencidas individualmente, mas sim pelo quanto vocês são capazes de se apoiar, crescer e conquistar juntos**. Quando se veem como parceiros, e não como adversários, algo extraordinário acontece: as barreiras se dissolvem, os conflitos se transformam em oportunidades de crescimento e o relacionamento se torna fonte infinita de força, amor e cura.

Juntos, vocês são mais fortes. Agora que vocês entenderam o poder transformador da parceria, é hora de dar mais um passo adiante nesta jornada.

Estar alinhados, remando juntos, é essencial para enfrentar todos os desafios que virão. Existe uma realidade que não pode ser ignorada se de fato desejam construir um relacionamento sólido e duradouro: é hora de encarar de frente que ainda vivemos em uma sociedade profundamente machista e patriarcal. Ignorar isso seria fechar os olhos para uma das maiores barreiras à verdadeira igualdade e harmonia dentro de uma relação.

No Capítulo 6, vamos mergulhar nesse tema, que pode ser polêmico, mas é absolutamente fundamental para o sucesso de qualquer casal: o entendimento de como essas estruturas sociais afetam o relacionamento de vocês. Compreender e desconstruir essas influências é o primeiro passo para criar uma relação baseada no respeito, na parceria verdadeira e no crescimento mútuo.

Vocês já começaram a trabalhar como equipe; agora, é hora de enfrentar juntos os desafios invisíveis que a sociedade coloca no caminho de vocês. Sigam comigo e preparem-se para abrir os olhos para novas realidades. Vocês têm o poder de transformar não só o relacionamento de ambos, mas também o mundo à sua volta.

Este é um convite para uma nova forma de viver e amar, em que a igualdade, o respeito e a verdadeira parceria substituem as barreiras criadas pelo machismo estrutural. Vamos juntos construir relacionamentos mais saudáveis, mais verdadeiros e, acima de tudo, mais justos.

Capítulo 6

DESCONSTRUINDO O MACHISMO ESTRUTURAL

O CAMINHO PARA RELACIONAMENTOS IGUALITÁRIOS

Para começarmos a criar um relacionamento verdadeiramente saudável e à prova das adversidades, precisamos entender algo que influencia, direta e indiretamente, a maneira como nos relacionamos: o machismo estrutural. Pense nele como uma muralha invisível, erguida ao longo dos séculos, que aprisiona comportamentos e expectativas, afetando profundamente os relacionamentos. Esse muro invisível não é apenas uma questão social. Ele interfere diretamente na qualidade do amor, na sinceridade da comunicação e na profundidade da conexão emocional que podemos alcançar.

Aqui, vamos desmantelar essas barreiras e compreender como o machismo tem impacto profundo e, muitas vezes, silencioso nas nossas relações. Acreditem, esse pode ser um dos principais motivos dos atritos de uma infinidade de casais, dos quais provavelmente vocês também fazem parte.

O PESO DOS NÚMEROS: A REALIDADE DA VIOLÊNCIA MACHISTA

Vivemos em uma sociedade onde a violência contra a mulher é uma realidade brutal e constante. Em 2022, o Brasil registrou **73 mil casos de estupro**, sendo a maioria das vítimas mulheres. Apenas em 2021, mais de **1,3 milhão de casos de violência doméstica** foram registrados, e, **a cada dois minutos, uma mulher é agredida no Brasil**[1]. Esses números deixam claro que o machismo não é apenas sobre desigualdade, e sim uma força destrutiva que permeia nosso cotidiano.

A violência contra a mulher é uma epidemia global. A Organização Mundial da Saúde (OMS) estima que **uma em cada três mulheres sofrerá violência física ou sexual ao longo da vida**, geralmente cometida por alguém próximo. Feminicídios – o assassinato de mulheres pelo simples fato de serem mulheres – ocorrem de forma alarmante. **No Brasil, em 2021, foram registrados 1.410 feminicídios**, e, globalmente, **137 mulheres são mortas todos os dias por seus parceiros ou familiares**[2], segundo a Organização das Nações Unidas (ONU).

Esses números são um reflexo de uma sociedade profundamente machista. E a violência física é apenas uma das muitas formas com que o machismo afeta as relações. Existe uma complexa teia de dinâmicas emocionais e psicológicas que precisa ser desfeita para construirmos relações verdadeiramente saudáveis.

O PATRIARCADO E AS CRENÇAS LIMITANTES: DESCONSTRUINDO OS PAPÉIS TRADICIONAIS

O patriarcado – esse sistema enraizado que, por séculos, colocou o homem no centro do poder – teceu crenças limitantes que ainda ecoam em nossas relações. São velhos padrões, passados de geração em geração, que ditam o que se espera de homens e mulheres dentro de um relacionamento, como se cada papel já estivesse predeterminado. Desconstruir essas amarras é como libertar o coração de uma prisão invisível. Somente quando começamos a questionar essas antigas crenças é que podemos criar uma conexão emocional genuína, transformando, enfim, o destino das relações em algo mais livre, autêntico e profundamente humano.

Um dos maiores exemplos é a ideia de que a mulher é a principal responsável pelos cuidados domésticos e pela criação dos filhos, enquanto o homem deve prover financeiramente. Essa visão, resumida na frase ultrapassada **"lugar de mulher é na cozinha"**, é um reflexo de um tempo em que essa divisão "fazia sentido", mas hoje não faz mais. Mesmo que ambos os parceiros trabalhem fora de casa, muitas mulheres continuam sendo as principais responsáveis pelas tarefas domésticas. Estudos mostram que, mesmo em casais em que ambos têm carreiras profissionais, **as mulheres ainda realizam cerca de 80% das tarefas domésticas**[3]. Essa desigualdade gera frustração e ressentimento, minando a relação.

Filósofos como Jean-Jacques Rousseau reforçaram essa divisão, afirmando que a mulher deveria cuidar das virtudes do lar enquanto o homem se dedicava à vida pública. Esse pensamento reforça o patriarcado, criando a ideia equivocada de que a mulher estaria "naturalmente" inclinada ao cuidado doméstico, enquanto o homem seria o líder natural.

O PAPEL LIMITANTE DOS HOMENS: PROVEDORES EMOCIONALMENTE REPRIMIDOS

Desde cedo, os homens são moldados por crenças limitantes que definem seu papel nas relações. A ideia de que o homem deve ser o "provedor" – não apenas no aspecto financeiro, mas também aquele que carrega o peso da estabilidade sem nunca demonstrar fraqueza – é profundamente enraizada. O patriarcado impõe que o homem seja o pilar inabalável, incapaz de demonstrar vulnerabilidade. Frases como "homem não chora" ecoam por gerações, criando uma barreira emocional que impede muitos homens de se abrirem por completo dentro de uma relação.

Essa repressão emocional não apenas desumaniza o homem, mas enfraquece a conexão emocional entre o casal. Quando o homem sente que precisa esconder seus medos, inseguranças e até sonhos, ele se distancia da parceira. A vulnerabilidade, que deveria ser uma ponte para a intimidade, acaba sendo vista como sinal de fraqueza.

O impacto dessa expectativa de força e autossuficiência é devastador. Ao não compartilhar as próprias emoções, o homem carrega sozinho o peso do mundo, isolando-se emocionalmente. Ele pode sentir que sua única contribuição válida é ser o provedor financeiro, o que o afasta de uma participação mais ativa na vida familiar, como na criação dos filhos ou no apoio emocional à parceira. Isso perpetua um ciclo de solidão e desconexão dentro do relacionamento, onde o casal parece coexistir em vez de verdadeiramente se conectar.

Crenças como "homem não deve pedir ajuda", "ele precisa sempre estar no controle" ou "mostrar sentimentos é sinal de fraqueza" não só limitam a vida emocional dos homens, mas também impedem a criação de um relacionamento autêntico, no qual a vulnerabilidade e a reciprocidade são fundamentais. É como se o homem estivesse trancado em uma armadura emocional que, embora o proteja, também o impede de se aproximar de modo genuíno da pessoa que ama.

Para romper esse ciclo, é necessário que o homem reconheça que seu valor não está apenas em ser o provedor financeiro ou em manter uma fachada de força. Ele pode – e deve – ser um parceiro emocional presente, um pai ativo, alguém que compartilha suas lutas e seus medos sem receio de julgamento. Desconstruir crenças desse tipo é abrir espaço para um relacionamento em que o amor, o respeito e a verdadeira parceria possam florescer.

Quando o homem se liberta dessas expectativas sufocantes, ele não só fortalece o relacionamento, mas também permite que a mulher o veja como um parceiro completo – não apenas um provedor, mas um companheiro capaz de enfrentar juntos os desafios da vida. Ao quebrar essas barreiras, ambos podem construir um relacionamento no qual a comunicação emocional, o apoio mútuo e a vulnerabilidade se tornam os verdadeiros alicerces.

Sigmund Freud mostrou como a repressão emocional gera neuroses e prejudica a capacidade de expressar afeto e vulnerabilidade. Homens que acreditam que precisam ser invulneráveis muitas vezes acabam isolados emocionalmente, impedindo a criação de uma conexão profunda.

Carl Jung, em sua análise das energias masculinas e femininas, introduziu os conceitos de *anima* e *animus* como as representações dessas forças dentro de cada ser humano. Para Jung, **"todo homem carrega dentro de si a imagem eterna da mulher, e toda mulher a imagem do homem"**. Ele acreditava que o equilíbrio entre esses dois polos era fundamental para uma vida plena e harmoniosa. No entanto, o patriarcado, ao definir papéis rígidos de gênero, distorce esse equilíbrio. Homens são ensinados a suprimir sua *anima* – o lado sensível, intuitivo e emocional –, enquanto mulheres são condicionadas a reprimir seu *animus* – a força, a racionalidade e a ambição.

Jung nos lembra de que a verdadeira integridade vem da aceitação desses dois aspectos dentro de nós. Ele escreveu que **"o encontro de duas personalidades é como o contato de duas substâncias químicas: se houver qualquer reação, ambas se transformam"**. Para vivermos de forma autêntica, precisamos permitir que tanto o lado masculino quanto o feminino coexistam, em harmonia, dentro de nós. No entanto, o patriarcado, ao forçar homens e mulheres a se limitarem a papéis estreitos, impede essa integração, prejudicando tanto a individualidade quanto a profundidade dos relacionamentos.

A NEUROCIÊNCIA DO MACHISMO: COMO ELE AFETA O CÉREBRO

Queridos leitores, vamos nos aprofundar em como o machismo não só afeta comportamentos, mas também molda de maneira profunda o funcionamento do cérebro masculino. Quando falamos sobre machismo, muitas vezes nos concentramos nos aspectos sociais e culturais, mas é essencial entender que ele também influencia a biologia de quem o vivencia, muitas vezes sem ser percebido.

A neurociência nos ensina que o cérebro é altamente moldável. Joseph LeDoux, especialista em neurociência emocional, revelou como as consequências do machismo afetam a amígdala[4] – uma pequena parte do cérebro responsável por detectar ameaças e controlar reações emocionais. Em um homem condicionado a não expressar vulnerabilidade, a amígdala se torna hiperativa quando ele é confrontado com emoções que fogem do estereótipo de "força" e "controle". É por isso que muitos homens reagem com raiva, agressividade ou se fecham emocionalmente em momentos que exigem empatia ou abertura emocional. Não é fraqueza, mas um condicionamento que se enraizou com o tempo.

Lisa Feldman Barrett, renomada por seus estudos sobre as emoções, nos mostra algo ainda mais profundo: as emoções são culturalmente construídas[5]. Ou seja, a maneira como os homens lidam com as emoções não é algo inato, mas ensinado. Em sociedades onde o machismo prevalece, os meninos são ensinados desde cedo a reprimir emoções como tristeza, medo ou afeto. O cérebro, ao longo do tempo, se ajusta a essa repressão, criando um ciclo vicioso de distanciamento emocional.

O impacto disso é devastador para os relacionamentos. Homens que foram ensinados a sufocar as emoções acabam se afastando das suas parceiras e de si mesmos. Isso gera frustração, isolamento e, muitas vezes, um ciclo de reatividade defensiva. A solução? Reaprender a sentir. Reaprender a ser vulnerável.

Agora, pensem juntos: o que aconteceria se, em vez de reprimir, vocês criassem um ambiente seguro para a expressão emocional? Se, como casal, pudessem desafiar esses padrões e cultivar uma relação em que os sentimentos são aceitos, acolhidos e compreendidos? Ao fazê-lo, vocês estão reprogramando o cérebro, abrindo espaço para um novo tipo de conexão, em que vulnerabilidade se transforma em força.

Não posso deixar de ressaltar que, assim como o machismo molda profundamente o cérebro masculino, também afeta o cérebro feminino de maneiras igualmente prejudiciais. As mulheres, ao longo dos séculos, foram socialmente condicionadas a desempenhar papéis específicos que limitam sua expressão plena, emocional e intelectual. Esse condicionamento, reforçado pelo machismo estrutural, também tem implicações no cérebro feminino, muitas vezes levando a atitudes tóxicas e autossabotadoras que afetam os relacionamentos.

A neurociência nos ajuda a entender como essas dinâmicas afetam as mulheres. A neurocientista Lise Eliot demonstrou em seus estudos que o cérebro das mulheres, assim como o dos homens, é altamente moldável e adaptável às influências culturais[6]. Mulheres que foram educadas em ambientes machistas frequentemente internalizam expectativas de submissão, cuidado e abnegação. O cérebro delas se ajusta a essas expectativas, criando padrões de comportamento em que suas próprias necessidades emocionais são constantemente negligenciadas em prol dos outros, em especial dos parceiros.

Além disso, as mulheres, muitas vezes, são ensinadas a buscar validação externa seja por meio da aparência ou do desempenho nos papéis tradicionais de esposa e mãe. Esse condicionamento pode reforçar uma hiperatividade da amígdala em situações de rejeição ou insegurança emocional, resultando em constante necessidade de agradar, muitas vezes à custa da própria felicidade e autenticidade. Esse comportamento leva à criação de padrões tóxicos, como dependência emocional, ansiedade extrema em relação à aprovação do parceiro e até mesmo a aceitação de comportamentos abusivos, que são internalizados como "normais" dentro de uma relação desigual. Podemos nomear essas atitudes como sinais de alerta em um relacionamento. As famosas *red flags*. A seguir, estão alguns exemplos de *red flags* em um relacionamento, que podem ajudar as mulheres a identificar comportamentos problemáticos.

- **Romantização do ciúme e sentimento de posse:** quando o parceiro justifica o ciúme excessivo como um sinal de amor ou cuidado, isso pode mascarar uma necessidade de controle. O ciúme saudável pode existir, mas a romantização do controle sobre com quem você fala ou aonde você vai é um sinal claro de possessividade.
- **Obrigatoriedade nos afazeres domésticos e educação dos filhos:** quando o parceiro assume que tarefas domésticas ou o cuidado dos filhos são "obrigatoriamente" de responsabilidade da mulher, isso reflete um comportamento machista. Em um relacionamento saudável, essas responsabilidades devem ser compartilhadas.
- **Elogios disfarçados para minar a autoestima:** comentários que, à primeira vista, parecem elogios, mas que na realidade têm a intenção de diminuir a autoestima da mulher, como "você é bonita, para uma pessoa que não se cuida muito" ou "você até que se veste bem, considerando seu corpo", são exemplos de manipulação emocional.
- **Isolamento social:** quando o parceiro tenta afastar a mulher de amigos e familiares, seja criando conflitos ou fazendo críticas constantes a essas relações, isso é um sinal de que ele deseja exercer controle sobre ela e limitar suas conexões externas.
- **Desrespeito aos sentimentos e limites:** se o parceiro desconsidera seus sentimentos ou invade seus limites emocionais ou físicos, minimizando suas necessidades ou passando por cima de seus desejos, isso demonstra falta de empatia e respeito.

- ***Gaslighting*:** este comportamento é uma forma de manipulação psicológica em que o parceiro distorce a realidade para fazer a mulher duvidar de sua própria percepção, memória ou sanidade. Comentários como "você está exagerando" ou "isso nunca aconteceu" são comuns nesse tipo de manipulação.

Esses exemplos podem ajudar a identificar comportamentos nocivos e refletir sobre a saúde do seu relacionamento. O reconhecimento de *red flags* é o primeiro passo para estabelecer limites e priorizar o respeito mútuo.

O machismo também pode fazer com que as mulheres se tornem cúmplices de atitudes tóxicas, repetindo comportamentos aprendidos, como a rivalidade entre mulheres, a repressão da própria ambição ou o medo de expressar desejos e opiniões. A repressão dessas partes essenciais da personalidade feminina cria um ciclo de insatisfação e frustração, que inevitavelmente afeta a dinâmica do casal.

É importante entender que, em um relacionamento afetado pelo machismo, ambos os parceiros podem operar dentro de papéis e expectativas que sufocam seu crescimento emocional. As mulheres, assim como os homens, precisam desconstruir essas crenças limitantes e abraçar a vulnerabilidade como um caminho para a verdadeira liberdade emocional.

Portanto, reflitam juntos: quantas vezes o machismo, tanto nas atitudes masculinas quanto femininas, impediu vocês de serem verdadeiramente autênticos um com o outro? De que forma o peso dessas expectativas antigas tem moldado a maneira como vocês se relacionam?

É hora de quebrar essas barreiras. Quando um casal decide, de modo consciente, abandonar essas crenças limitantes e abraçar a parceria emocional e o respeito mútuo, começa a reescrever a própria história. O amor que floresce da autenticidade e do apoio incondicional é o tipo de amor que transforma. E é para isso que estamos aqui. Vamos juntos nesta jornada de cura e crescimento.

Permitam-se, a partir de agora, explorar esses espaços emocionais juntos, sem medo e sem julgamentos. O amor verdadeiro só floresce quando somos autênticos conosco mesmos e com quem escolhemos compartilhar a vida. Seguimos focados na construção de uma nova forma de amar, agora mais conscientes e prontos para quebrarmos nossas crenças limitantes.

A ILUSÃO DOS PAPÉIS DE GÊNERO: UMA CONSTRUÇÃO SOCIAL

Desde muito cedo, somos moldados por uma série de crenças sobre o que é "ser homem" e "ser mulher". Essas crenças não são baseadas em biologia, mas em normas sociais impostas por um sistema patriarcal que visa manter os homens em posição de controle e as mulheres em posição de subordinação. O **machismo estrutural** se infiltra em todos os aspectos da vida, incluindo os relacionamentos.

No contexto doméstico, muitas vezes ouvimos que o homem "ajuda" nas tarefas de casa, como se o cuidado com o lar fosse uma responsabilidade feminina, e o homem apenas "colaborasse" quando possível. Essa linguagem reflete um desequilíbrio profundo nos papéis de gênero. Em um relacionamento igualitário, não há "ajuda"; há **divisão de tarefas** e **compromisso mútuo**.

Além disso, o homem geralmente é visto como o "provedor" que tem o direito de sair com os amigos ou passar longas horas no trabalho, enquanto a mulher, historicamente, foi condicionada a permanecer no espaço doméstico, cuidando da casa e dos filhos. Esse modelo não é apenas ultrapassado; ele é prejudicial. Para que um relacionamento prospere, ambos devem ter **direitos iguais** sobre seu tempo, sua liberdade e suas escolhas.

O DIREITO À LIBERDADE E À AUTONOMIA

Uma das crenças mais prejudiciais impostas pelo machismo é a ideia de que o homem tem mais liberdade do que a mulher. Essa crença se manifesta de diversas formas: o homem tem "direito" de sair com os amigos, de se vestir de maneira casual, de se expressar com mais liberdade sexual, enquanto a mulher é julgada por essas mesmas escolhas. Mas a realidade é que **ambos têm o direito à liberdade** em um relacionamento, e isso precisa ser respeitado.

A mulher tem tanto direito quanto o homem de **se vestir como quiser**, de **sair com suas amigas e amigos**, de **fazer suas escolhas sem ser julgada**. No entanto, o sistema patriarcal ainda pressiona as mulheres para que se conformem a um padrão restritivo. Essa diferença de tratamento cria terreno fértil para o ciúme e a posse, que abordaremos adiante, minando a confiança e a igualdade no relacionamento.

DIVISÃO DE TAREFAS: NÃO É AJUDA, É RESPONSABILIDADE COMPARTILHADA

Em uma relação igualitária, o cuidado com a casa e com a família não deve ser visto como "trabalho de mulher". Homens e mulheres compartilham os mesmos deveres. A expressão "o homem ajuda em casa" reforça a ideia de que o lar é responsabilidade exclusiva da mulher, enquanto o homem só atua como colaborador. Isso precisa ser ressignificado. A casa é de ambos, os filhos são de ambos, e a responsabilidade pelo cuidado e pela manutenção desse ambiente deve ser compartilhada.

Estudos mostram que, nos casais em que há **divisão igualitária das tarefas domésticas**, a satisfação conjugal é significativamente maior[7]. Um estudo de 2019 publicado no *Journal of Marriage and Family* revela que os casais que compartilham igualmente as responsabilidades domésticas têm **28% menos probabilidade** de se divorciar em comparação com aqueles que mantêm uma divisão desigual das tarefas.

CRENÇAS LIMITANTES QUE IMPEDEM A EVOLUÇÃO DOS RELACIONAMENTOS

Imaginem por um momento que vocês estão de mãos dadas, prontos para embarcar em uma nova jornada. Um caminho que, apesar de ser repleto de desafios, oferece a chance de se libertar das correntes invisíveis que por tanto tempo moldaram o relacionamento de vocês. Essas correntes são as crenças limitantes, enraizadas em padrões ultrapassados, que sufocam o verdadeiro potencial da união de ambos. Mas saibam: há um novo horizonte à espera – um lugar onde o amor não é mais um campo de batalha, mas um santuário de apoio mútuo, respeito e crescimento.

Desconstruir crenças limitantes dentro de uma relação não é apenas um ato de coragem, mas também de libertação emocional. As crenças limitantes do machismo continuam a impactar profundamente a dinâmica dos relacionamentos, restringindo a liberdade emocional e o crescimento pessoal de ambos os gêneros. As expectativas de gênero, enraizadas em papéis tradicionais, muitas vezes impedem que o casal se conecte de maneira profunda e genuína. Para criar um relacionamento verdadeiramente igualitário e amoroso, é necessário ressignificar esses papéis, de maneira que ambos os parceiros estejam aptos a florescer, livres das amarras culturais que limitam o potencial individual e coletivo.

Vamos explorar com mais profundidade essas crenças enraizadas e trazer novas reflexões sobre como elas afetam o cotidiano dos casais.

- **"O homem deve ser o provedor financeiro da casa":** essa crença coloca a responsabilidade econômica exclusivamente sobre o homem, criando um fardo financeiro e emocional que gera pressão, estresse e ansiedade. Também desvaloriza a contribuição financeira e profissional das mulheres, perpetuando a desigualdade.

- **"Só a mulher deve cuidar dos filhos e da casa":** a ideia de que cuidar do lar e dos filhos é exclusivamente papel da mulher sobrecarrega emocional e fisicamente muitas mulheres, ao passo que afasta os homens das responsabilidades familiares, impedindo uma relação equilibrada e de apoio mútuo.
- **"Homem não chora":** este estigma de que os homens não podem expressar vulnerabilidade emocional perpetua a masculinidade tóxica. Ao reprimir emoções, os homens enfrentam dificuldades de se conectar emocionalmente com seus(suas) parceiros(as), prejudicando a comunicação e a intimidade.
- **"A mulher deve ser submissa ao marido":** a crença de que a mulher deve obedecer ao marido sem questionamento ignora a capacidade de liderança, opinião e decisão das mulheres. Ela gera desigualdade no poder do casal e suprime a voz feminina, impedindo a criação de uma parceria verdadeira.
- **"Homem não precisa ajudar nas tarefas domésticas":** a ideia de que tarefas domésticas são "trabalho de mulher" desvaloriza o esforço das mulheres e cria uma divisão injusta no relacionamento. Isso impede que os homens contribuam de maneira igualitária, gerando ressentimento e sobrecarga para as mulheres. Além disso, o trabalho doméstico de uma dona de casa não é remunerado, o que agrava essa desvalorização, tornando-a mais vulnerável a abusos e à violência patrimonial, já que muitas vezes ela depende financeiramente do parceiro.
- **"Homens devem ser fortes e não devem demonstrar fraqueza":** essa crença gera um bloqueio emocional. Homens que tentam cumprir essa expectativa se isolam, se distanciam emocionalmente e acabam recorrendo a comportamentos defensivos, como a agressividade, em vez de buscar diálogo e empatia.

- **"Mulher precisa ser boa esposa e mãe, antes de ser uma profissional":** essa crença impõe às mulheres uma escolha artificial entre vida pessoal e profissional. Muitas vezes, faz com que abandonem suas ambições de carreira, sentindo-se culpadas por quererem algo além do lar e dos filhos, o que gera insatisfação e frustração.
- **"O homem tem mais liberdade sexual":** a crença de que os homens têm mais liberdade para flertar ou trair cria uma cultura de permissividade com a infidelidade masculina e de repressão da liberdade sexual das mulheres. Isso gera uma desigualdade profunda no relacionamento, em que o comportamento sexual do homem é normalizado, e o da mulher, controlado.
- **"Mulher não pode sair sozinha ou com amigos e amigas":** essa crença limitante trata da desconfiança em relação à liberdade feminina. Ela faz com que muitos homens vejam as saídas sociais das mulheres como ameaça ou oportunidade para traição, ao passo que os homens são socialmente aceitos em suas próprias saídas. Isso sufoca a independência feminina e alimenta o controle sobre seus movimentos.
- **"Mulher deve se vestir de forma recatada para ser respeitada":** a ideia de que a maneira como uma mulher se veste reflete seu caráter ou seu respeito pelo relacionamento é limitante e controladora. Ela coloca a responsabilidade do comportamento dos homens sobre as mulheres, perpetuando o controle masculino sobre o corpo feminino e a liberdade de expressão pessoal.
- **"O homem deve resolver todos os problemas do casal":** a ideia de que o homem é o "resolvedor de problemas" coloca uma pressão irreal e desnecessária sobre ele, enquanto retira da mulher sua capacidade de contribuir com soluções para os desafios do casal. Isso impede uma verdadeira parceria e colaboração.

- **"Mulher deve ser passiva na relação sexual":** a crença de que as mulheres devem adotar um papel passivo na intimidade sexual inibe a liberdade e a igualdade na expressão sexual. Isso cria um desequilíbrio na satisfação sexual do casal, perpetuando a ideia de que a sexualidade feminina é secundária.
- **"Mulher tem que ser submissa, especialmente na cama":** a submissão sexual é uma forma de controle sobre a sexualidade feminina. Ela impõe que a mulher não expresse as próprias preferências, desejos ou insatisfações, promovendo um ambiente no qual a intimidade é unilateral, centrada nas necessidades masculinas.
- **"Cuidar dos filhos é tarefa da mulher":** a ideia de que o homem é apenas o provedor e a mulher a cuidadora afasta os homens da responsabilidade emocional e física de criar os filhos. Isso não só sobrecarrega emocionalmente as mulheres, como também cria um distanciamento emocional dos filhos com relação ao pai, privando-os de uma relação mais próxima e significativa.
- **"Mulher deve priorizar o lar e os filhos, não a carreira":** essa ideia pressiona as mulheres a abrirem mão de suas aspirações profissionais, colocando-as em um dilema emocional entre a maternidade e suas ambições. Além disso, ela reforça a ideia da maternidade compulsória, ou seja, a expectativa social de que todas as mulheres devem querer e se dedicar exclusivamente à maternidade. Essa crença ignora o fato de que ambos os parceiros podem equilibrar carreira e família juntos, e de que a satisfação individual fortalece o casal.
- **"Homem é naturalmente infiel":** a ideia de que os homens, por natureza, são mais propensos à traição é uma desculpa que reforça a desigualdade no relacionamento e normaliza a infidelidade mas-

culina. Essa crença desvaloriza a monogamia e cria uma expectativa permissiva para o homem, enquanto oprime e controla as mulheres.

- **"Homem não deve expressar emoções":** a repressão emocional masculina leva à construção de barreiras afetivas no relacionamento, dificultando a conexão genuína e o diálogo sincero. Homens que não expressam sentimentos geralmente criam distâncias emocionais que prejudicam a intimidade e o vínculo do casal.
- **"Mulheres não são racionais como os homens":** esse estereótipo promove a ideia de que as mulheres são controladas pelas emoções, enquanto os homens seriam os mais aptos a tomar decisões lógicas e racionais. Isso cria um desequilíbrio de poder, no qual as opiniões femininas são frequentemente desvalorizadas.
- **"O homem tem que ser dominante no relacionamento":** essa crença reforça o controle masculino e o poder sobre a mulher, criando uma dinâmica desequilibrada na qual a mulher tem menos voz nas decisões e na condução do relacionamento. A ideia sustenta um modelo patriarcal em que o poder está sempre nas mãos do homem.
- **"Mulher tem que ser responsável pela saúde emocional do casal":** a ideia de que a mulher é a cuidadora emocional perpetua a noção de que o homem não tem responsabilidade pela qualidade emocional do relacionamento. Isso cria uma sobrecarga emocional nas mulheres, que muitas vezes sentem que são as únicas a tentar resolver os problemas no âmbito emocional.

Essas crenças limitantes sobre os papéis de gênero afetam diretamente o equilíbrio, a igualdade e a conexão entre os parceiros em um relacionamento. Elas perpetuam uma dinâmica de poder desigual que prejudica tanto homens quanto mulheres, gerando tensões, insatisfação e obstáculos ao crescimento conjunto.

DESCONSTRUINDO ESSAS CRENÇAS

Desconstruir essas crenças não é apenas um ato de rebeldia contra o que sempre foi ensinado. É um ato de coragem e amor. É olhar nos olhos do seu parceiro e ver, não as expectativas impostas, mas a pessoa que você escolheu para caminhar ao seu lado. Vocês estão prontos para ressignificar a maneira como se relacionam? Estão prontos para reescrever a história de vocês, baseada na igualdade e no respeito mútuo?

Ao longo de nossa jornada, convido-os para que se abram para o novo. A cada passo, um peso será aliviado; a cada conversa honesta, um vínculo será reforçado. A beleza dessa transformação é que ela não acontece de forma brusca ou forçada, mas sim por meio de pequenas ações, gestos diários que, como tijolos, constroem uma relação sólida e inabalável.

A desconstrução dessas crenças significa questionar os papéis que vocês têm desempenhado, não por imposição, mas por tradição. Vocês podem se perguntar: "Será que estamos vivendo de acordo com o que desejamos ou estamos apenas repetindo padrões que nos foram ensinados?". A resposta está em cada escolha que fizerem daqui em diante. A igualdade e o respeito não são utopias, mas sim conquistas diárias, construídas com diálogo, empatia e, acima de tudo, com a disposição de aprender e crescer juntos.

GUIA PRÁTICO PARA RESSIGNIFICAÇÃO NO RELACIONAMENTO

1. **Desafiem juntos as crenças antigas:** sentem-se em um momento de calma e reflitam juntos: quais crenças sobre o papel de cada um vocês têm carregado? Será que, sem perceber, têm perpetuado papéis que não condizem com quem são ou com o que querem para o relacionamento? Uma reflexão poderosa pode ser: "a respeito do que esperamos um do outro, essas expectativas estão baseadas em amor e igualdade ou em tradições que já não fazem sentido?".

Exemplo prático: se percebem que um dos dois sempre é o responsável pelas finanças, proponham um novo arranjo: "Vamos rever como dividimos as responsabilidades financeiras e ver como podemos equilibrar melhor essa carga, juntos".

2. **Repartam as tarefas domésticas de maneira justa e colaborativa:** uma das áreas mais afetadas pelas crenças limitantes de gênero é a divisão de tarefas domésticas. Em vez de presumir que uma pessoa deve cuidar da casa, conversem sobre como podem compartilhar essas tarefas de maneira justa. Fazer isso vai além de praticidade; é um ato de respeito e parceria.

Exemplo prático: criem um cronograma em que ambos participem igualmente nas tarefas diárias. Dividam tarefas como cozinhar, lavar a louça, cuidar das crianças, e deixem que ambos tenham tempo livre para si mesmos, como um presente de cuidado mútuo.

3. **Reconheçam e valorizem as emoções um do outro:** a crença de que os homens devem ser fortes e não demonstrar suas emoções é profundamente limitante. Acolher a vulnerabilidade de ambos, em vez de considerá-la fraqueza, cria um ambiente de confiança e empatia.

Exemplo prático: em vez de esperar que um "exploda" emocionalmente, criem momentos semanais para conversar sobre como se sentem, de maneira aberta e segura. Vocês podem começar com: "Como foi a sua semana emocionalmente? Algo te deixou frustrado ou feliz, algo que você gostaria de compartilhar?".

4. **Apoiem-se nos sonhos e ambições individuais:** com frequência, uma crença limitante é a de que o homem deve ter prioridade em suas aspirações profissionais, ao passo que a mulher deve abrir mão de seus sonhos em prol da família. Desconstruam essa ideia apoiando-se mutuamente em seus sonhos.

Exemplo prático: façam uma lista de desejos e metas pessoais e discutam como cada um pode apoiar o outro a realizá-los. Se um de vocês quer mudar de carreira, o outro pode ajudar criando tempo e espaço para que isso seja possível.

5. **Celebrando as diferenças e igualdade:** a ressignificação dos papéis de gênero não é sobre transformar vocês em pessoas idênticas, mas sim sobre reconhecer que, em sua individualidade, ambos são igualmente capazes de construir uma relação de respeito. Celebrem o que cada um traz de único para o relacionamento.

Exemplo prático: comemorem as conquistas um do outro como se fossem suas. Quando seu parceiro ou parceira realizar algo importante, seja um pequeno objetivo ou uma grande vitória, façam disso um momento de celebração conjunta. Isso reforça a sensação de que estão no mesmo time, sempre.

Queridos leitores e leitoras, ao ressignificarem essas crenças, vocês estão fazendo mais do que mudar um padrão: estão criando um novo futuro para o casal, um futuro onde a liberdade de ser, a colaboração e o respeito são os alicerces da vida a dois. Lembrem-se: cada passo, por menor que pareça, é uma revolução silenciosa em direção a um relacionamento mais profundo, genuíno e transformador. O amor verdadeiro floresce quando deixamos para trás o que nos limita e escolhemos, de modo consciente, caminhar lado a lado na mesma direção.

RELIGIÃO E GÊNERO: RESSIGNIFICANDO DOUTRINAS PARA LIBERTAR, NÃO OPRIMIR

Sei que o fato de adentrarmos assuntos ligados a crenças religiosas é um tanto polêmico, porém, precisamos nos aprofundar a respeito de como essas crenças continuam sendo catalisadores de pensamentos machistas e patriarcais que influenciam diretamente a saúde dos relacionamentos.

A religião, ao longo dos séculos, desempenhou papel central na formação de crenças e comportamentos sociais, incluindo as dinâmicas de gênero. Em muitas tradições religiosas, em particular no contexto das Escrituras judaico-cristãs, encontramos passagens que reforçam o patriarcado e a submissão da mulher ao homem. Essas doutrinas, interpretadas ao pé da letra e fora do contexto histórico em que foram escritas, continuam a influenciar negativamente a vida de mulheres em diversas partes do mundo. No entanto, é crucial compreendermos que esses textos foram escritos em uma realidade cultural e histórica de mais de dois mil anos atrás, refletindo uma época em que as estruturas sociais eram profundamente diferentes das que vivemos hoje.

Passagens como a de Efésios 5:22-24, que diz **"mulheres, sujeitem-se a seus maridos, como ao Senhor. Pois o marido é o cabeça da mulher, como também Cristo é o cabeça da igreja"**, são frequentemente usadas para justificar a subordinação da mulher. Esse texto, embora enraizado em uma sociedade patriarcal, foi interpretado e distorcido para manter as mulheres em papéis de submissão e servidão dentro do casamento, ignorando completamente o contexto cultural e as relações de poder da época.

Outro exemplo é o versículo em 1 Timóteo 2:11-12, que declara: **"A mulher deve aprender em silêncio, com toda a submissão. Não permito que a mulher ensine, nem que tenha autoridade sobre o homem; esteja, porém, em silêncio"**. Essas palavras foram amplamente usadas para excluir mulheres de posições de liderança e influência, tanto na igreja quanto em outros setores da sociedade. Embora as Escrituras contenham essas diretrizes, é importante lembrar que eram um reflexo das normas de gênero da época e não uma verdade universal aplicável a todas as eras e sociedades.

Contudo, ao mesmo tempo em que encontramos essas passagens, também vemos em Jesus uma figura revolucionária que desafiou o patriarcado da época. Ele elevou a dignidade das mulheres em inúmeras ocasiões. No encontro com a mulher samaritana em João 4, Jesus conversou com uma mulher em público, algo impensável para a época, e a tratou como um ser humano igual, independentemente de seu gênero ou status. Ele também permitiu que mulheres como Maria Madalena e outras o seguissem, as reconhecendo como discípulas e partes importantes de seu ministério.

Gandhi, com sua visão de igualdade entre homens e mulheres, também enfatizou que qualquer sociedade que oprime as mulheres não pode se considerar verdadeiramente livre. Em suas falas e escritos, ele dizia que **"a condição da mulher é o melhor termômetro de uma sociedade"**[8]. Para Gandhi, a verdadeira libertação só seria possível quando as mulheres fossem tratadas como iguais, capazes de fazer as próprias escolhas e de levar a vida sem serem restringidas pelos papéis tradicionais.

Hoje, vemos os efeitos de uma interpretação distorcida e literalista de escritos que, em vez de libertar, continuam a aprisionar mulheres. A leitura de textos religiosos sem um entendimento profundo de seu contexto histórico perpetua a violência, a discriminação e a desigualdade de gênero. O feminicídio, que assola o Brasil e muitos outros países, encontra raízes em um sistema que ainda vê a mulher como subordinada, seja no âmbito familiar, social ou religioso.

Portanto, é essencial, independentemente da fé que professamos, compreendermos os textos religiosos com um olhar crítico. Precisamos discernir o que foi escrito para uma sociedade há milênios e como podemos recontextualizar esses ensinamentos de maneira que respeitem a dignidade, a liberdade e a igualdade das mulheres. A verdadeira espiritualidade deve libertar, nunca oprimir.

COMO DESCONSTRUIR AS DOUTRINAS MACHISTAS CONTIDAS NAS ESCRITURAS

- **Contextualizar os textos bíblicos:** ao ler passagens que falam sobre o papel da mulher, é importante perguntar: em que sociedade isso foi escrito? Qual era o papel da mulher na época? E como esses ensinamentos podem ser adaptados para os dias de hoje, respeitando a dignidade humana?
- **Buscar exemplos de igualdade nas Escrituras:** Jesus deu voz e dignidade a mulheres como a mulher adúltera, a quem ele defendeu contra o apedrejamento. Ele as viu como seres humanos plenos, dignos de respeito e amor. Essas são as lições que devemos enfatizar.
- **Desafiar interpretações tradicionais:** em muitas comunidades religiosas, as interpretações tradicionais de submissão feminina ainda prevalecem. É papel de cada um de nós questionar essas interpretações e buscar uma espiritualidade que promova a igualdade.
- **Promover o diálogo inter-religioso:** diversas tradições religiosas têm lidado com questões de gênero de formas variadas. Compartilhar essas experiências e buscar uma interpretação mais justa e compassiva pode ajudar a avançar na luta pela igualdade de gênero.
- **Reconhecer a evolução do pensamento espiritual:** o pensamento religioso não é estático. Assim como a sociedade evolui, a espiritualidade também precisa acompanhar as mudanças e se adaptar aos novos tempos, promovendo justiça e igualdade.

A fé, quando bem compreendida, pode ser uma força de libertação e amor. Mas, quando mal interpretada, pode ser usada como uma arma de opressão. Vamos juntos, enquanto sociedade, ressignificar esses ensinamentos e garantir que a espiritualidade seja um caminho de libertação, especialmente para as mulheres, que há tanto tempo carregam o peso de interpretações distorcidas.

Para seguirmos com nosso objetivo de criar uma nova relação pautada em igualdade, respeito e amor, precisamos jogar fora as muletas religiosas que apenas perpetuam esse jogo de violência e desigualdade.

O MACHISMO E A COMUNICAÇÃO: O SILENCIAMENTO DA VOZ FEMININA

Nos próximos capítulos, entraremos mais profundamente nesse tema, porém vale já ressaltar neste momento a forma como o machismo também se manifesta na comunicação entre homens e mulheres, em especial quando formam um casal. Em muitos relacionamentos, o machismo se manifesta de forma sutil e constante, e dois comportamentos são especialmente prejudiciais: o *manterrupting* e o *mansplaining*.

O ***manterrupting*** ocorre quando o homem interrompe a mulher repetidamente durante uma conversa, muitas vezes sem perceber. Estudos mostram que os homens interrompem mulheres 33% mais do que outros homens[9], refletindo uma percepção – às vezes inconsciente – de que a opinião feminina é menos valiosa ou relevante. Cada vez que uma mulher é interrompida, sua voz é silenciada, e sua presença, desvalorizada. Com o tempo, esse comportamento faz com que ela internalize que suas ideias não são dignas de serem ouvidas.

O ***mansplaining***, por outro lado, ocorre quando o homem explica algo à mulher de forma condescendente, presumindo que ela não tem o conhecimento necessário sobre o assunto – mesmo quando, muitas vezes, ela sabe mais do que ele. Esse comportamento não só desvaloriza a mulher, mas também cria um ambiente de desconfiança e insegurança, no qual suas ideias são frequentemente invalidadas, fazendo com que ela se sinta incapaz de expressar seus pensamentos com confiança.

Essas **atitudes machistas sutis** podem parecer pequenas ou até inofensivas, mas, quando repetidas ao longo do tempo, corroem a autoestima da mulher e criam um desequilíbrio no relacionamento. A mulher começa a se silenciar, não porque deseja fazê-lo, mas porque o ambiente a condiciona a acreditar que sua voz tem menos valor. E essa é uma das formas mais sutis e perigosas de opressão.

ATIVIDADE DE REFLEXÃO: ESTÁ ACONTECENDO EM SEU RELACIONAMENTO?

É essencial que, como casal, vocês reflitam sobre como esses comportamentos podem se manifestar na vida de ambos, mesmo que de forma inconsciente. Para ajudá-los nesse processo de conscientização e mudança, proponho atividades simples, mas transformadoras:

- **Observar e analisar:** durante as conversas cotidianas, reflitam sobre quantas vezes um interrompe o outro. Há uma diferença na forma como essas interrupções ocorrem? O homem tem interrompido mais as falas da mulher?
- **Reconhecer o *mansplaining*:** homem, pondere se você costuma explicar coisas à sua parceira de forma que ela se sinta inferiorizada. Mulher, você se sente diminuída ou desconsiderada em suas ideias durante as conversas?
- **Espaço para diálogo:** reservem um momento para discutir essas questões abertamente. Homens, perguntem à sua parceira se ela se sente interrompida ou desvalorizada durante as conversas. Mulheres, aproveitem essa oportunidade para expor como se sentem e o impacto disso em sua autoestima.
- **Reverter o padrão:** proponham uma prática de escuta consciente. Isso significa que, durante uma conversa, um deve se comprometer a

ouvir o outro até o final sem interrupções, e ambos devem validar as opiniões e ideias do(a) parceiro(a) com atenção e respeito.

Desconstruir esses comportamentos é uma oportunidade para construir uma nova dinâmica de comunicação no relacionamento, em que ambos se sintam ouvidos e respeitados. Reflitam sobre o impacto do machismo na forma como se comunicam e estejam dispostos a transformar esses padrões. Afinal, uma relação saudável se baseia em diálogo, compreensão e, acima de tudo, em respeito mútuo.

O MACHISMO E O RACISMO: O PESO DA INTERSECCIONALIDADE

Quando falamos de machismo, muitas vezes olhamos apenas para a questão de gênero, todavia, para realmente entender o impacto total dessa opressão, precisamos levar em consideração outros fatores que se entrelaçam ao machismo, como o racismo. O conceito de **interseccionalidade**, desenvolvido pela socióloga Kimberlé Crenshaw, nos ensina que a opressão não age de forma isolada. Machismo, racismo e até homofobia frequentemente se sobrepõem, criando realidades muito mais desafiadoras para certos grupos.

Para muitos casais negros, a luta não é apenas contra o machismo, mas também contra o racismo estrutural, que agrava ainda mais os desafios no relacionamento. Mulheres negras, por exemplo, sofrem com o estereótipo da "mulher forte", aquela que é capaz de suportar qualquer adversidade sem demonstrar fragilidade. Esse mito desumaniza e ignora suas necessidades emocionais, muitas vezes criando um ciclo de abuso emocional, onde sua dor não é levada a sério, nem por seus parceiros nem pela sociedade.

Além disso, os homens negros também enfrentam uma carga particular. A pressão sexual que é colocada sobre eles é desumanizadora e objetificadora. A sociedade muitas vezes impõe a imagem do homem negro como hipermasculino, agressivo e sexualmente dominante. Esse estereótipo não apenas oprime os homens negros, mas também afeta a forma como se veem e se comportam dentro de um relacionamento. Essa expectativa de que eles devem sempre ser fortes, sexualmente potentes e emocionalmente inabaláveis alimenta um ciclo de repressão emocional e comportamentos agressivos, como forma de compensar a impotência que muitas vezes sentem em outros aspectos da vida.

A ideia de que o homem negro é hipersexualizado, um estereótipo histórico que remonta aos tempos da escravidão, continua a impactar as relações contemporâneas. Homens negros são frequentemente vistos como símbolos de força física e virilidade, o que gera expectativas irrealistas e desumanizantes. Muitos se sentem pressionados a cumprir esse papel, reprimindo vulnerabilidades e emoções, e temendo que, se mostrarem fraqueza, fracassarão enquanto homens. Essa pressão pode resultar em expressões tóxicas de masculinidade, onde a agressão ou o distanciamento emocional são usados para esconder sentimentos de impotência e inferioridade.

Essa dinâmica não só afeta os homens, mas também suas parceiras. Quando um homem negro se sente compelido a cumprir um papel que ele não escolheu, ele pode se desconectar emocionalmente do relacionamento. Isso cria barreiras para a construção de uma conexão genuína e igualitária, onde tanto o homem quanto a mulher possam se apoiar e se entender em suas vulnerabilidades. Para casais negros, é crucial entender como o racismo e o machismo se retroalimentam, criando expectativas sufocantes.

Já as relações afetivas entre pessoas de raças distintas, como entre um homem negro e uma mulher branca, trazem desafios únicos que vão além das dificuldades comuns dos relacionamentos. O racismo estrutural e o machismo enraizado na sociedade atuam como forças invisíveis que moldam as dinâmicas entre parceiros. O homem negro, por exemplo, muitas vezes carrega o peso de estereótipos raciais que o colocam como hipersexualizado ou agressivo, enquanto a mulher branca pode ser vista, inconscientemente, como uma figura de poder em razão de seu privilégio racial. Essas crenças limitantes podem gerar tensões, pressões e mal-entendidos, dificultando o equilíbrio na relação. A desconstrução dessas crenças é essencial para criar uma parceria autêntica e igualitária, em que ambos os parceiros se sintam seguros para expressar sua identidade, sem a interferência dos preconceitos e das pressões externas que a sociedade impõe.

O MACHISMO ESTRUTURAL NOS CASAIS LGBTQIAPN+

Quando falamos sobre o impacto do machismo, é fundamental reconhecer que ele também afeta casais não heteronormativos e cisgêneros, como casais LGBTQIAPN+. O machismo estrutural, que privilegia a masculinidade como dominante e valiosa, atravessa a vivência de casais de todas as orientações. Em casais de homens gays, por exemplo, pode haver a pressão de se conformar a papéis de gênero tradicionais, onde um dos parceiros assume uma postura mais dominante ou "masculina", enquanto o outro adota uma postura mais submissa ou "feminina". Esse tipo de dinâmica não só reforça estereótipos de gênero, mas também limita o potencial de uma parceria verdadeiramente igualitária, na qual ambos possam expressar livremente sua identidade.

Casais lésbicos também não estão imunes à influência do machismo. Mulheres que estão em relações com outras mulheres ainda enfrentam a pressão de se conformar aos papéis femininos tradicionais – de cuidadora, dócil e submissa. Além disso, a invisibilização e a desvalorização das relações entre mulheres são outras formas pelas quais o machismo estrutural marginaliza esses casais, reforçando a ideia de que as mulheres não precisam de homens para validar sua existência.

EXEMPLOS PRÁTICOS DE DESCONSTRUÇÃO

A desconstrução dessas pressões começa com a conscientização e o diálogo aberto. Casais negros, LGBTQIAPN+ e de todas as variedades precisam se libertar das amarras do machismo e do racismo, e isso só pode ser feito com ações práticas e intencionais. A seguir, estão algumas maneiras de iniciar essa desconstrução.

- **Diálogo sobre estereótipos:** inicie uma conversa aberta sobre os estereótipos que vocês sentem que estão moldando o relacionamento. Homens negros, vocês sentem que não podem permitir a si mesmos a demonstração de vulnerabilidade? Mulheres negras, vocês sentem pressão para serem sempre fortes? Casais LGBTQIAPN+, vocês sentem que estão desempenhando papéis de gênero que não refletem sua verdadeira identidade?
- **Reconhecimento da vulnerabilidade:** tanto homens quanto mulheres devem se sentir seguros para expressar vulnerabilidades. Homens, reconheçam que mostrar suas emoções não é uma fraqueza, mas uma força. Mulheres, exijam que suas necessidades emocionais sejam vistas e respeitadas.
- **Praticar o apoio mútuo:** ambos os parceiros devem apoiar um ao outro para crescer emocionalmente, deixando para trás as expectativas de gênero e as pressões raciais. Isso pode incluir a divisão de tarefas, o apoio a ambições profissionais e a promoção de uma comunicação honesta e empática.

GUIA PRÁTICO: CONSTRUINDO UM RELACIONAMENTO DE IGUALDADE E RESPEITO

- **Reconheça e discuta estereótipos:** converse com seu parceiro sobre os estereótipos que vocês acham que estão moldando as expectativas um do outro. Sejam honestos sobre as pressões que sentem e como isso afeta o relacionamento.
- **Pratiquem a vulnerabilidade:** reservem momentos para falar sobre medos e inseguranças. O homem negro, por exemplo, pode compartilhar como se sente ao ser cobrado para ser "másculo", e a mulher negra pode falar sobre a pressão para ser forte o tempo todo.
- **Divisão justa de tarefas:** reavaliem como estão dividindo as responsabilidades do dia a dia. Homens, não se afastem das responsabilidades domésticas ou parentais. Mulheres, sintam-se encorajadas a buscar suas ambições sem culpa.
- **Redefinam a masculinidade e a feminilidade:** permitam-se criar novas definições do que significa ser homem e mulher em seu relacionamento. Feminilidade não precisa ser submissa, assim como masculinidade não precisa ser impenetrável.

Ao entender as complexidades da interseccionalidade e as formas como o machismo e o racismo afetam casais, podemos criar novas bases para uma relação que valorize a igualdade, a empatia e o respeito mútuo.

DESCONSTRUINDO AS CRENÇAS E CRIANDO NOVOS CAMINHOS

Pois é, meus amigos e amigas. Como já perceberam, desconstruir essas crenças limitantes é uma jornada que exige mais do que apenas consciência: exige coragem e compromisso. É um processo delicado, em que cada casal precisa olhar para além das expectativas impostas pela sociedade e enxergar o outro em sua totalidade – como um ser único, com desejos, capacidades e vulnerabilidades. Não se trata apenas de dividir tarefas ou responsabilidades, mas de construir um espaço onde ambos possam florescer, livres dos antigos rótulos que sufocam a verdadeira parceria.

Quando abandonamos crenças como "lugar de mulher é na cozinha" ou "homens não choram", abrimos espaço para uma nova forma de conexão. Nessa nova base, o amor se torna um ato de colaboração e cuidado mútuo, em que cada um pode ser autêntico e vulnerável, sem medo de julgamentos.

Imagine um relacionamento no qual você é verdadeiramente visto e ouvido, onde suas necessidades são compreendidas e respeitadas. É esse o convite que lhes faço: deixem de lado as amarras do passado e se permitam construir algo novo, mais leve, mais humano e mais profundo. Aqui, a colaboração é a essência de um amor que se sustenta e cresce com o tempo.

A desconstrução do machismo é uma jornada que leva à verdadeira liberdade, tanto para homens quanto para mulheres. Para os homens, isso significa se libertar do peso de expectativas desumanizantes e abrir-se para uma vida de maior conexão emocional e autenticidade. Para as mulheres, é uma oportunidade de reivindicar seu espaço, sua voz e sua autonomia dentro do relacionamento. Esse caminho para a igualdade não é fácil, mas é o único que garante um amor verdadeiro, em que ambos possam crescer juntos como parceiros iguais.

Como escreveu bell hooks: **"O amor é um ato de vontade – tanto uma intenção como uma ação. O verdadeiro amor requer que a gente escolha constantemente se comprometer com o crescimento espiritual de nós mesmos e dos outros"**. Desconstruir o machismo é um ato de amor, tanto por si mesmo quanto pelo parceiro, e é essencial para a construção de uma relação baseada em respeito, igualdade e empatia.

Que essa caminhada seja de descoberta e de libertação, e que o respeito e o afeto guiem cada passo de vocês daqui para frente.

A TRANSFORMAÇÃO COMEÇA AGORA

Estão prontos para derrubar as muralhas invisíveis que o machismo construiu ao redor do seu relacionamento? Essa desconstrução é o primeiro passo para construir uma vida a dois baseada em respeito mútuo, comunicação aberta e igualdade. Resolver o machismo em sua vida e no relacionamento é libertador – para ambos os parceiros. Sem essa transformação, jamais será possível alcançar uma felicidade genuína e duradoura.

A partir de agora, você – ou vocês, como casal – tem a oportunidade de mudar de verdade. Ao enxergar os micromachismos e padrões patriarcais que ainda estão presentes em sua relação, você está iniciando uma jornada de reconstrução. A felicidade e o sucesso de qualquer relacionamento dependem da capacidade de ambos se ouvirem, se respeitarem e caminharem juntos. Não há amor verdadeiro sem igualdade e, ao abandonar o machismo, vocês abrirão caminho para um amor mais profundo, forte e genuíno.

REFLEXÕES FINAIS: TRANSFORMANDO O RELACIONAMENTO NA PRÁTICA

1. Identifique as atitudes machistas veladas em seu relacionamento

- **Exemplos:** você interrompe sua parceira nas conversas sem perceber? Subestima as ideias dela em decisões importantes, como finanças ou carreira? Ou talvez espera que ela cuide das tarefas domésticas sem pensar em dividir essas responsabilidades?
- **Prática:** da próxima vez que sua parceira começar a falar, ouça ativamente sem interrompê-la. Em relação às tarefas domésticas, faça uma lista de todas as responsabilidades da casa e revisem-na juntos. Como casal, redistribuam as tarefas de forma justa, considerando as responsabilidades de ambos dentro e fora do lar.

2. Reveja as crenças sobre papéis de gênero

- **Exemplos:** você acredita que apenas o homem deve pagar todas as contas? Ou que a mulher precisa ser a principal cuidadora dos filhos? Ou talvez pense que o homem deve ser sempre o "forte" e não mostrar vulnerabilidade?

- **Prática:** reflitam juntos sobre essas crenças e como elas afetam o relacionamento. Troquem papéis em algumas atividades: se o homem nunca faz as compras ou cuida dos filhos, tentem inverter os papéis por uma semana. Observem como essas mudanças podem promover mais compreensão e empatia entre vocês.

3. Comprometa-se com a mudança

- **Exemplos:** ao identificar áreas onde há desigualdade, como o tempo gasto nas responsabilidades domésticas ou a maneira como se comunicam em momentos de conflito, comprometam-se a agir de forma diferente.

- **Prática:** estabeleçam compromissos simples, como: "Nosso novo acordo é que cada um expressará os próprios sentimentos sem ser interrompido". Ou: "Vamos revezar a responsabilidade pelas compras e pelas finanças, independentemente de quem ganha mais". E mais importante: acompanhem o progresso. Criem *check-ins* semanais ou quinzenais para ver como estão avançando e ajustem o que for necessário.

4. Crie um espaço seguro para vulnerabilidade

- Exemplos: se o homem foi criado para não demonstrar suas emoções, talvez sinta dificuldade em falar sobre medos e/ou inseguranças. Se a mulher sempre foi vista como a responsável por manter a família emocionalmente estável, ela pode estar esgotada no âmbito emocional e precisando de mais apoio.

- **Prática:** reservem momentos para conversas abertas e honestas. Por exemplo, tirem 15 minutos por semana para compartilhar algo que está incomodando cada um de vocês, sem julgamento. Esse espaço deve ser dedicado a ouvir, acolher e apoiar, sem tentar "consertar" o problema do outro. A ideia é criar uma conexão emocional profunda.

5. **Celebrem as pequenas mudanças e conquistas**

- **Exemplos:** notou que seu parceiro se esforçou mais nas tarefas de casa? Ou percebeu que conseguiu expressar os próprios sentimentos sem medo de julgamento? Esses são pequenos passos que merecem ser celebrados.

- **Prática:** marquem um momento ao fim de cada semana para reconhecer as pequenas mudanças e conquistas de cada um. Pode ser por meio de um elogio verbal, uma mensagem carinhosa ou até planejar uma atividade juntos para celebrar o progresso.

Esses exemplos práticos ajudam a trazer mais clareza sobre como identificar e transformar padrões limitantes no relacionamento. O foco está em pequenas ações concretas, mas consistentes, que levam à construção de um relacionamento mais igualitário, saudável e duradouro. Somente assim uma relação abrirá espaço para uma vida leve e em harmonia.

ACOLHENDO A CORAGEM E PREPARANDO O PRÓXIMO PASSO

Parabéns por chegarem até aqui! Vocês demonstraram uma coragem imensa ao explorar as camadas invisíveis que, por tanto tempo, influenciaram sua vida e seu relacionamento. Desconstruir o machismo estrutural não é fácil – é um ato de coragem, um passo audacioso em direção à verdadeira liberdade emocional e à construção de um amor genuíno, respeitoso e forte.

Vocês aceitaram o convite de olhar para dentro, enxergar as crenças e padrões que muitas vezes silenciosamente moldam o comportamento de cada um, e mais importante ainda, decidiram mudar. Esse é o primeiro grande passo em uma jornada de transformação, onde o que antes parecia inabalável agora começa a ser reconstruído com consciência, respeito e igualdade.

E, para que esse processo continue, chegou a hora de dar o próximo passo. Vocês estão prestes a entrar em um dos capítulos mais transformadores desta jornada – aquele que vai direto ao coração de cada um de vocês. Agora, é o momento de olhar para a história de vida que cada um carrega, para os pesos invisíveis que vocês trazem em suas mochilas: traumas, vivências, dores e crenças profundamente enraizados.

É fundamental entender que a relação de vocês é moldada não só pelo presente, mas por tudo aquilo que já viveram. A forma como foram ensinados a amar, a lidar com os desafios e as marcas deixadas por relacionamentos passados – tudo isso influencia o "agora". Para construir um relacionamento verdadeiramente saudável, é preciso encarar esses pesos e, juntos, começar a descarregá-los. **Afinal, o amor floresce quando há leveza, verdade e aceitação.**

Estão prontos? Agora, vamos mergulhar na história que cada um carrega e começar a libertar o que já não serve mais. Vamos em frente, rumo à construção de um relacionamento em que ambos cresçam livres e plenos, lado a lado.

REFERÊNCIAS:

1. FÓRUM BRASILEIRO DE SEGURANÇA PÚBLICA. *17º Anuário Brasileiro de Segurança Pública*. São Paulo: Fórum Brasileiro de Segurança Pública, 2023. Disponível em: https://forumseguranca.org.br/wp-content/uploads/2023/07/anuario-2023.pdf. Acesso em: 19 out. 2024.

   FÓRUM BRASILEIRO DE SEGURANÇA PÚBLICA. *16º Anuário Brasileiro de Segurança Pública*. São Paulo: Fórum Brasileiro de Segurança Pública, 2022. Disponível em: https://forumseguranca.org.br/wp-content/uploads/2022/06/anuario-2022.pdf. Acesso em: 19 out. 2024.

   PAIVA, Deslange. Em 2022, Brasil registra maior número de estupros da história. G1, 20 jul. 2023. Disponível em: https://bit.ly/4902s1O. Acesso em: 18 nov. 2024.

2. UNITED NATIONS OFFICE ON DRUGS AND CRIME. *Global study on homicide: gender-related killing of women and girls.* Vienna: UNODC, 2019. Disponível em: https://www.unodc.org/documents/data-and-analysis/GSH2018/GSH18_Gender-related_killing_of_women_and_girls.pdf. Acesso em: 19 out. 2024.

3. INSTITUTO BRASILEIRO DE GEOGRAFIA E ESTATÍSTICA. *Estatisticas de gênero:* indicadores sociais das mulheres no Brasil. Rio de Janeiro: IBGE, 2022. Disponível em: https://www.ibge.gov.br/estatisticas/multidominio/genero/20163-estatisticas-de-genero-indicadores-sociais-das-mulheres-no-brasil.html. Acesso em: 19 out. 2024.

4. LEDOUX, Joseph. *Anxious:* using the brain to understand and treat fear and anxiety. Nova Iorque: Viking, 2015.

5. BARRETT, Lisa Feldman. *How emotions are made:* the secret life of the brain. Boston: Houghton Mifflin Harcourt, 2017.

6. ELIOT, Lise. *Pink brain, blue brain:* how small differences grow into troublesome gaps and what we can do about it. Boston: Houghton Mifflin Harcourt, 2009.

7. ROSENFELD, Michael J.; ROESLER, Katharina. Cohabitation experience and cohabitation's association with marital dissolution. *Journal of Marriage and Family*, v. 81, n. 1, p. 42-58, 2019. Disponível em: https://psycnet.apa.org/record/2018-47926-001. Acesso em: 19 out. 2024.

8. GANDHI, Mahatma. *Minha vida e minhas experiências com a verdade.* 3. ed. São Paulo: Martins Fontes, 2002.

9. GEORGE WASHINGTON UNIVERSITY. *Estudo sobre interrupções em conversas entre gêneros.* Washington, DC: GWU, 2014. Disponível em: https://www.gwu.edu. Acesso em: 19 out. 2024.

Capítulo 7

O PESO QUE CADA UM CARREGA: A JORNADA DE RECONHECIMENTO E CURA

Cada um de nós carrega uma "mochila emocional" invisível. Essa mochila é cheia de recordações, vivências, traumas e experiências que acumulamos ao longo da vida. No começo, pode parecer leve, mas com o passar do tempo, se torna mais pesada. E quando entramos em um relacionamento, levamos essa bagagem conosco, nem sempre percebendo como ela pode influenciar diretamente a maneira como nos relacionamos com o outro. O conteúdo dessa mochila pode pesar mais em certos momentos e, muitas vezes, é nas crises que percebemos quão carregados estamos.

A metáfora da mochila emocional nos ajuda a entender que, muitas vezes, os problemas que surgem no presente não têm sua origem no agora. Eles vêm de experiências não resolvidas do passado. Carregamos conosco traumas da infância, decepções amorosas, vivências familiares disfuncionais, inseguranças e expectativas que moldam a forma como agimos nos relacionamentos. Se não estivermos atentos a esse peso invisível, ele pode se manifestar de formas que nem sempre compreendemos, causando desconfortos e conflitos.

O PESO INVISÍVEL: A MOCHILA QUE NUNCA DEIXAMOS PARA TRÁS

Todos temos uma história única, composta por eventos positivos e negativos que deixaram marcas profundas. Como aprendi nos ensinamentos de Rudolf Steiner, idealizador da ciência antroposófica, **"conhecer a si mesmo é o primeiro passo para qualquer transformação"**. Ele propõe o conceito do resgate biográfico como ferramenta para revisitar a própria trajetória de vida. Isso nos ajuda a identificar as feridas e conquistas que moldaram quem somos e a liberar pesos desnecessários que carregamos sem perceber.

O resgate biográfico não é apenas uma revisão superficial de eventos passados; ele nos convida a olhar mais profundamente para as experiências que moldaram comportamentos e emoções. Com tal compreensão, podemos transformar a bagagem emocional em algo que nos fortaleça, em vez de ser um peso para nós.

CONHECENDO O PESO QUE CARREGAMOS

Quando não estamos conscientes dos pesos emocionais que carregamos, reagimos automaticamente às situações. Bessel van der Kolk, especialista em traumas, afirma que **"o corpo guarda as marcas"**. Isso significa que eventos traumáticos do passado, mesmo que não sejam lembrados de maneira consciente, afetam nossas respostas no presente. Por exemplo, uma discussão que parecia trivial pode despertar emoções intensas se tocar em uma ferida não curada.

No campo da neurociência, sabemos que reações automáticas são mediadas principalmente pela amígdala, parte do cérebro responsável por processar emoções como medo e estresse. Quando um evento atual nos lembra de um trauma passado, a amígdala entra em alerta, gerando reações intensas que podem parecer desproporcionais à situação atual. Em um relacionamento, isso pode levar a brigas por questões pequenas, desconfiança e distanciamento emocional.

Tamanha é a importância de conhecermos profundamente o que carregamos em nossa mochila emocional, que, se não tivermos clareza sobre nossos próprios traumas e dores, corremos o risco de projetá-los no parceiro e no relacionamento. O resgate autobiográfico, prática proposta por Steiner, oferece uma oportunidade de revisitar esses momentos, compreendê-los e transformá-los.

O PESO DOS TRAUMAS INTERGERACIONAIS

Além dos desafios que surgem no cotidiano de um relacionamento, é importante reconhecer o peso de traumas que não pertencem apenas a nós, mas que vêm das gerações anteriores. A ciência da epigenética revela que eventos traumáticos vividos por antepassados podem, de fato, influenciar nossos genes, moldando como reagimos emocional e fisicamente a determinadas situações[1]. Isso significa que medos, gatilhos de ansiedade e padrões de comportamento que enfrentamos hoje podem ter raízes profundas nas experiências de nossos pais, avós e até bisavós.

Na prática, esses traumas intergeracionais podem se manifestar de várias formas. Por exemplo, se em uma família houve abandono emocional ou violência doméstica, é possível que gerações futuras tenham dificuldade em estabelecer relacionamentos saudáveis, repetindo padrões de desconexão emocional ou abuso. Um homem que cresceu em um ambiente no qual o pai era emocionalmente distante pode, de modo inconsciente, repetir esse comportamento no próprio casamento, tornando-se inacessível emocionalmente. Da mesma forma, uma mulher que testemunhou sua mãe ser submissa pode, sem perceber, aceitar papéis de submissão em seus relacionamentos, mesmo que sua vontade seja outra.

EXEMPLOS PRÁTICOS

- **Medo de abandono:** se o pai ou avô de um dos parceiros abandonou a família, essa pessoa pode ter medo constante de ser deixada, manifestando-se em ciúme excessivo ou necessidade de controle. Esse comportamento, muitas vezes, afasta o parceiro, perpetuando o ciclo de abandono que a família já enfrentou.
- **Violência doméstica:** em famílias em que houve violência física ou emocional, pode-se observar a repetição desse comportamento, mesmo que de modo inconsciente. Um homem que cresceu vendo o pai se expressar por meio de agressividade pode acreditar que essa é a única forma de resolver conflitos, reproduzindo o mesmo padrão com seu cônjuge e filhos.
- **Falta de diálogo e afeto:** em famílias nas quais o diálogo era escasso e os afetos raramente eram demonstrados, os filhos podem crescer com dificuldades em expressar sentimentos. Quando entram em um relacionamento, podem repetir essa dinâmica, distanciando-se emocionalmente de seus parceiros e criando barreiras invisíveis que minam a intimidade.

COMO O CASAL PODE LIDAR COM TRAUMAS INTERGERACIONAIS

- **Identificação dos padrões familiares:** o primeiro passo para superar esses traumas é reconhecê-los. O casal pode, em conjunto, refletir sobre histórias familiares e identificar comportamentos ou padrões negativos em repetição. Perguntas a exemplo de "como meus pais resolviam conflitos?" ou "o que aprendi sobre amor e relacionamento na infância?" podem ajudar a trazer à tona essas influências.

- **Conversas abertas e sem julgamentos:** uma vez identificados os padrões, é essencial que o casal converse abertamente sobre como esses traumas afetam o relacionamento atual. Isso deve ser feito sem julgamentos, reconhecendo que ambos podem estar carregando fardos dos quais não estão totalmente cientes.
- **Busca por ajuda profissional:** em muitos casos, os traumas intergeracionais são profundos e difíceis de lidar sem apoio especializado. A terapia de casal ou individual pode ajudar a desvendar esses padrões e oferecer ferramentas para que o casal construa uma nova narrativa, livre dos traumas do passado.
- **Construção de novos hábitos emocionais:** após a identificação e compreensão dos traumas, o casal deve se comprometer a criar novos hábitos emocionais e comportamentais. Isso pode incluir o estabelecimento de uma comunicação mais aberta, o cultivo de demonstrações de afeto e a busca ativa por comportamentos que rompam com padrões familiares.

Atividade prática para o casal: tire um momento para se sentar com seu(sua) parceiro(a) e explore as perguntas a seguir.

- Quais padrões familiares negativos ou comportamentos percebemos que estamos repetindo em nosso relacionamento?
- Como a história de nossos pais e avós influencia nossa forma de amar e lidar com os conflitos?
- O que podemos fazer para romper com esses ciclos e construir um relacionamento mais saudável e livre de tais influências?

Ao explorar essas questões juntos, o casal começa a se libertar do passado e a construir um futuro pautado em uma nova forma de se relacionar, onde amor, respeito e empatia prevalecem.

FERRAMENTA PRÁTICA: O RESGATE BIOGRÁFICO EM CASAL

Para criar um relacionamento verdadeiramente saudável, é fundamental que cada pessoa compreenda o que traz consigo emocionalmente. O resgate autobiográfico é uma ferramenta poderosa para aprofundar a intimidade e promover um diálogo aberto e sincero entre parceiros. A seguir, são apresentados alguns passos práticos para realizar o resgate autobiográfico em casal.

RESGATE AUTOBIOGRÁFICO: EXPLORANDO OS CICLOS DA VIDA A FIM DE ENTENDER PADRÕES EMOCIONAIS

A compreensão acerca dos comportamentos e reações atuais muitas vezes passa pela análise da história pessoal. O resgate autobiográfico é um método muito eficiente para entender a origem de certos padrões e como experiências passadas moldaram nossas formas de amar, confiar e lidar com os desafios. Essa prática nos ajuda a identificar o "fio condutor" da nossa vida – a trama de eventos que, em silêncio, guia nossas atitudes e emoções até o presente.

REFLEXÃO INDIVIDUAL: MERGULHANDO NA SUA HISTÓRIA

Antes de compreender a dinâmica do casal, é essencial que cada parceiro se aprofunde na própria trajetória. A reflexão individual é um convite a olhar para trás e entender como as experiências do passado influenciam emoções, reações e comportamentos no relacionamento atual.

Para isso, a **autobiografia baseada nos setênios** (ciclos de sete anos) é uma técnica que pode facilitar essa autoanálise. A cada sete anos, nosso desenvolvimento emocional e psicológico passa por transformações significativas, e muitas das referidas mudanças impactam diretamente o modo como nos relacionamos. Ao refletir sobre essas fases, podemos reconhecer os momentos cruciais que nos moldaram e ainda guiam nossas escolhas.

Como fazer o resgate autobiográfico por setênios

1. **Divida sua vida em ciclos de sete anos:** pegue um caderno ou diário e crie blocos de tempo de sete anos. Você terá, por exemplo, blocos como 0-7 anos, 7-14 anos, 14-21 anos, e assim por diante.

2. **Identifique eventos marcantes em cada fase:** dentro de cada ciclo, anote as experiências mais significativas – sejam elas positivas ou negativas. Pense em eventos como mudanças familiares, traumas, grandes conquistas ou relações que deixaram impacto. Pergunte-se:

   - Como eram minhas relações familiares?
   - Quais experiências mais marcaram essa fase?
   - Como me senti emocionalmente? (Abandonado, amado, ansioso, protegido?)

3. **Reconheça padrões emocionais:** ao observar os eventos de cada setênio, você começará a notar repetições ou tendências. Talvez tenha havido um padrão de abandono, medo de rejeição ou dificuldade em confiar nas pessoas. Pergunte-se:

   - Quais sentimentos ou comportamentos se repetiram ao longo das fases?
   - De que forma esses eventos moldaram a maneira como me relaciono com os outros hoje?

4. **Conecte o passado ao presente:** depois de mapear sua autobiografia, é hora de conectar os pontos. Analise como essas experiências passadas influenciam as reações atuais em seu relacionamento. Você pode perceber, por exemplo, que as dificuldades em confiar no seu parceiro vêm de uma fase em que você foi traído ou abandonado, ou que seu

medo de expressar vulnerabilidades está enraizado em uma infância na qual isso não era aceito ou valorizado.

Exemplo prático de resgate autobiográfico

- **Ciclo 0-7 anos:** "Cresci em uma família na qual a expressão emocional era desencorajada. Lembro que sempre que eu chorava, meus pais diziam para eu parar de 'fazer drama'".
- **Ciclo 7-14 anos**: "No colégio, eu me sentia constantemente isolado. Tinha dificuldade em fazer amigos e passei a acreditar que meus sentimentos não eram importantes".
- **Ciclo 14-21 anos**: "Na adolescência, comecei a me fechar ainda mais. Quando entrei em meu primeiro relacionamento, tinha muita dificuldade em dizer o que sentia, com medo de ser rejeitado".

Ao analisar essas fases, percebe-se um padrão de autossilenciamento e dificuldade em expressar emoções. Esse comportamento continua até hoje no relacionamento, com medo de ser vulnerável ou julgado.

COMPARTILHAR A JORNADA COM O PARCEIRO

Após a reflexão individual, o próximo passo é compartilhar essa jornada autobiográfica com seu parceiro. Trata-se de um momento poderoso de vulnerabilidade, em que ambos têm a oportunidade de revelar feridas antigas e padrões que moldam o relacionamento. Compartilhar a autobiografia de maneira aberta e honesta pode trazer à tona uma compreensão mais profunda das motivações e medos de cada um.

Dicas para compartilhar a autobiografia

- Escolha um ambiente tranquilo e sem interrupções para essa conversa.

- Fale a partir da sua experiência, evitando culpar o outro.
- Esteja aberto para ouvir, sem julgamentos, a história do parceiro.

TRANSFORMANDO O CONHECIMENTO EM AÇÃO

Uma vez que ambos reconheçam padrões vindos do passado, é importante que isso não fique apenas na reflexão. O casal deve trabalhar em conjunto para transformar os padrões e construir novos hábitos emocionais que reflitam um relacionamento mais saudável e consciente.

COMPARTILHAMENTO DE HISTÓRIAS

Após a reflexão individual, é hora de compartilhar essas descobertas com o parceiro. Esse é um momento de vulnerabilidade e abertura. Como Carl Rogers afirmou, **"quando alguém realmente ouve você sem julgamento, isso é uma dádiva rara"**[2]. Ao compartilhar a própria história, você permite que o(a) parceiro(a) veja além das suas reações automáticas e compreenda as feridas por trás delas.

- **Exemplo prático:** marquem uma noite especial para conversar. Deem-se tempo e espaço para compartilhar descobertas sem interrupções ou julgamentos. Lembre-se de que este é um momento de escuta profunda, e o objetivo é entender e apoiar um ao outro.

Exemplos práticos de ação

1. **Se você identificou medo de abandono:** crie rotinas no relacionamento nas quais ambos reafirmem o compromisso e a presença um do outro. Pequenos gestos diários, como mensagens de carinho ou momentos de qualidade juntos, podem fortalecer a confiança.

2. **Se você percebeu uma tendência ao autossilenciamento:** pratique, aos poucos, expressar sentimentos sem medo de julgamento. Estabeleça um "espaço seguro" no relacionamento, no qual ambos possam falar sem interrupções ou críticas.
3. **Se um padrão de desconfiança foi revelado:** trabalhe em criar transparência no relacionamento, construindo confiança por intermédio de gestos consistentes e diálogos abertos sobre os medos que cada um carrega.

Esse processo não apenas fortalece o relacionamento, mas também oferece uma oportunidade única de crescimento pessoal, em que o casal, em parceria, pode romper com padrões que há muito tempo impedem a plena realização do amor.

REESCREVENDO O PRESENTE E O FUTURO

Com a compreensão dos traumas e padrões do passado, o casal pode começar a reescrever sua história juntos. Isso não significa apagar o que aconteceu, mas sim transformar as experiências em aprendizado e crescimento. Juntos, podem criar novas formas de se relacionar, mais saudáveis e conscientes.

O resgate biográfico é um exercício de empatia. Quando cada parceiro entende a história e as cicatrizes do outro, há um aumento na conexão emocional e na compaixão. Isso cria um espaço de crescimento em que ambos podem se desenvolver como indivíduos e como casal.

Continuem revisitando suas histórias e façam disso um hábito saudável. Esse processo de compartilhamento e apoio mútuo fortalece o vínculo e permite que ambos cresçam em conjunto.

O PERDÃO E A LIBERTAÇÃO DO PESO

Uma das maiores conquistas em qualquer relacionamento é a capacidade de perdoar, tanto a si mesmo quanto ao outro. Rudolf Steiner ensinou que o perdão é uma das forças mais transformadoras. Ele nos permite abandonar o peso da mágoa, do ressentimento e da culpa, abrindo espaço para o crescimento e a renovação.

No relacionamento, o perdão é essencial para liberar o peso do passado e seguir em frente com mais leveza e nitidez.

ABANDONANDO O PESO DESNECESSÁRIO E CAMINHANDO COM LEVEZA

Ao longo da vida, acumulamos experiências que moldam quem somos. Algumas experiências nos fortalecem, enquanto outras se tornam fardos. Ao nos comprometermos com o resgate autobiográfico, temos a oportunidade de escolher o que carregar e o que deixar para trás.

Em um relacionamento saudável, o casal trabalha em conjunto para reconhecer os pesos emocionais que cada um carrega e decide, juntos, quais pesos precisam ser abandonados. Isso fortalece não apenas o relacionamento, mas também o indivíduo.

REFLEXÕES FINAIS COM EXEMPLOS PRÁTICOS

Quais traumas e experiências do passado você ainda carrega?

- **Exemplo prático:** se você perceber que tende a reagir com raiva ou impaciência em discussões, tente se perguntar: "Qual foi a primeira vez em que me senti impotente ou vulnerável?". Talvez a resposta esteja em uma experiência da infância, como uma situação em que você sentiu que sua voz não foi ouvida ou que suas emoções foram invalidadas. Ao identificar essa origem, pode começar a entender que sua reação atual está mais conectada ao trauma passado do que à situação presente. A partir disso, comece a praticar o autocontrole em momentos de conflito, reconhecendo sua emoção sem deixar que ela dite sua resposta.

- **Outro exemplo:** imagine que você, em seu relacionamento, tenha dificuldade em confiar plenamente no parceiro. Pergunte-se: "Quando comecei a desconfiar das pessoas? Foi por causa de uma traição passada, de uma amizade que me decepcionou ou talvez algo na minha família?". Quando reflete a respeito, você pode perceber que projeta medos antigos no relacionamento atual. Ao reconhecê-lo, será mais fácil reconstruir a confiança.

Está disposto(a) a revisitar sua biografia e compartilhar sua história com seu(sua) parceiro(a)?

- **Exemplo prático:** reservem um tempo semanal, como uma "noite da biografia", em que cada parceiro compartilha uma fase de sua vida com base nos setênios (0-7, 7-14 etc.). Comecem a conversa com algo como: "Nesta fase da vida, passei por um momento importante que me marcou...". Ao fazer isso, estarão criando um espaço de empatia e compreensão, no qual cada um pode ouvir e ser ouvido sem julgamentos. Se, por exemplo, seu parceiro sempre evitou falar sobre os anos de adolescência, essa pode ser uma oportunidade para entender os motivos e oferecer apoio.
- **Outro exemplo:** durante esses momentos de compartilhamento, falem sobre como determinadas experiências ainda afetam o relacionamento hoje. Por exemplo: "Na adolescência, meus pais discutiam muito sobre dinheiro, e isso me deixou muito ansioso. Por isso, quando temos conversas sobre finanças, eu me sinto desconfortável e fico na defensiva". Esse tipo de revelação pode ajudar o parceiro a

entender melhor suas reações e também contribuir para trabalharem juntos a fim de melhorar a comunicação.

Quais pesos podem ser deixados para trás e quais precisam ser carregados com consciência?

- **Exemplo prático:** façam uma "lista de pesos" juntos. Cada um anota traumas ou experiências que ainda pesam no relacionamento – como medo de abandono, traumas de infância, experiências de infidelidade ou inseguranças com o corpo. Depois, discutam cada item com perguntas do tipo: "Esse medo ainda faz sentido no relacionamento atual? Podemos deixá-lo para trás ou precisamos continuar lidando com ele de modo mais consciente?". Um casal que, por exemplo, sempre briga por causa de ciúme pode descobrir que a raiz do comportamento reside em relações anteriores e não no comportamento atual de ambos.
- **Outro exemplo:** se um dos parceiros cresceu em um ambiente onde os conflitos eram sempre evitados e, por isso, tem dificuldade em discutir problemas no relacionamento, isso pode representar um peso que precisa ser carregado com consciência. Reconhecer que "evito discussões porque minha família nunca falava sobre problemas" pode permitir que o casal desenvolva uma nova maneira de lidar com conflitos, promovendo conversas abertas e saudáveis.

De que forma o autoconhecimento pode transformar a maneira como vocês lidam com desafios futuros?

- **Exemplo prático:** imaginem que estejam enfrentando um grande desafio juntos, como a chegada de um filho ou uma mudança de emprego. Agora que revisitaram suas histórias, usem esse conhecimento para prever como podem reagir. Se um dos parceiros tem histórico de abandono, por exemplo, pode ser útil lembrar disso nos momentos em que as responsabilidades aumentam. Criem estratégias, como praticar reafirmações diárias do compromisso um com o outro, para evitar que esses traumas se tornem fontes de conflito.

- **Outro exemplo:** se um dos parceiros tem dificuldade em expressar vulnerabilidade devido a uma criação rígida, essa consciência pode ajudar a abrir espaço para conversas honestas e oferecer suporte emocional mútuo durante momentos de tensão.

O que pode ser feito para construir uma nova narrativa juntos, livre dos traumas do passado?

- **Exemplo prático:** usem o que aprenderam para criar novos rituais de união. Podem decidir fazer caminhadas semanais, para discutir suas emoções, criar uma lista de sonhos conjuntos ou praticar a gratidão diária. Por exemplo, vocês podem decidir que, toda noite, vão escrever juntos três coisas pelas quais são gratos no relacionamento, deixando de lado o peso do passado e focando no presente e futuro.
- **Outro exemplo:** se perceberam que um padrão de desconfiança persiste, trabalhem para substituí-lo por gestos de confiança e transparência. Se, por exemplo, a desconfiança para sair com amigos for um problema, discutam outros limites e transparências que permitam a segurança emocional sem restringir a liberdade de cada um.

Essas reflexões e exemplos são formas práticas de aplicar o autoconhecimento e a compreensão dos traumas do passado para construir um relacionamento mais saudável, no qual ambos os parceiros possam florescer juntos.

O verdadeiro poder de um relacionamento reside na disposição de cada um em reconhecer e aliviar os fardos que carrega. Ao tomarem consciência dos pesos emocionais e compartilhá-los de forma honesta, vocês criam um caminho para um relacionamento mais leve, verdadeiro e resiliente.

É fundamental reconhecer a importância vital de olhar para dentro, de compreender profundamente o peso que carregamos. É impossível conduzir uma vida de leveza, de plenitude, se estivermos com os ombros curvados pelo peso de traumas e dores que não enfrentamos. Saber exatamente o que há em nossa "mochila emocional" é um ato de coragem e amor. E, mais do que isso, compartilhar esse peso com quem está ao nosso lado é essencial. O nosso parceiro ou parceira precisa conhecer esses pesos, não como forma de julgamento, mas para que, juntos, trilhemos um caminho de empatia, respeito e cuidado.

Quando sabemos o que dói no outro, podemos evitar mexer nas feridas que ainda precisam de tempo para cicatrizar. Isso cria um espaço seguro no relacionamento, em que ambos se apoiam nas próprias vulnerabilidades, transformando o peso em crescimento conjunto. O relacionamento se torna um santuário, um lugar onde, em vez de ferir, nos curamos. **"O verdadeiro amor não é aquele que ignora as cicatrizes, mas aquele que entende e respeita as marcas do passado."**

Esse é o segredo para construir uma relação sólida: a transparência sobre o que carregamos. Ao conhecer os traumas e as dificuldades de seu(sua) parceiro(a), você evita criar situações que reacendam dores antigas. Com tal compreensão, vocês constroem uma parceria mais forte, em que um ampara o outro com gentileza. É nesse terreno fértil de confiança e apoio que o verdadeiro amor floresce.

Agora, vamos continuar esta jornada. Com a mochila mais leve, estão prontos para seguir em frente? No Capítulo 8, vamos falar sobre as diferenças fisiológicas entre homens e mulheres, um tema fundamental para a construção de um amor inabalável. Entenderemos como somos diferentes em nossa essência física e emocional, e como essas diferenças, quando bem compreendidas e respeitadas, podem se tornar a maior força de uma relação. Por outro lado, quando mal interpretadas, essas diferenças podem ser a origem de conflitos e frustrações.

Preparem-se para descobrir como as singularidades de cada um podem somar à relação, enriquecendo ainda mais esta jornada de amor, parceria e crescimento mútuo. Vamos juntos!

REFERÊNCIAS:

1. BLOXOM, Colter. Epigenetic trauma: can trauma be passed down genetically? *Thrive Therapy*, 3 jul. 2024. Disponível em: https://www.thrivetherapyphx.com/blog-posts/epigenetic-trauma-can-trauma-be-passed-down-genetically#:~:text=Some%20human%20and%20animal%20studies,a%20process%20called%20DNA%20methylation. Acesso em: 19 out. 2024.
2. ROGERS, Carl. *A way of being*. Boston: Houghton Mifflin Harcourt, 1980.

Capítulo 8

NEUROCIÊNCIA DAS DIFERENÇAS FISIOLÓGICAS: DESVENDANDO OS MISTÉRIOS ENTRE HOMENS E MULHERES

Ao caminhar lado a lado com o seu parceiro ou parceira, talvez você já tenha sentido que, embora compartilhem o mesmo caminho, veem o mundo de formas diferentes. Essas diferenças não são apenas fruto da personalidade ou das experiências de vida, mas, principalmente, da biologia e das distinções neurofisiológicas que moldam homens e mulheres. É como se ambos fossem afinados por tons diferentes da mesma sinfonia. Entender essas particularidades é a chave para construir uma relação verdadeiramente sólida e saudável.

O CÉREBRO MASCULINO *VERSUS* O CÉREBRO FEMININO: UM ESTUDO DAS DIFERENÇAS NEUROLÓGICAS

A ciência nos ensina que o cérebro humano, embora notavelmente semelhante em sua estrutura básica, apresenta diferenças significativas nos sexos biológicos. Estudos neurocientíficos revelam que o cérebro masculino tende a ser mais compartimentalizado, com maior conectividade entre áreas dentro de cada hemisfério. Isso significa que os homens costumam ser mais focados em uma tarefa específica por vez. Quando concentrados em algo, é como se estivessem dentro de uma "caixa", desconectados de tudo o mais. Essa metáfora das "caixas" é bastante conhecida e reflete a ideia de que os homens preferem lidar com um assunto de cada vez.

Em contraste, o cérebro feminino apresenta maior conectividade entre os hemisférios, facilitando uma abordagem mais integrada das informações. Isso explica por que as mulheres frequentemente conseguem processar emoções e raciocínios de forma simultânea, ligando os aspectos emocionais, sociais e práticos de uma situação. É por isso que, quando uma mulher enfrenta um problema, ela pode falar sobre ele em vários contextos ao mesmo tempo: trabalho, relacionamento, emoções. O pensamento dela é mais "multidimensional".

Louann Brizendine, neurocientista e autora de *Como as mulheres pensam* e *The male brain* (O cérebro masculino), sugere que essas diferenças podem ser rastreadas até o período fetal, quando os hormônios começam a moldar o cérebro de meninos e meninas de maneiras distintas. Ela destaca que o cérebro feminino é mais sensível à ocitocina – o hormônio do amor e da conexão –, enquanto o masculino é mais influenciado pela testosterona, que estimula a ação e a competitividade.

Exemplo prático: durante uma discussão sobre planejamento familiar, a mulher pode estar considerando como isso afetará suas emoções, a relação com os filhos, a estabilidade financeira e até mesmo o ciclo menstrual. O homem, por outro lado, pode estar focado em apenas um aspecto prático – como ajustar as finanças. Essa diferença no processamento de informações não é falta de sensibilidade por parte de nenhum dos dois, e sim uma expressão das diferenças estruturais de seus cérebros.

AS DIFERENÇAS BIOLÓGICAS E A BUSCA PELO EQUILÍBRIO

A natureza nos presenteou com corpos e mentes que, embora pertençam à mesma espécie, respondem de maneiras diferentes aos desafios da vida. Homens e mulheres, biologicamente programados para agir de maneiras distintas, frequentemente encontram essas diferenças refletidas em ações diárias, em particular nos momentos de estresse. No entanto, tais distinções não se limitam a uma visão binária: são parte de um espectro mais amplo de energias e emoções que permeiam todos nós.

DIFERENÇAS NAS RESPOSTAS AO ESTRESSE: POR QUE O HOMEM SE FECHA E A MULHER SE ABRE?

Quando enfrentamos momentos de tensão ou ansiedade, as respostas masculinas e femininas ao estresse muitas vezes seguem caminhos opostos. Segundo o psicólogo John Gray, autor de *Homens são de Marte, mulheres são de Vênus*, homens e mulheres reagem de maneira diferente à pressão, e isso tem raízes na biologia. Os homens, sob estresse, tendem a se fechar, procurando internamente uma solução para o problema. Esse comportamento é influenciado pelo aumento do hormônio cortisol que, em situações de estresse, inibe a produção de ocitocina, o "hormônio do afeto". Como resultado, os homens muitas vezes se isolam emocionalmente, em busca de uma solução prática e individual para a tensão.

Por outro lado, as mulheres, mais sensíveis à ocitocina, que facilita a conexão emocional, procuram apoio emocional quando sob pressão. Para muitas delas, compartilhar o problema e receber compreensão é uma forma poderosa de alívio. No entanto, essa divergência pode causar frustrações dentro do relacionamento. Quando o homem se fecha, ele pode ser interpretado como desinteressado ou emocionalmente distante, enquanto a mulher, ao tentar se abrir e buscar apoio, pode parecer excessivamente emotiva ou dependente aos olhos do parceiro.

AS ENERGIAS DE *ANIMA* E *ANIMUS*: O EQUILÍBRIO INTERNO ENTRE MASCULINO E FEMININO

Carl Jung, o renomado psiquiatra suíço, aprofundou ainda mais a compreensão dessas dinâmicas ao introduzir no pensamento moderno os conceitos de *anima* e *animus*. De acordo com Jung, todos carregamos dentro de nós uma combinação de energias femininas e masculinas, independentemente do sexo biológico. A *anima* representa o lado feminino nos homens, a capacidade de se conectar com a empatia, a emoção e a intuição. O *animus*, por sua vez, simboliza a energia masculina nas mulheres, representando a ação, a lógica e a assertividade.

A visão junguiana sobre o tema nos convida a entender que, embora biologicamente homens e mulheres reajam de maneira diferente, ambos possuem dentro de si uma dualidade de energias. O desafio está em equilibrar essas forças internas, permitindo que tanto homens quanto mulheres expressem plenamente emoções e ações, sem serem limitados por estereótipos de gênero.

Infelizmente, na sociedade atual, há uma pressão constante para que os homens suprimam sua *anima*, ou seja, sua sensibilidade e vulnerabilidade, e para que as mulheres escondam seu *animus*, sua força e ambição. Homens que abraçam seu lado mais emotivo muitas vezes são rotulados como "fracos" ou "menos masculinos", ao passo que mulheres que demonstram assertividade com frequência são chamadas de "agressivas" ou "não femininas". Essas crenças limitantes criam um ciclo de repressão emocional que afeta não apenas os indivíduos, mas também a saúde de seus relacionamentos.

O MACHISMO E O PRECONCEITO CONTRA ENERGIAS DESEQUILIBRADAS

O machismo estrutural reforça essas divisões. Homens que se permitem ser vulneráveis, chorando ou pedindo ajuda, são frequentemente ridicularizados e marginalizados, enquanto mulheres que têm uma energia masculina mais forte, se destacando em ambientes de liderança ou sendo assertivas, também enfrentam preconceito. Esse desequilíbrio perpetua a crença de que expressar emoções é "coisa de mulher" e que ser forte e resoluto é "coisa de homem". No entanto, Jung lembra que todos possuímos essas duas forças e que o verdadeiro crescimento e a verdadeira maturidade vêm do equilíbrio dessas energias.

CADA SER É ÚNICO: A SINGULARIDADE DOS INDIVÍDUOS

É importante reconhecer que, apesar das tendências biológicas, cada pessoa é única. Homens com uma energia feminina mais forte podem sentir mais necessidade de conexão emocional e afeto, e mulheres com uma energia masculina mais presente podem preferir resolver problemas de forma lógica e prática. O preconceito contra essas variações individuais não apenas limita as pessoas, mas também sufoca a possibilidade de relacionamentos mais profundos e autênticos.

O que o casal precisa entender é que a verdadeira harmonia não reside em seguir padrões rígidos de gênero, mas em encontrar equilíbrio entre as energias masculina e feminina, respeitando a singularidade de cada indivíduo. Não é questão de ser mais "masculino" ou "feminino", mas de ser plenamente humano, reconhecendo e aceitando as forças e vulnerabilidades que cada um carrega.

O EQUILÍBRIO COMO CAMINHO PARA A HARMONIA

O equilíbrio entre o *anima* e o *animus* permite uma convivência mais harmônica e colaborativa. Um homem que consegue acessar sua *anima* e expressar vulnerabilidade e sensibilidade constrói laços emocionais mais profundos. Da mesma forma, uma mulher que se sente à vontade para expressar força e assertividade tem a chance de se realizar em todos os aspectos. Quando homens e mulheres permitem que essas energias coexistam dentro de si, não apenas enriquecem sua vida pessoal, mas também criam relações mais equilibradas e saudáveis.

A desconstrução de crenças limitantes sobre masculinidade e feminilidade deve começar com o reconhecimento da singularidade de cada indivíduo. É crucial que o casal compreenda que as diferenças biológicas não determinam o valor ou a importância de cada parceiro. O respeito mútuo e a aceitação das características únicas de cada um são o caminho para uma relação saudável e próspera.

GUIA PRÁTICO PARA RESSIGNIFICAR AS DIFERENÇAS

A seguir, estão enumeradas algumas práticas para ajudar a ressignificar essas energias e encontrar o equilíbrio.

1. **Reconhecer as forças e vulnerabilidades:** tire um momento para refletir sobre suas forças e vulnerabilidades, independentemente de seu gênero. Como pode permitir que ambas coexistam, sem vergonha ou repressão?

Exemplo prático: o homem pode começar a compartilhar preocupações e inseguranças com sua parceira, em vez de se isolar. A mulher, por sua vez, pode sentir-se à vontade para tomar a liderança em decisões importantes, sem se sentir culpada.

2. **Compreender mutuamente as necessidades emocionais:** conversem sobre as diferenças biológicas e emocionais. Como podem apoiar um ao outro em momentos de estresse ou dificuldade, respeitando as necessidades individuais de cada um?

Exemplo prático: ao perceber que o homem se fecha sob estresse, a mulher pode oferecer apoio de um jeito que ele se sinta confortável, sem pressioná-lo a se abrir de imediato. O homem, por outro lado, pode se comprometer a compartilhar os próprios sentimentos assim que se sentir preparado.

3. **Praticar a empatia ativa:** busque se colocar no lugar do outro. Como as expectativas sociais e culturais têm afetado suas ações e emoções? Ao entender essas pressões, vocês podem criar uma relação em que ambos se sintam livres para expressar sua verdadeira essência.

Exemplo prático: em uma discussão sobre responsabilidades domésticas, antes de responder automaticamente, busque se colocar no lugar do(a) parceiro(a). Pergunte-se: "Como essa tarefa afeta emocionalmente meu(minha) parceiro(a)? Será que ele(a) está cansado(a) ou sobrecarregado(a) por expectativas culturais que colocam essa responsabilidade nele(a)?" Ao entender a sobrecarga emocional e cultural que o outro está enfrentando, você pode trabalhar para dividir as tarefas de forma mais justa e empática, criando um espaço de alívio mútuo.

4. **Criar um espaço de diálogo livre de estereótipos:** permitam-se ter conversas honestas sobre suas energias masculina e feminina. Quais são os desafios que cada um enfrenta ao equilibrar essas forças? Como podem apoiar um ao outro nesse processo de crescimento?

Exemplo prático: durante uma conversa sobre os papéis no relacionamento, você pode perguntar ao seu parceiro como ele lida com a pressão de ter que ser "forte" e nunca mostrar vulnerabilidade, e também compartilhar como você, como mulher, lida com as expectativas de cuidar da casa e dos filhos. Por exemplo: "Sinto que às vezes as pessoas esperam que eu cuide de tudo em casa, mesmo quando estou exausta. Como você lida com as expectativas de ser sempre o provedor?" Isso permite uma troca honesta e sem julgamentos sobre os desafios que ambos enfrentam ao equilibrar as energias masculinas e femininas, fortalecendo a parceria.

5. **Ter equilíbrio na ação:** pratiquem juntos atividades que envolvam tanto energia masculina quanto feminina. Momentos de ação e decisões lógicas podem ser seguidos por momentos de introspecção e conexão emocional, permitindo que ambos explorem todas as facetas de seu ser.

Exemplo prático: pratiquem um dia de decisões e atividades juntos que combinem tanto lógica quanto emoção. Por exemplo, podem tomar uma decisão financeira juntos de maneira prática e racional, como calcular os gastos da casa ou planejar uma viagem, e em seguida reservar um tempo para atividades que envolvam introspecção, como uma sessão de meditação ou uma conversa profunda sobre o que cada um está sentindo emocionalmente naquele momento. Isso ajuda a equilibrar momentos de ação e introspecção, fortalecendo a conexão emocional e intelectual entre o casal.

A jornada para o equilíbrio entre essas energias é essencial para um relacionamento saudável. Quando ambos se permitem ser inteiros, o relacionamento deixa de ser uma luta de poder e se torna uma verdadeira parceria, na qual cada um é visto e aceito como realmente é.

O EQUILÍBRIO DAS ENERGIAS E O RESPEITO ÀS DIFERENÇAS

Queridos leitores, chegamos a um ponto crucial desta jornada de descoberta: o equilíbrio. Compreender as diferenças biológicas e emocionais entre homens e mulheres é o primeiro passo para construir um relacionamento com base no respeito, na empatia e na aceitação. Sabemos que as energias masculina e feminina permeiam ambos os seres, e que viver em harmonia é permitir que fluam de forma equilibrada. Respeitar a vulnerabilidade, a força, a sensibilidade e a razão que habitam cada um de nós é o caminho para o amor verdadeiro e duradouro.

Quando o casal encontra esse equilíbrio, o relacionamento se transforma, deixando de ser um campo de batalha de expectativas e estereótipos, para se tornar um espaço de crescimento mútuo, apoio e realização. Vocês já começaram a trilhar esta jornada juntos. Agora, é hora de olhar para a frente, para o próximo passo.

O CICLO MENSTRUAL FEMININO: A PORTA PARA UMA RELAÇÃO DE HARMONIA

Preparem-se para mergulhar em um tema que é fundamental para a compreensão mais profunda da dinâmica de um casal: o ciclo menstrual feminino. Esse fenômeno, que deveria ser celebrado como um dos maiores símbolos de vida, é, muitas vezes, tratado como um mistério incompreendido ou, pior, como um incômodo nas relações.

Mas, queridos amigos e amigas, aqui está a chave para uma verdadeira revolução na sua parceria. Compreender o ciclo menstrual é compreender não só o corpo feminino, mas as variações emocionais, hormonais e físicas que acontecem todos os meses. O ciclo menstrual é uma dança interna, um processo de renovação e transformação contínua que afeta diretamente o bem-estar emocional e físico da mulher. Ignorar essa realidade é fechar os olhos para uma parte essencial da vida de quem você ama.

Ao mergulharmos nesse tema, o objetivo é construir uma ponte de entendimento e respeito. O ciclo menstrual, longe de ser um problema, é uma oportunidade. Uma oportunidade de conexão mais profunda, apoio mútuo, compreensão e amor. Ao compreender essa fase sagrada e como ela influencia as emoções, as decisões e o corpo da mulher, o homem se torna um verdadeiro parceiro, um aliado em cada fase do ciclo.

A partir deste ponto, prepare-se para uma viagem mágica pela biologia, pelas emoções e pela espiritualidade do ciclo menstrual. Aqui, vocês aprenderão como essa sabedoria antiga pode se tornar a base para uma convivência harmoniosa e cheia de respeito. Afinal, a verdadeira parceria se dá quando não só aceitamos as diferenças, mas as honramos como parte essencial do que nos faz humanos.

Poucos tópicos são tão essenciais para a harmonia do casal quanto o conhecimento do ciclo menstrual feminino. Infelizmente, na modernidade, as mulheres estão cada vez mais desconectadas do próprio corpo, muitas vezes sem compreender a profundidade das mudanças hormonais e emocionais. Essa desconexão exerce impacto direto nos relacionamentos, já que, sem autoconhecimento, a mulher não pode comunicar suas necessidades ao parceiro, e ele, por sua vez, não pode ajustar suas expectativas e seu comportamento.

Entender o ciclo menstrual é, para a mulher, um ato profundo de amor-próprio e autocompreensão. É como se ela estivesse se reconectando com as fases da natureza – cada fase do ciclo menstrual pode ser comparada às fases da lua ou ao comportamento dos animais na natureza. Compreender o ciclo menstrual para o homem é a questão mais essencial para aprender a respeitar a companheira e saber como lidar em cada fase do mês da melhor maneira possível.

FASE MENSTRUAL (DIAS 1 A 5) – A LUA NOVA, O RETIRO DO URSO

Durante a menstruação, os níveis de estrogênio e progesterona estão em seu ponto mais baixo. É um momento de introspecção, descanso e renovação, comparável à lua nova, quando a luz se ausenta e a natureza se recolhe para se renovar. Na natureza, muitos animais, como os ursos, entram em estado de hibernação nesse período, conservando energia. Da mesma forma, a mulher pode sentir necessidade de se recolher, processar as emoções e cuidar de si.

- **Dica para o homem:** respeite o silêncio e a necessidade de descanso da parceira. Este não é o momento para cobranças ou grandes expectativas. Ofereça suporte, seja com gestos simples, como preparar uma refeição nutritiva, ou apenas estando presente sem pressioná-la.
- **Dica para a mulher:** vivencie este seu momento de introspecção. Permita-se desacelerar e cuidar do corpo. Aceite que é natural sentir-se mais cansada e emocionalmente vulnerável. Este é o momento para se conectar com sua essência e dar espaço para a renovação.

FASE FOLICULAR PÓS-MENSTRUAÇÃO (DIAS 6 A 14) – A LUA CRESCENTE, A EXPANSÃO DA ÁGUIA

À medida que os níveis de estrogênio começam a subir, a mulher sente sua energia voltando. É um período de criatividade e expansão, como a lua crescente, que começa a iluminar o céu. Na natureza, essa fase pode ser comparada à águia que sobe alto, cheia de vitalidade e clareza, planejando seus movimentos com precisão. Nessa fase, a mulher está mais confiante, otimista e disposta a interagir com o mundo.

- **Dica para o homem:** este é o momento ideal para propor atividades que desafiem e inspirem a parceira. Planejem algo juntos, como uma nova aventura ou projeto, que aproveite essa energia de crescimento e expansão.
- **Dica para a mulher:** use essa fase para se reconectar com projetos pessoais e com a autoestima. Aproveite a clareza mental e a energia física para colocar em prática suas ideias e seus planos.

FASE OVULATÓRIA (DIAS 15 A 17) – A LUA CHEIA, A DANÇA DO PAVÃO

No auge da fertilidade, a mulher está em seu ápice de energia sexual e emocional, assim como a lua cheia que brilha intensamente. Na natureza, muitos animais, como o pavão, usam esse período de fertilidade para atrair parceiros, exibindo cores vibrantes e energia magnética. Durante a ovulação, a mulher pode se sentir mais atraente, confiante e conectada ao parceiro, tanto emocional quanto fisicamente.

- **Dica para o homem:** este é o momento para intensificar a intimidade, tanto física quanto emocional. Esteja presente e atento às necessidades dela, pois ela está mais aberta ao carinho e à conexão.
- **Dica para a mulher:** aproveite a fase para se conectar com sua sensualidade e expressar o que deseja. É um ótimo momento para fortalecer a conexão afetiva com o seu parceiro.

FASE LÚTEA (DIAS 18 A 28) – A LUA MINGUANTE, A PREPARAÇÃO DA TARTARUGA

Após a ovulação, o corpo da mulher entra em período de preparação, como a lua minguante, que começa a se recolher. Essa fase pode ser comparada à tartaruga, que começa a buscar um local seguro e tranquilo, a fim de se preparar para o próximo ciclo. Com o aumento da progesterona, a mulher pode se tornar mais introspectiva, sensível e, muitas vezes, vulnerável a sentimentos de ansiedade ou irritabilidade, principalmente nos dias que antecedem a menstruação, a tensão pré-menstrual (TPM).

- **Dica para o homem:** entenda que este é um período delicado. A parceira pode estar mais sensível, e o apoio emocional é essencial. Evite confrontos desnecessários e ofereça carinho sem pressão.
- **Dica para a mulher:** pratique a aceitação e o autocuidado. Reconheça que você pode estar mais vulnerável, e permita-se descansar quando necessário. Evite sobrecarregar-se com tarefas e compromissos.

A IMPORTÂNCIA DE A MULHER CONHECER SEU CICLO

A modernidade, com correria e exigências, tem afastado muitas mulheres do próprio ciclo. O ritmo acelerado da vida moderna não permite que a mulher se conecte com suas fases naturais, levando a um desconhecimento de necessidades emocionais e físicas. Esse afastamento é prejudicial tanto para ela quanto para o relacionamento, pois, se a mulher não se conhece profundamente, ela não pode se comunicar de maneira adequada com o parceiro.

Conhecer o próprio ciclo é um ato de amor-próprio. É a partir desse autoconhecimento que ela pode estabelecer limites saudáveis, entender variações emocionais e comunicar suas necessidades de forma clara. Essa consciência também é essencial para que o parceiro ajuste expectativas e ofereça o apoio adequado.

- **Dica para a mulher:** use ferramentas como aplicativos de monitoramento do ciclo para acompanhar suas fases e identificar padrões de humor e energia. Ao conhecer essas fases, você pode planejar melhor suas atividades e comunicar suas necessidades ao parceiro.
- **Dica para o homem:** incentive a parceira a se conhecer mais profundamente. Ao entender seu ciclo, você estará mais preparado para oferecer o suporte adequado em cada fase.

REFLEXÕES E EXEMPLOS PRÁTICOS PARA O CASAL

Como as fases do ciclo menstrual da mulher afetam a vida diária dela e o relacionamento?

- **Exemplo prático:** durante a fase lútea, a mulher pode planejar momentos de descanso e autocuidado, enquanto o homem pode evitar discussões sérias ou eventos sociais intensos, respeitando a sensibilidade dela.

Como podemos nos comunicar melhor durante essas fases?

- **Exemplo prático:** a mulher pode utilizar aplicativos para monitorar o ciclo e compartilhar com o parceiro quando está em uma fase mais sensível. O homem, ao saber disso, pode ajustar expectativas e dar o suporte necessário.

Como alinhar as diferenças biológicas para promover o crescimento mútuo?

- **Exemplo prático:** se o homem está mais focado em resolver problemas de forma prática e a mulher está buscando conexão emocional, eles podem estabelecer um diálogo em que se expressem e sejam ouvidos, buscando um meio-termo que atenda às necessidades de ambos.

Querido casal, ao chegarmos ao fim deste capítulo, convido vocês a refletirem sobre a riqueza que existe nas suas diferenças. O caminho que percorremos até aqui nos mostrou que é justamente na complementaridade de cada um que reside a força de vocês. O casal não é formado por opostos em guerra, mas sim por dois seres únicos que, juntos, se completam de maneira extraordinária. Cada fase, cada comportamento e cada característica que os distingue são uma peça fundamental na construção de algo maior: o amor inabalável que os une.

Respeitar e acolher as diferenças hormonais, emocionais e neurológicas não é apenas uma escolha – é o alicerce sobre o qual se ergue um relacionamento verdadeiramente saudável e forte. Ao entender as marés internas de seu parceiro ou sua parceira e se fortalecer nessas diferenças, os dois se tornam mais do que um casal: tornam-se uma equipe imbatível, pronta para enfrentar o mundo de mãos dadas. Agora que compreendem melhor essas nuances, estão prontos para dar um novo passo em sua jornada.

E que passo será esse! No Capítulo 9, adentraremos um tema essencial para qualquer relacionamento que almeja crescer e prosperar: a construção da própria história. Para que caminhem livres e leves, vocês precisam se libertar das expectativas impostas pelas histórias familiares, reconhecendo o valor delas, mas entendendo que este é o momento de criar o legado que pertence exclusivamente a vocês.

Preparem-se para mergulhar fundo no entendimento de que, para construir algo novo, é preciso soltar os padrões antigos e escrever, juntos, um caminho que seja só de vocês. Com coragem, amor e respeito estarão prontos para a nova fase. Porque, agora, é o tempo de deixar para trás o que já foi e criar a vida que desejam trilhar.

Estão prontos? A jornada continua…

Capítulo 9

DEIXAR PAI E MÃE: A JORNADA DE AUTONOMIA CONJUGAL

Imagine que você e seu(sua) parceiro(a) estão se preparando para embarcar em uma travessia corajosa e desafiadora. A jornada exige desapego e determinação, pois terão de deixar para trás velhas expectativas e, muitas vezes, padrões familiares enraizados. Essa travessia, que pode parecer intimidadora, é a base necessária para construir um relacionamento autônomo de verdade. Assim como um pássaro que precisa deixar o ninho para explorar novos ares no céu, o casal que busca crescer e prosperar precisa encontrar o próprio caminho, livre das interferências externas.

"Deixar pai e mãe" vai muito além de simplesmente sair da casa dos pais; envolve uma separação emocional das influências familiares. É entender que, para construir uma relação sólida e duradoura, é preciso criar novas bases e libertar-se das amarras do passado. Isso não significa cortar os laços afetivos, mas sim amadurecer a relação para que o casal caminhe com a própria autonomia.

Neste capítulo, vamos aprofundar o papel crucial da independência emocional, explorando como romper com ciclos familiares é essencial para o crescimento do casal. Por meio de dados, conceitos terapêuticos e reflexões, traremos ferramentas no intuito de ajudar casais para que reconheçam as interferências externas e se fortaleçam como uma unidade.

O DESAFIO DE DEIXAR PAI E MÃE

A frase bíblica de Gênesis 2:24, **"por essa razão, o homem deixará seu pai e sua mãe e se unirá à sua mulher, e eles se tornarão uma só carne"**, não se refere apenas à separação física, mas à necessidade de romper com padrões emocionais herdados das famílias de origem. Isso é essencial para que o casal construa um relacionamento saudável e livre das expectativas familiares.

Segundo estudos, grande parte dos problemas **conjugais tem como origem a interferência de pais, sogros ou sogras**[1]. Casais que não conseguem estabelecer limites claros em relação às famílias de origem enfrentam desafios recorrentes que impactam diretamente na harmonia da relação. O psicólogo Murray Bowen, com sua teoria de diferenciação do self, argumenta que casais que não conseguem se diferenciar emocionalmente das famílias de origem repetem padrões que prejudicam a autonomia e o crescimento conjugal.

Por isso, o primeiro passo para construir um relacionamento saudável é diferenciar-se. Isso não significa desrespeitar ou ignorar os pais, mas entender que o casal precisa tomar as próprias decisões e definir suas prioridades. Quando o casal entende a importância dessa diferenciação, a relação começa a florescer de forma mais autêntica e genuína.

PADRÕES FAMILIARES: O IMPACTO NO CASAMENTO

Ao longo da vida, carregamos inconscientemente os padrões que aprendemos com nossa família. Alguns são positivos, outros, limitantes. Muitas vezes, esses padrões influenciam a forma como tratamos o parceiro. Segundo um estudo da American Psychological Association, **inúmeros casais relatam enfrentar dificuldades por causa de expectativas familiares não atendidas**, como seguir tradições, adotar valores ou atender a exigências de pais[2].

Essas expectativas podem ser ainda mais desafiadoras em culturas que valorizam fortemente a continuidade das tradições familiares. Em sociedades em que o "nome da família" ou o respeito às gerações anteriores é primordial, a pressão para manter tradições pode sufocar o casal. Quando os pais ou sogros interferem no relacionamento, questionando decisões ou impondo valores, o casal pode se sentir preso a padrões que não são seus, o que afeta sua capacidade de evoluir e crescer juntos.

A CONSTELAÇÃO FAMILIAR: ROMPENDO CICLOS INCONSCIENTES

A **constelação familiar**, desenvolvida por Bert Hellinger, por mais que contenha inúmeras controvérsias que eu mesmo discordo, oferece uma abordagem poderosa para romper com ciclos emocionais herdados. Hellinger mostrou que muitas vezes carregamos "lealdades invisíveis" para com nossa família, reproduzindo de maneira inconsciente seus padrões. Isso pode resultar em dificuldades no casamento, quando o casal tenta agradar aos pais, mesmo que isso vá contra os próprios desejos.

Na constelação, entendemos que cada geração precisa seguir seu curso. O casal que deseja florescer precisa reconhecer essas lealdades invisíveis e aprender a deixá-las para trás, criando sua própria narrativa. Para Hellinger, **"o amor flui quando cada um assume sua responsabilidade e o ciclo da vida segue adiante".** Ou seja, o casal só pode crescer quando se liberta das expectativas dos outros e assume o controle da própria jornada.

PADRÕES FAMILIARES TÓXICOS: UM DESAFIO A SER SUPERADO

Nem todas as famílias oferecem exemplos saudáveis de relacionamentos. Casais que vêm de lares disfuncionais enfrentam um desafio ainda maior, pois carregam consigo padrões tóxicos de controle, manipulação e dependência emocional. Esses padrões, se não identificados e enfrentados, tendem a se repetir no casamento. Muitos casais se veem presos em conflitos que refletem as dinâmicas familiares de sua infância.

É importante que o casal trabalhe junto para identificar esses padrões e quebrá-los. Isso pode ser feito por meio de terapia conjugal, constelação familiar ou simplesmente conversas abertas e honestas. O terapeuta Murray Bowen sugere que a capacidade de um casal de se libertar dessas influências é um dos indicadores mais fortes de sucesso no relacionamento.

A PRIORIDADE DO RELACIONAMENTO: CRIANDO UM ESPAÇO SEGURO

Um relacionamento de sucesso depende de priorizar a união do casal acima de todas as outras influências externas. O casal precisa criar um ambiente onde se sintam seguros para tomar decisões, onde as opiniões externas, embora importantes, não tenham mais peso do que as escolhas que eles fazem juntos. Segundo um estudo da Universidade de Harvard, casais que colocam o relacionamento em primeiro lugar tendem a ser **mais felizes** e relatam maiores níveis de satisfação conjugal[3].

Isso significa estabelecer limites claros. Por exemplo, definir até onde a opinião dos pais é bem-vinda e quando ela se torna uma interferência. Muitos casais encontram equilíbrio ao estabelecer "fronteiras emocionais", que protegem o relacionamento das influências externas.

FERRAMENTAS PRÁTICAS

EXERCÍCIO DE AUTONOMIA CONJUGAL

A seguir, algumas etapas práticas para ajudar o casal a construir autonomia conjugal:

1. **Identificar interferências:** cada parceiro deve refletir sobre quais padrões familiares influenciam negativamente o relacionamento. Isso pode incluir expectativas, valores ou até comportamentos herdados.
2. **Criar limites saudáveis:** definam juntos o que é aceitável e o que não é. Estabeleçam limites claros em relação à influência de pais ou sogros no relacionamento.
3. **Fortalecer o espaço do casal:** desenvolvam rotinas que fortaleçam a intimidade do casal. Isso pode incluir rituais como noites semanais de conversas, onde o casal compartilha as emoções e se reconecta.
4. **Apoiar-se mutuamente:** um ponto crucial é o apoio mútuo. Cada parceiro deve estar disposto a apoiar o outro ao lidar com as expectativas e pressões familiares, sendo paciente e compreensivo.

REFLEXÕES E EXEMPLOS PRÁTICOS

- **Exemplo 1:** se os pais de um dos parceiros insistem em participar de decisões importantes, como a escolha de onde morar ou como criar os filhos, o casal precisa estabelecer limites claros. Podem, por exemplo, agradecer o conselho, mas deixar claro que as decisões finais serão feitas em conjunto, sem interferências.
- **Exemplo 2:** se a sogra ou sogro interfere diretamente na vida financeira do casal, o casal pode criar uma "zona neutra" para lidar com esse tipo de situação, evitando discussões diretas e resolvendo as questões em privado, entre si.
- **Exemplo 3:** definir um dia da semana para revisitar e reforçar os limites emocionais, ajudando a manter a autonomia do casal.

Querido casal, o desafio de "deixar pai e mãe" e construir uma vida independente não é um ato de ruptura, mas de crescimento. Ao atravessar esta jornada, vocês escolhem a coragem de criar algo novo, algo que pertence apenas a vocês. Quando reconhecem as próprias forças, respeitam suas raízes, mas não deixam que elas os prendam, plantando, assim, as sementes para um relacionamento verdadeiramente autêntico e duradouro.

Ao longo deste capítulo, exploramos a importância de deixar para trás as expectativas que em geral as famílias de origem impõem. Falamos sobre a coragem de criar uma nova história juntos, a necessidade de romper com os ciclos familiares e o desafio de estabelecer limites saudáveis com aqueles que tanto amamos. Deixar pai e mãe não é um ato de ruptura, mas de evolução. É sobre dar espaço ao novo, para que o casal floresça em sua autonomia, sem as amarras do passado.

Agora, queridos leitores, vocês estão prontos para algo ainda mais profundo: a base de todo relacionamento, a essência que sustenta tudo – **a comunicação**. Sem diálogo, sem a escuta atenta e o entendimento mútuo, todas as lições aprendidas perdem o sentido. A comunicação é o ponto de encontro onde duas almas, embora diferentes, aprendem a se alinhar e caminhar juntas, respeitando a jornada individual, mas sempre mantendo o olhar fixo no futuro comum.

Neste momento, se você está lendo este livro ao lado do seu parceiro, ou mesmo se está sozinho(a) agora, faça uma pausa. Respire profundamente e sinta o peso de tudo que viveram até aqui. E se você estiver ao lado da pessoa que escolheu para caminhar contigo nesta jornada, olhe para ela agora. Encare-a nos olhos. Segure sua mão e, juntos, façam essa afirmação de compromisso e renovação: **"Nós vamos conseguir transformar nosso amor. Juntos, com toda a nossa entrega e dedicação, decidimos mudar o rumo da nossa história. Porque você é minha prioridade".**

Permita-se sentir a força dessas palavras. Nesse simples gesto, está o compromisso de se colocarem à frente de qualquer obstáculo, de se priorizarem acima das interferências e desafios externos. É um ato de amor, mas também de coragem. E, acima de tudo, é um ato de fé no poder de vocês dois, como um time que se fortalece a cada passo.

Lembrem-se: o que faz um amor crescer não é a ausência de problemas, mas a força com que enfrentam juntos esses desafios. Vocês são dois seres inteiros, completos em si mesmos, mas é na junção dessas duas forças que a magia acontece. É nas diferenças, nas escolhas conjuntas e, principalmente, na dedicação diária, que o relacionamento se transforma em algo maior do que qualquer expectativa.

Agora, estão prontos para dar o próximo passo. A partir daqui, vamos mergulhar no ponto mais importante de toda relação: a comunicação. Vocês aprenderão como ela pode ser a ponte entre dois corações, e como, quando bem cultivada, se torna o pilar mais forte para sustentar o amor.

A jornada de transformação continua, e vocês já provaram que estão prontos para ela.

REFERÊNCIAS:

1. COSTA, Crístofer Batista da; MOSMANN, Clarisse Pereira; DELATORRE, Marina Zanella; WAGNER, Adriana. Terapia de casal e estratégias de resolução de conflito: uma revisão sistemática. *Revista Psicologia*: Ciência e Profissão, v. 27, n. 1, [*s. p.*], jan./mar. 2017.

2. MARRIAGE and relationships. *American Psychological Association*, [*s. d.*]. Disponível em: https://www.apa.org/topics/marriage-relationships. Acesso em: 19 out. 2024.

3. SOLAN, Matthew. The secret to happiness? Here's some advice from the longest-running study on happiness. *Harvard Health Blog*, 5 out. 2017. Disponível em: https://www.health.harvard.edu/blog/the-secre-t-to-happiness-heres-some-advice-from-the-longest-running-study-on--happiness-2017100512543. Acesso em: 19 out. 2024.

Capítulo 10

COMUNICAÇÃO: O PILAR DE TODA RELAÇÃO

Imagine que vocês dois estão construindo uma casa juntos. Cada palavra trocada, cada olhar e gesto se tornam tijolos, cuidadosamente colocados para erguer essa estrutura que chamamos de relacionamento. As fundações da casa são o respeito, a confiança e, acima de tudo, a comunicação. Sem comunicação, é como se tentassem levantar a casa sem cimento – os tijolos podem estar lá, no entanto, com o tempo, sem a cola que os une, tudo começa a desmoronar. E essa cola é o que mantém a relação sólida, capaz de resistir a qualquer tempestade.

A comunicação é o coração pulsante de qualquer relacionamento. Ela é o espaço onde o amor, a compreensão e a empatia florescem. Gandhi disse uma vez: **"A verdade nunca prejudica uma causa que é justa"**. E no caso de vocês, a verdade é a chave para uma comunicação sincera, na qual ambos podem se expressar de forma honesta e aberta, sem medos ou julgamentos. Quando as palavras fluem de um lugar de verdade, a relação se fortalece, se expande e se enraíza de maneira profunda e inabalável.

Pense na comunicação como uma dança delicada, em que ambos devem estar em sintonia, atentos aos passos um do outro. No entanto, às vezes, a música muda e, sem que percebam, um começa a pisar nos pés do outro. Isso acontece quando não falam claramente, quando sentimentos são abafados e não expressos. E de repente, o que era uma dança leve e fluida se transforma em uma caminhada desajeitada. A falta de comunicação é como uma música desafinada que desorienta o casal e, sem que se deem conta, os dois começam a se distanciar.

Neste capítulo, vocês estão prestes a adentrar o ponto mais crucial de toda esta jornada. Buda disse: **"Melhor que mil palavras ocas é uma única palavra que traz paz"**. Isso é o que a comunicação faz – ela traz paz, entendimento e harmonia ao relacionamento. Sem isso, o amor, por mais forte que seja, começa a se perder em mal-entendidos e silêncios. Jesus nos ensinou que **"a boca fala do que o coração está cheio"** (Mateus 12:34), portanto, deixar o coração guiar suas palavras com amor, compaixão e paciência é o que manterá sua conexão viva e florescente.

Este capítulo é o alicerce de tudo que está por vir. É aqui que vocês aprenderão a falar com o coração e a ouvir com a alma. A comunicação não é apenas o que se fala, mas o que se ouve, o que se sente e como se acolhe o outro. Cada conversa que vocês tiverem e cada troca de palavras será como um tijolo a mais na construção da casa que estão erguendo juntos. Se o diálogo é verdadeiro, a edificação será forte o suficiente para suportar qualquer vento.

Agora, deixem-se guiar por este capítulo, no qual, juntos, aprenderão a lapidar a arte de se comunicar, de forma que a voz de um seja sempre acolhida pelo coração do outro. Afinal, como disse Aristóteles, **o homem é, por natureza, um ser social**. E é nessa troca, nesse diálogo entre almas, que encontramos a verdadeira essência do amor.

A NEUROCIÊNCIA DA COMUNICAÇÃO: UM PROCESSADOR EMOCIONAL EM AÇÃO

De acordo com especialistas, **a maioria dos divórcios tem como uma das causas principais a falha na comunicação**. Isso demonstra o quanto a comunicação é central para a longevidade e qualidade de um relacionamento.

A neurociência comprova que a comunicação vai muito além de palavras trocadas. Matthew Lieberman, neurocientista especializado em comunicação, aponta que, quando nos comunicamos, especialmente em interações emocionais, ativamos áreas do cérebro ligadas à empatia, como o córtex pré-frontal, que modula o raciocínio, e o sistema límbico, que regula as emoções[1]. Quando usamos a linguagem de maneira assertiva, empática e clara, criamos um ambiente de acolhimento. Em contrapartida, uma comunicação agressiva ou passivo-agressiva ativa a amígdala, responsável pela detecção de ameaças, o que desencadeia respostas de "luta ou fuga".

Isso significa que uma comunicação malfeita pode literalmente colocar o cérebro do parceiro em estado de alerta, impedindo a resolução pacífica de conflitos. A chave para uma comunicação eficaz é falar de maneira que tranquilize, abra canais de empatia e, ao mesmo tempo, ofereça espaço para que o outro também se expresse.

MACHISMO ESTRUTURAL E A COMUNICAÇÃO MASCULINA DEFICIENTE

Um dos maiores obstáculos para uma comunicação eficaz em muitos casais é o machismo estrutural. A sociedade condicionou os homens a acreditarem que expressar emoções, especialmente vulnerabilidade, é sinônimo de fraqueza. Esse padrão, que perpetua a ideia de que o homem deve ser sempre forte, racional e controlado, cria uma barreira quase intransponível para o diálogo aberto e genuíno. A comunicação entre os homens é, muitas vezes, contaminada pelo medo de parecerem "menos masculinos".

Homens educados sob essa ótica tendem a usar menos palavras para expressar sentimentos e evitam discussões emocionais. Essa repressão emocional pode se manifestar em comportamentos de evasão ou agressividade, duas formas disfuncionais de evitar a comunicação genuína. O resultado disso é um ciclo vicioso de silêncio e frustração, no qual a mulher se sente negligenciada, e o homem, sobrecarregado.

MANSPLAINING E MANTERRUPTING: A DESIGUALDADE NA CONVERSA

Como já abordamos anteriormente, *mansplaining* e *manterrupting* são comportamentos que exemplificam o impacto do machismo estrutural nas dinâmicas de comunicação entre homens e mulheres, tanto em espaços públicos quanto em relações íntimas. Eles não apenas perpetuam a desigualdade de gênero nas interações, mas também destroem a confiança e o respeito necessários para a construção de um relacionamento saudável.

O QUE É MANSPLAINING?

Mansplaining é a conduta em que um homem explica algo a uma mulher de maneira condescendente, presumindo que ela não possui o conhecimento ou a compreensão do tema, mesmo quando ela está igualmente ou mais qualificada para falar sobre o assunto. É um comportamento prejudicial, porque trata a mulher como inferior ou menos capaz, desconsiderando suas competências e experiências.

Imagine um cenário no qual uma mulher compartilha uma ideia sobre finanças, um campo em que ela tem amplo conhecimento, e o homem a interrompe para "corrigi-la" ou explicar conceitos básicos que ela já domina. Essa atitude é frustrante, desrespeitosa e cria uma barreira na comunicação. Quando o *mansplaining* ocorre repetidamente, ele pode minar a autoestima da mulher, fazendo com que ela se sinta desvalorizada ou menos confiante para se expressar.

O QUE É MANTERRUPTING?

Manterrupting refere-se ao ato de um homem interromper uma mulher durante a fala, minimizando sua voz e sua participação na conversa. Um estudo conduzido por Kieran Snyder, publicado no *Washington Post*[2], revelou que em reuniões de trabalho os homens interrompem as mulheres quase três vezes mais do que interrompem outros homens. Essa interrupção constante desvaloriza o que a mulher tem a dizer, cria frustração e gera um desequilíbrio de poder na comunicação.

Nos relacionamentos, o *manterrupting* pode se manifestar de forma ainda mais sutil e prejudicial. Por exemplo, durante uma discussão sobre os problemas do relacionamento, a mulher tenta expressar suas emoções e o homem a corta antes que ela termine de falar, oferecendo uma solução rápida ou invalidando seus sentimentos. Isso impede que a conversa siga um fluxo saudável e que a parceira seja ouvida e compreendida.

O IMPACTO DESTRUTIVO NO RELACIONAMENTO

Esses comportamentos de *mansplaining* e *manterrupting* são muito mais do que pequenos "deslizes" na comunicação – eles refletem uma dinâmica de poder que, quando não enfrentada, pode corroer o relacionamento ao longo do tempo.

Quando uma mulher é constantemente interrompida ou recebe explicações desnecessárias com frequência, ela começa a sentir que suas opiniões e emoções são menos importantes. Isso pode criar uma distância emocional entre o casal, na qual a mulher se sente desrespeitada, e o homem, mesmo que inconscientemente, perpetua a desigualdade de poder.

A filósofa Simone de Beauvoir discutiu em sua obra *O segundo sexo* como as mulheres são tradicionalmente vistas como "o outro" na sociedade, ou seja, o gênero subordinado que precisa ser guiado, educado ou controlado pelos homens. O *mansplaining* e o *manterrupting* perpetuam essa visão, levando a um relacionamento desequilibrado, em que apenas uma parte domina o espaço de fala e decisão.

EXEMPLOS DO COTIDIANO E COMO ELES AFETAM O RELACIONAMENTO

- **Discussão de ideias:** em uma conversa sobre finanças ou decisões de carreira, o homem interrompe para corrigir ou dar sua "opinião experiente", desconsiderando o conhecimento da parceira. Isso faz com que a mulher se sinta infantilizada e menos valorizada. Com o tempo, ela pode começar a evitar essas conversas ou deixar de expressar opiniões, pois sabe que será interrompida ou desconsiderada.
- **Expressão de sentimentos:** durante uma discussão emocional, quando a mulher tenta descrever como se sente, o homem a corta, dizendo "você está exagerando" ou "não é bem assim", minimizando suas emoções. Isso gera ressentimento e frustração, pois a mulher se sente invisível nos próprios sentimentos e nas próprias necessidades.
- **Interrupções constantes:** em situações cotidianas, como discussões sobre tarefas domésticas ou o planejamento do fim de semana, o homem interrompe a mulher repetidas vezes, conduzindo a conversa de acordo com sua vontade. Isso pode gerar um padrão em que a voz da mulher é sempre abafada, e ela sente que suas opiniões e contribuições não importam.

POR QUE ISSO ACONTECE?

A origem do *mansplaining* e do *manterrupting* está enraizada em uma estrutura social que historicamente colocou os homens em posições de poder e autoridade, tanto no espaço público quanto no privado. Freud, por exemplo, em sua análise do desenvolvimento humano, reconheceu a internalização de normas culturais e sociais na formação do comportamento masculino. Meninos são criados, muitas vezes, em um ambiente que os ensina a serem líderes, a tomar decisões e a assumir o controle das situações, ao passo que as meninas são socializadas para serem mais recatadas, cuidadoras e ouvintes.

Esse desequilíbrio se perpetua na vida adulta, quando os homens podem se sentir mais à vontade para tomar o controle da conversa, à medida que as mulheres, mesmo que inconscientemente, são ensinadas a ceder espaço. Esse padrão não só impacta as relações pessoais, mas também cria um ciclo de desigualdade que é difícil de quebrar sem uma conscientização ativa.

COMO QUEBRAR O CICLO

A boa notícia é que *mansplaining* e *manterrupting* podem ser desafiados e superados com o compromisso de ambos os parceiros em mudar sua forma de comunicação. O primeiro passo é a consciência. O homem deve estar atento aos momentos em que tende a interromper ou explicar de forma condescendente, e a mulher deve se sentir confortável em chamar atenção para esses momentos, de forma gentil e aberta.

Uma ferramenta poderosa para isso é a prática da escuta ativa. O casal pode adotar regras simples, como permitir que cada um fale por um período sem interrupções, ou fazer uma pausa antes de responder, garantindo que ambos tenham a oportunidade de se expressar em sua plenitude.

Além disso, praticar a empatia é fundamental. O homem deve se perguntar: "Se eu fosse interrompido constantemente, como me sentiria?". Essa prática de colocar-se no lugar do outro cria abertura para a mudança de comportamento e melhora a conexão no relacionamento.

O *mansplaining* e o *manterrupting* são comportamentos que, embora pareçam inofensivos ou acidentais, têm impacto profundo na dinâmica de poder e respeito dentro de um relacionamento. Ao reconhecer essas práticas e se comprometer com a mudança, os casais podem cultivar um espaço de comunicação mais equitativo, onde ambos se sintam ouvidos, valorizados e respeitados.

Ao praticar a escuta ativa, a empatia e a CNV, é possível transformar a maneira como nos comunicamos e, assim, construir relações mais saudáveis e verdadeiramente igualitárias.

A IMPORTÂNCIA DA COMUNICAÇÃO NÃO VIOLENTA (CNV)

Um dos conceitos mais transformadores na comunicação de casais é a comunicação não violenta (CNV), desenvolvida por Marshall Rosenberg, que a como uma abordagem que busca criar conexões mais profundas e empáticas entre as pessoas, oferecendo uma alternativa ao padrão de comunicação reativa e defensiva que muitas vezes vemos em relacionamentos.

Essa metodologia oferece ferramentas práticas para que os casais se comuniquem de maneira mais compassiva e construtiva, eliminando a agressividade ou a reatividade que, com frequência, surgem durante discussões. Ao invés de reagir impulsivamente a uma situação de conflito, a CNV nos ensina a pausar e responder com consciência, de forma a promover um diálogo mais saudável e produtivo.

A BASE DA CNV ESTÁ EM QUATRO COMPONENTES ESSENCIAIS

1. **Observação sem julgamento:** o primeiro passo é descrever a situação de maneira neutra, sem atribuir culpa ou fazer julgamentos. A ideia é expor os fatos da maneira mais objetiva possível, de modo a evitar que o outro se sinta atacado ou culpado.
    - **Exemplo:** “Percebi que nas últimas semanas não temos conversado tanto à noite”.

Essa prática é essencial para diminuir a defensividade no relacionamento, pois, quando nos afastamos dos julgamentos e nos concentramos nas observações, abrimos espaço para um diálogo mais claro e honesto.

2. **Expressão de sentimentos:** em seguida, é importante compartilhar o impacto emocional que essa observação teve em você. Quando falamos de nossos sentimentos, deixamos o outro ciente de como somos afetados por determinadas situações, criando uma conexão emocional.
   - **Exemplo:** "Eu me sinto distante e solitária quando isso acontece".

Expressar sentimentos de forma honesta e direta ajuda a criar um espaço seguro para a vulnerabilidade. Estudos em psicologia mostram que casais que falam abertamente sobre seus sentimentos criam laços emocionais mais fortes e conseguem resolver conflitos com mais eficácia[3].

3. **Identificação de necessidades:** a CNV propõe que, ao reconhecer os sentimentos, também precisamos identificar quais são as nossas necessidades por trás deles. Isso ajuda a esclarecer o que falta na relação e o que precisa ser mudado para que ambos se sintam mais satisfeitos.
   - **Exemplo:** "Preciso me sentir mais conectada e próxima de você".

Todas as nossas ações são tentativas de atender necessidades. Portanto, identificar essas necessidades permite que o casal tenha uma conversa mais profunda sobre o que é realmente importante.

4. **Pedido claro e objetivo:** finalmente, a CNV sugere que façamos um pedido claro, direto e específico. O objetivo é criar uma solução prática para o problema, que atenda às necessidades identificadas de forma respeitosa para ambos.
   - **Exemplo:** "Você poderia reservar um tempo para conversarmos sobre como podemos melhorar isso?".

Fazer pedidos claros é fundamental para evitar ambiguidades e frustrações. A medida traz mais transparência para o relacionamento e possibilita que ambos saibam exatamente o que o outro espera de si, o que promove um sentimento de segurança.

OS BENEFÍCIOS DE PRATICAR A CNV NOS RELACIONAMENTOS

A prática da CNV no relacionamento oferece inúmeros benefícios. Em primeiro lugar, cria um ambiente seguro e acolhedor para que ambos possam se expressar sem medo de serem julgados ou atacados. Além disso, a prática regular da escuta ativa, que envolve ouvir o parceiro com atenção plena, refletir sobre o que foi dito e validar seus sentimentos, ajuda a garantir que a comunicação seja bidirecional, e não uma via de mão única.

Estudos demonstram que casais que praticam a CNV regularmente reportam níveis mais elevados de satisfação no relacionamento, maior compreensão emocional mútua e capacidade superior de resolver conflitos[4]. Isso acontece porque a CNV ensina os casais a saírem do ciclo destrutivo de críticas e defensividade, e a entrarem em um espaço em que ambos se sentem ouvidos e valorizados.

Além disso, a CNV promove uma autenticidade emocional que fortalece a intimidade entre o casal. Ao praticar essa técnica, os parceiros são incentivados a ser vulneráveis de maneira construtiva, o que cria uma conexão mais profunda e genuína. Freud ressaltava que **"a saúde mental está no equilíbrio entre nossas necessidades internas e as pressões externas"**[5], e a CNV proporciona esse equilíbrio dentro das dinâmicas de um relacionamento.

Marshall Rosenberg enfatiza que, em última análise, a CNV é um processo de cura. Ao praticá-la, os casais não apenas resolvem conflitos imediatos, mas também transformam a maneira como interagem e compreendem as emoções um do outro, tornando o relacionamento mais forte, mais saudável e mais resiliente diante das adversidades.

A CNV não é apenas uma técnica, mas uma filosofia de vida. Ao implementá-la no relacionamento, o casal não apenas melhora a comunicação, mas também se compromete com uma prática contínua de crescimento e empatia. A chave para um relacionamento saudável não é a ausência de conflitos, mas sim a capacidade de lidar com eles de maneira construtiva e amorosa. A CNV é a ferramenta que pode abrir as portas para esse tipo de conexão profunda e transformadora.

A FALTA DE COMUNICAÇÃO: A MORTE LENTA DOS RELACIONAMENTOS

Um ponto crucial que precisa ser explorado é como a falta de comunicação pode destruir grande parte dos relacionamentos. Quando os casais deixam de falar sobre sentimentos, desejos e frustrações, surgem mal-entendidos, ressentimentos e distanciamento emocional. Isso cria o "espaço vazio" que leva muitos casais a se desconectarem emocionalmente.

A falta de comunicação pode transformar pequenos problemas em grandes abismos. Quando os casais não discutem expectativas, mágoas ou mesmo as pequenas frustrações do dia a dia, esses sentimentos se acumulam, criando pressão emocional interna. Quanto mais tempo se evita a comunicação, mais dificulta a recuperação da intimidade emocional. John Gottman, especialista em relacionamentos, chama isso de "erosão do afeto", que eventualmente leva à desconexão completa.

NEUROCIÊNCIA E O PODER DA COMUNICAÇÃO EMPÁTICA

A neurociência revela que o diálogo empático e a prática da escuta ativa estimulam a produção de ocitocina, o hormônio responsável pela confiança e conexão emocional. Isso explica por que casais que praticam a comunicação honesta e compassiva se sentem mais próximos e satisfeitos em seus relacionamentos.

Quando o casal cria um ambiente de segurança emocional, em que ambos podem expressar sentimentos sem medo de serem julgados ou rejeitados, as conexões emocionais se fortalecem. O resultado disso é a construção de uma "fortaleza emocional", na qual o casal se sente seguro para enfrentar junto os desafios da vida, sabendo que podem contar um com o outro.

Para enriquecer ainda mais a comunicação saudável e eficaz entre casais, além da CNV, podemos explorar outras técnicas avançadas e eficazes que contribuem para a resolução de conflitos e diálogos mais profundos e produtivos. A seguir, vamos aprofundar algumas dessas estratégias, explicando como funcionam e oferecendo exemplos práticos para que as apliquem.

1. ESCUTA ATIVA E REFLEXIVA

A escuta ativa vai além de apenas ouvir o que o outro tem a dizer – é a arte de realmente prestar atenção e validar os sentimentos do parceiro. Essa técnica envolve escutar sem preparar mentalmente uma resposta, absorvendo de verdade as emoções e as palavras do outro.

Exemplo prático: quando seu parceiro expressa frustração, em vez de se defender ou interromper, diga: "Entendo que se sente sobrecarregado com as responsabilidades da casa. Isso está correto?". A prática da escuta reflexiva, ou seja, repetir o que o outro disse, não só valida o que está sendo expresso como também garante que ambos estão na mesma página antes de prosseguir.

2. PERGUNTAS ABERTAS E NÃO AGRESSIVAS

Fazer perguntas abertas promove uma comunicação mais rica e profunda. Perguntas abertas não podem ser respondidas com um simples "sim" ou "não", e ajudam a explorar os sentimentos e pensamentos do parceiro com mais empatia.

Exemplo prático: em vez de perguntar "você está chateado comigo?", que pode ser respondida com "não", pergunte "como você se sente sobre o que aconteceu mais cedo?" ou "como posso te apoiar melhor quando estamos em situações como esta?". Isso encoraja o(a) parceiro(a) a falar mais sobre sentimentos e perspectivas, criando um diálogo mais honesto.

3. A TÉCNICA DOS TRÊS MINUTOS

Essa técnica é simples, mas extremamente eficaz para garantir que ambos os parceiros tenham a oportunidade de se expressar por completo. Cada parceiro tem três minutos para falar sem interrupções, e o outro deve escutar atentamente. Após os três minutos, o ouvinte repete o que ouviu para garantir que entendeu da maneira correta antes de compartilhar a própria perspectiva.

Exemplo prático: um casal em meio a uma discussão sobre finanças pode utilizar essa técnica. Durante os três minutos, o primeiro parceiro compartilha sua preocupação com o orçamento sem ser interrompido. Quando os três minutos terminam, o outro repete o que ouviu, certificando-se de que entendeu antes de expor os próprios sentimentos.

4. O RELÓGIO DO CONFLITO

O calor do momento pode tornar qualquer discussão mais acirrada. O "relógio do conflito" propõe uma pausa de cinco minutos quando a discussão começa a esquentar. Durante essa pausa, ambos os parceiros se afastam para refletir, acalmar as emoções e voltar com uma abordagem mais clara e racional.

Exemplo prático: quando um casal está discutindo sobre uma decisão importante e as emoções passam a dominar o diálogo, o parceiro pode dizer: "Vamos dar uma pausa de cinco minutos para pensar sobre isso e depois voltamos". Ao retornar, ambos podem estar mais calmos e focados em resolver o problema em vez de reagir emocionalmente.

5. JOGO DO FEEDBACK POSITIVO

Muitas vezes, os relacionamentos se desgastam com críticas constantes e falta de apreciação. O "jogo do feedback positivo" sugere que cada parceiro ofereça diariamente um elogio ou reconhecimento específico sobre algo que o outro fez.

Exemplo prático: ao fim de cada dia, o casal pode dizer: "Hoje, apreciei muito quando você me ajudou com as crianças" ou "realmente gostei de como você lidou com aquela situação difícil". Isso cria um ambiente de gratidão e apoio, suavizando momentos de conflito e promovendo o reconhecimento mútuo.

6. MODELAGEM DE SOLUÇÕES

Essa técnica vem da psicoterapia de casais e sugere que, em vez de se concentrar no problema, os casais devem se concentrar em encontrar soluções conjuntas. Quando surgem conflitos, em vez de ficar apenas debatendo sobre quem está certo ou errado, o casal foca em como resolver a questão de forma prática.

Exemplo prático: se o casal discute constantemente sobre a divisão das tarefas domésticas, pode parar de discutir acerca de "quem fez mais" e começar a se perguntar: "O que podemos fazer para equilibrar melhor essas tarefas de forma que funcione para ambos?".

7. A TÉCNICA DA PARAFRASEAÇÃO

Parafrasear envolve reformular as palavras do parceiro para garantir que o entendimento esteja correto. A técnica não só valida o que o outro diz, mas também assegura que a comunicação não se perca no calor do momento.

Exemplo prático: quando um parceiro expressa frustração sobre o tempo passado juntos, o outro pode parafrasear: "Então, está dizendo que gostaria que passássemos mais tempo de qualidade juntos?". O método evita mal-entendidos e promove uma compreensão mais profunda das necessidades de ambos.

8. TÉCNICA DA TABELA DE PREOCUPAÇÕES

Uma técnica útil para quando as preocupações parecem se acumular. O casal pode fazer uma lista de preocupações ou problemas e discutir cada um separadamente, em vez de se perder em uma discussão com múltiplos temas. Cada preocupação pode ser listada e discutida de forma organizada, sem sobrecarregar a conversa.

Exemplo prático: um casal pode listar preocupações como "gastos financeiros", "tempo de qualidade", e "conflitos com os filhos" e depois tratar de cada item separadamente em momentos apropriados, evitando discussões caóticas e desordenadas.

9. DIÁLOGO FOCADO NO FUTURO

Em vez de ficar presos em discussões sobre erros passados, a técnica incentiva os casais a focarem no que desejam construir juntos para o futuro. Envolve se concentrar em metas e sonhos em comum, e discutir como os dois podem trabalhar juntos para alcançar essas metas, em vez de revisitar velhas feridas.

Exemplo prático: em vez de dizer "você sempre esquece de me avisar quando está atrasado", diga "no futuro, seria ótimo se me avisasse com antecedência para que evitemos mal-entendidos". Isso desloca o foco para a construção de soluções e metas.

10. A TÉCNICA DA ESCADA

Desenvolvida para ajudar casais a lidar com conflitos maiores, a "técnica da escada" envolve a ideia de que não é preciso resolver tudo de uma vez. A cada nova discussão, o casal pode "subir um degrau" na escada do entendimento, fazendo pequenos avanços em direção à solução, em vez de tentar resolver tudo de uma vez.

Exemplo prático: em uma discussão sobre expectativas no relacionamento, o casal pode decidir dar pequenos passos, como discutir apenas um aspecto de suas expectativas, e depois passar para outro no próximo encontro, para não sobrecarregar a conversa.

Queridos leitores e leitoras, comunicação é a chave que abre as portas para a conexão verdadeira. Implementar essas técnicas e se dedicar a aprimorar a forma como vocês se comunicam pode transformar por completo o relacionamento. Não se trata apenas de falar e ouvir, mas de criar um espaço seguro, de colaboração e crescimento mútuo. Em vez de focar nas falhas do passado, foquem no que podem construir juntos a partir daqui.

A COMUNICAÇÃO É A ALMA DO RELACIONAMENTO

Este capítulo revela a essência da comunicação como o pilar de um relacionamento saudável e duradouro. Sem uma comunicação eficaz, não há confiança e intimidade e, eventualmente, não há amor. Comunicar-se bem exige prática, vulnerabilidade e comprometimento diário. Mediante técnicas como a CNV e o fortalecimento da escuta ativa, é possível transformar os desafios de qualquer relacionamento em oportunidades de crescimento.

Para que um relacionamento floresça, é necessário que a comunicação seja sempre priorizada. O casal que domina a arte de se comunicar não apenas evita conflitos destrutivos, mas constrói uma base sólida de compreensão, respeito e empatia. É por meio da prática constante de ouvir e ser ouvido que as relações se tornam blindadas, de fato, contra qualquer adversidade.

REFLEXÕES SOBRE COMUNICAÇÃO

1- Como você pode aprimorar a escuta ativa no seu relacionamento?

- **Exemplo prático:** imagine que, depois de um dia estressante no trabalho, sua parceira está frustrada e começa a desabafar sobre as dificuldades que enfrentou. Em vez de interromper ou oferecer conselhos imediatos, você pratica a escuta ativa. Olhe-a diretamente, ouça sem interrupções e, ao final, diga: "Entendo que se sentiu sobrecarregada hoje. O que acha que poderia aliviar um pouco esse estresse?". Dessa forma, você demonstra que ouviu com atenção e refletiu sobre o que foi dito, e então oferece uma solução baseada no que ela expressou.

- **Dica prática:** estabeleçam momentos no dia para "conversas de escuta ativa". Podem ser no fim da noite ou durante o jantar. Durante esses momentos, um parceiro fala sobre como foi o dia e o outro ouve de modo atento, refletindo o que foi dito para garantir que ambos se sintam ouvidos.

2- Você pratica a CNV em interações diárias?

- **Exemplo prático:** você percebe que o parceiro ficou mais distraído ultimamente, passando mais tempo no celular do que conversando. Em vez de reagir com irritação ou críticas do tipo "você nunca me dá atenção!", experimente uma abordagem de CNV: "Percebi que, nas últimas noites, temos passado menos tempo conversando e isso me faz sentir um pouco desconectado. Eu adoraria passar mais tempo com você. Podemos nos comprometer a ficar sem o celular durante o jantar?". Essa abordagem expressa sentimentos e necessidades de forma clara e amorosa, sem acusar ou culpar.

- **Dica prática:** durante conversas mais difíceis, lembrem-se de usar a CNV – observação sem julgamento, expressão de sentimentos, identificação de necessidades e pedido claro. Antes de uma conversa importante, tente escrever o que deseja falar usando esse método para garantir uma comunicação mais eficaz.

3- Quais são as expectativas de comunicação que você ainda não discutiu com seu parceiro?

- **Exemplo prático:** você espera que seu parceiro compartilhe mais sobre o que sente em relação a decisões importantes, como questões financeiras ou de planejamento familiar. No entanto, tal expectativa nunca foi expressa de forma clara. Em vez de guardar essa frustração, você pode iniciar a conversa assim: "Tenho a expectativa de que conversemos mais abertamente sobre decisões financeiras. Isso me ajudaria a sentir que estamos mais conectados nesses planos. Podemos combinar um momento para discutirmos isso juntos com calma?".
- **Dica prática:** façam uma lista de expectativas que nunca foram abordadas, seja sobre decisões importantes, formas de lidar com o estresse ou a forma como discutem. Depois, conversem de forma aberta e carinhosa sobre como essas expectativas podem ser ajustadas para se alinhar melhor à realidade e às necessidades de ambos.

FORTALEÇA SUA RELAÇÃO COM O PODER DA COMUNICAÇÃO

Comunicação é mais que palavras trocadas; é o coração pulsante que une duas almas. Quando bem cultivada, a comunicação é o alicerce sobre o qual se constrói confiança, compreensão e intimidade. É como um jardim, onde cada palavra, gesto e olhar plantam sementes de amor e conexão. Assim como em qualquer jardim, se cuidarem com carinho, ele florescerá. Mas, se negligenciado, o jardim pode murchar, deixando o terreno seco e distante.

A verdadeira força de um relacionamento não está na ausência de conflitos, mas em como vocês enfrentam esses momentos juntos. Quando as palavras são guiadas pela empatia, pelo respeito e pelo desejo de entender um ao outro, abrem-se portas para curar feridas, desfazer mal-entendidos e criar laços indestrutíveis. Lembrem-se: cada conversa é uma oportunidade de construir pontes, de caminhar lado a lado, mesmo nas horas mais difíceis.

Se deseja que seu relacionamento floresça e que ambos se sintam verdadeiramente amados, valorizados e compreendidos, invista na comunicação. Não apenas em falar, mas em ouvir profundamente. Ouvir além das palavras, acolhendo emoções, medos e sonhos do outro. Porque, no fim, o que de fato fortalece um relacionamento é essa troca genuína, na qual vocês encontram um porto seguro nas palavras e na presença um do outro.

Lembrem-se: cada palavra tem o poder de curar ou ferir, de construir ou destruir. E o sucesso do relacionamento não será medido pelo número de conflitos que evitam, mas por como enfrentam esses desafios de mãos dadas, transformando cada momento de tensão em uma nova chance de crescerem juntos.

Este é o momento de escolherem a conexão, de tornarem o diálogo uma prática diária e intencional. Que este capítulo sirva como um lembrete de que, juntos, vocês podem fortalecer esse laço e criar um relacionamento à prova de tempestades, sólido e resiliente, capaz de superar qualquer obstáculo.

Agora alinhados em sua comunicação, vocês estão prontos para mergulhar em um dos temas mais profundos e talvez desafiadores desta jornada: o impacto das crenças patriarcais nas relações de direitos e deveres. Vocês vão descobrir como essas crenças moldaram suas expectativas sobre os papéis no relacionamento. Contudo, mais do que isso, vão aprender como desconstruí-las e criar uma relação verdadeiramente equilibrada e justa, na qual o amor e o respeito são os pilares centrais.

Então, respirem fundo, olhem um para o outro, peguem na mão um do outro e façam este compromisso: **“Estamos prontos para transformar**

nosso amor, juntos, com toda nossa entrega e dedicação. Porque nós decidimos mudar o rumo de nossa história. Você é minha prioridade".

A jornada continua, e o próximo passo é essencial para que vocês construam, de forma consciente, a história que sempre sonharam. Vamos juntos?

REFERÊNCIAS:

1. LIEBERMAN, Matthew D. *Social:* why our brains are wired to connect. Nova Iorque: Crown, 2013.
2. NYDER, Kieran. Manterrupting: How to take your power back. *The Washington Post*, 2014. Disponível em: https://www.washingtonpost.com. Acesso em: 19 out. 2024.
3. JOLIN, Stéphanie; LAFONTAINE, Marie-France; BRASSARD, Audrey; LUSSIER, Yvan. Which comes first? Associations between communication patterns and relationship satisfaction in couples over a 1-year period. *Canadian Journal of Behavioural Science*, v. 56, n. 1, 2024. Disponível em: https://psycnet.apa.org/fulltext/2022-79832-001.html. Acesso em: 19 out. 2024.
4. BAY AREA CBT CENTER. Conflict resolution: embracing nonviolent communication. *Bay Area CBT Center*, 20 jun. 2023. Disponível em: https://bayareacbtcenter.com/conflict-resolution-nonviolent-communication/#:~:text=Nonviolent%20Communication%2C%20developed%20by%20psychologist,mutual%20respect%20in%20all%20interactions. Acesso em: 19 out. 2024.
5. SIGMUND, Freud. *The Ego and the Id.* Londres: The Hogarth Press and the Institute of Psycho-Analysis, 1923.

Capítulo 11

A DOENÇA DO CIÚME E DA POSSE

O ciúme é frequentemente romantizado em nossa cultura como sinal de amor, porém, na realidade, é um sintoma de insegurança e controle. O ciúme nasce da crença equivocada de que o parceiro é uma propriedade que deve ser controlada. Quando o ciúme é alimentado por uma cultura patriarcal que normaliza a posse, o resultado é um ciclo de desconfiança e destruição. A obsessão pelo controle do comportamento do outro é um dos maiores indicadores de relacionamentos tóxicos e abusivos.

A revista *Psychology Today* destaca que ciúme excessivo e comportamento controlador criam um ambiente tóxico que pode minar completamente a confiança, resultando frequentemente na dissolução do relacionamento. Além disso, a pesquisa de John Gottman também revela que o desprezo, muitas vezes alimentado por questões como o ciúme, é um dos maiores preditores de divórcio.

O sentimento de posse que muitos homens têm sobre as mulheres é uma das manifestações mais destrutivas do machismo estrutural e reflete uma visão distorcida do que significa estar em um relacionamento. Durante séculos, a sociedade patriarcal alimentou a ideia de que a mulher é propriedade do homem, seja como filha ou esposa. Essa crença arraigada no inconsciente coletivo leva muitos homens a acreditar que têm o direito de controlar os comportamentos, as escolhas e até mesmo as emoções de suas companheiras.

O sentimento de posse muitas vezes se disfarça de ciúme, mas a sua raiz vai além da insegurança; ele é alimentado por uma visão de mundo na qual a mulher é vista como extensão do homem, e não como um ser independente, com os próprios direitos e autonomia. Homens que internalizam essa crença tendem a justificar o controle e a manipulação emocional como formas de "proteger" a parceira, quando na verdade apenas reforçam a opressão e limitam a liberdade delas.

Com frequência, esse controle se manifesta em aspectos sutis, como o veto a amizades, a crítica sobre o modo de se vestir, o monitoramento das redes sociais ou até mesmo a imposição de decisões sobre aspectos da vida pessoal da mulher. Os comportamentos em questão criam um ambiente de sufocamento emocional, no qual a mulher se sente constantemente vigiada e sem espaço para ser ela mesma.

O SENTIMENTO DOENTIO DE POSSE SOBRE O OUTRO

O ciúme exacerbado pelo sentimento de posse, ao contrário do que alguns acreditam, não é sinal de amor ou cuidado, mas de insegurança e necessidade de dominar. O psicanalista Sigmund Freud, em suas teorias sobre o ciúme, destacou que o ciúme patológico muitas vezes está relacionado a medos inconscientes de perda e sentimentos de inadequação. Para Freud, o ciúme possessivo pode ser reflexo de conflitos internos, em que o homem projeta as próprias inseguranças sobre a parceira, na tentativa de controlar algo que ele, na verdade, sente que não pode dominar: a liberdade e a autonomia do outro.

Carl Jung também oferece uma perspectiva valiosa sobre esse comportamento. Em sua análise do *animus* (o lado masculino da psique feminina) e da *anima* (o lado feminino da psique masculina), Jung argumenta que um equilíbrio entre as energias masculinas e femininas é necessário para um relacionamento saudável. Quando um homem é incapaz de integrar a própria *anima*, ou seja, entender e respeitar a própria dimensão emocional, ele projeta essa falta de equilíbrio no relacionamento, muitas vezes em forma de controle e ciúme possessivo.

Jesus Cristo, em seus ensinamentos, enfatizou o amor ao próximo, o respeito e a igualdade entre todos. Em seus discursos, ele jamais pregou a posse ou o controle sobre o outro; pelo contrário, exortou seus seguidores a viverem em harmonia, respeito mútuo e cuidado com o bem-estar do próximo. A essência de suas mensagens vai na contramão da ideia de posse, e sim na direção do amor livre e compassivo.

Mahatma Gandhi, um dos grandes líderes espirituais e sociais do século XX, também advogou por uma visão de amor que transcende o controle. Ele acreditava que o verdadeiro amor é aquele que liberta e empodera o outro. Segundo Gandhi, **"onde há amor, há vida; onde há posse, há medo"**. Para ele, a verdadeira liberdade dentro de um relacionamento não está em controlar, mas em compartilhar a vida com respeito mútuo e confiança.

O controle e o sentimento de posse criam um ciclo vicioso no qual a liberdade individual é sufocada e a harmonia do relacionamento é destruída. Um relacionamento saudável só pode florescer quando ambos os parceiros têm a liberdade de serem quem são, sem o medo constante de serem controlados ou julgados. Quando o amor se transforma em posse, o relacionamento deixa de ser um espaço de crescimento mútuo e se torna uma prisão emocional.

Quebrar tal dinâmica exige esforço consciente de autoconhecimento e desconstrução dessas crenças limitantes. Os homens precisam reconhecer que o amor verdadeiro não está no controle, mas na liberdade, no respeito e na confiança. A liberdade de ser quem somos, de viver os próprios sonhos e de fazer escolhas é um direito que todos – homens e mulheres – devem ter dentro de um relacionamento.

Por fim, é necessário que os casais trabalhem juntos para criar um espaço seguro no qual o respeito à individualidade seja a base da relação. Um relacionamento saudável não tem espaço para o controle ou o sentimento de posse. A verdadeira força de um casal está na liberdade mútua de crescer, de se expressar e de ser plenamente autêntico, sabendo que o amor e a confiança serão sempre os pilares da relação.

A INFLUÊNCIA DO PATRIARCADO NO CIÚME: DESCONSTRUINDO O CONTROLE PARA ALCANÇAR A LIBERDADE MÚTUA

O patriarcado, como estrutura social que coloca o homem no centro do poder e da autoridade, tem moldado os relacionamentos por séculos. Ele promove uma visão distorcida de posse e controle, especialmente no que diz respeito ao papel das mulheres dentro das relações. O patriarcado reforça a ideia de que as mulheres devem ser "protegidas", controladas e, muitas vezes, vistas como propriedade dos homens. Essa dinâmica está profundamente enraizada no machismo estrutural e é um dos maiores pilares que sustentam o ciúme e a posse dentro de muitos relacionamentos.

O ciúme, quando incentivado por essa visão patriarcal, vai muito além de uma simples emoção. Ele se transforma em uma ferramenta de controle sobre a liberdade do parceiro, particularmente da mulher. O homem, influenciado por essas normas culturais, muitas vezes internaliza a crença de que é seu papel "proteger" a mulher de influências externas, o que pode facilmente se transformar em comportamentos de vigilância, limitação da autonomia do outro e, em casos extremos, abuso emocional ou físico.

Exemplo prático: em muitos relacionamentos, o homem pode insistir que sua parceira se vista de forma "apropriada" quando sai sozinha ou que evite determinados lugares ou pessoas. Embora isso possa ser mascarado como cuidado ou preocupação, na verdade, muitas vezes reflete uma tentativa de controle sobre o comportamento da mulher, como se ela fosse responsável por provocar situações que geram ciúme.

Esse tipo de controle é perigoso, porque mina a confiança e cria uma relação de desequilíbrio de poder. Em vez de construir um ambiente de respeito e liberdade mútua, a relação é fundada na desconfiança, no medo e na constante vigilância.

O machismo estrutural alimenta o ciúme ao promover a ideia de que a mulher, por ser considerada "frágil" ou "vulnerável", precisa ser monitorada para sua própria proteção. Isso cria uma ilusão de superioridade masculina, em que o homem se vê no direito de controlar com quem a parceira fala, aonde vai ou até mesmo como se comporta. Em contrapartida, a mulher é com frequência incentivada a se submeter a essa dinâmica, sob o risco de ser julgada ou vista como "desrespeitosa" ao não cumprir tais padrões.

O sistema patriarcal também reforça a ideia de que o homem é o provedor e, portanto, tem mais liberdade para tomar decisões, enquanto a mulher, historicamente, foi colocada na posição de cuidar do lar e dos filhos, limitada a um espaço de menor autonomia.

Exemplo prático: um marido que, ao longo do tempo, se sente confortável em sair para encontros sociais sem consultar a esposa, e ao mesmo tempo espera que ela sempre peça sua "permissão" para fazer o mesmo. Essa desigualdade é uma das principais raízes do ciúme, pois estabelece um padrão com dois pesos e duas medidas para mensurar a liberdade e o controle.

RESSIGNIFICANDO O PAPEL DA LIBERDADE NO RELACIONAMENTO

Para romper com essa visão patriarcal, é essencial que os casais ressignifiquem o conceito de liberdade no relacionamento. Isso significa que ambos os parceiros precisam desconstruir a ideia de posse e controle, aceitando que cada um é livre para ser quem é, sem medo de julgamentos ou limitações impostas por expectativas de gênero.

Em um relacionamento verdadeiramente saudável, a liberdade individual não é vista como ameaça ao vínculo, mas como parte fundamental da confiança. Quando ambos se sentem livres, o espaço para o ciúme e a posse diminui, permitindo que o casal construa uma base sólida de respeito mútuo.

Exemplo prático: um casal pode ter uma conversa aberta sobre limites, estabelecendo que ambos têm o direito de cultivar amizades fora do relacionamento, desde que haja confiança e transparência. Por exemplo, a mulher pode ter amigos homens e o homem pode ter amigas mulheres, desde que ambos se sintam seguros de que o relacionamento deles é prioridade. Ao abrir esse diálogo, o casal constrói uma parceria baseada na confiança, não no medo.

DESCONSTRUÇÃO DO CONTROLE E CRIAÇÃO DE AUTONOMIA MÚTUA

Um relacionamento que desafia o patriarcado é aquele em que o controle dá lugar à autonomia mútua. Isso significa que o casal entende que sua união não se baseia em posse ou dominação, mas sim em parceria e escolha.

A desconstrução do controle patriarcal exige uma mudança profunda nas crenças sobre o que significa estar em um relacionamento. Os verdadeiros amor e respeito vêm da liberdade que cada parceiro tem de ser autêntico, sem medo de ser controlado. Quando ambos podem expressar vontades, desejos e necessidades sem serem reprimidos, o ciúme perde o terreno fértil no qual costuma crescer.

Exemplo prático: em vez de monitorar as redes sociais do parceiro ou sentir a necessidade de saber onde ele está o tempo todo, pratique o **exercício de confiança**. Pergunte-se: "Eu confio na pessoa com quem estou? Se sim, por que sinto a necessidade de controlá-la?". Essa reflexão cria um espaço de cura, no qual o controle é gradualmente substituído pela confiança.

RECONSTRUÇÃO DE RELACIONAMENTOS BASEADOS EM IGUALDADE E LIBERDADE

O rompimento com o patriarcado no relacionamento é um processo contínuo que requer atenção, empatia e disposição para mudar. Isso significa questionar constantemente as normas culturais que ditam os papéis de gênero e substituir essas crenças por práticas de igualdade e liberdade.

A liberdade individual deve ser um princípio inegociável em qualquer relacionamento. Isso não significa viver em separação emocional ou em um distanciamento que comprometa a intimidade. Ao contrário, significa que o casal constrói a união em um espaço onde ambos se sentem livres para se expressar, crescer e evoluir, cientes de que têm o apoio incondicional do outro.

Exemplo prático: incentive seu parceiro ou parceira a seguir os próprios sonhos e ambições, mesmo que isso signifique sair da sua zona de conforto. Por exemplo, se a parceira deseja retomar uma carreira ou explorar um novo hobby, apoie-a em vez de se sentir ameaçado. Esse tipo de apoio mútuo fortalece o relacionamento, pois ambos se tornam aliados na busca por realização individual e coletiva.

DESCONSTRUINDO MÁXIMAS DO PATRIARCADO PARA ALCANÇAR A LIBERDADE NO AMOR

O sistema patriarcal sempre tentará reforçar que controle e ciúme são naturais no relacionamento, mas o amor verdadeiro não floresce sob essas condições. O amor livre, como ensinou Gandhi, é aquele que se baseia no respeito mútuo, na liberdade de escolha e no compromisso de criar um ambiente de confiança e igualdade.

Ao ressignificar o papel de liberdade dentro do relacionamento, vocês desafiam não apenas o ciúme e a posse, mas também séculos de condicionamento patriarcal. Isso exige coragem, mas a recompensa é imensurável: um relacionamento em que o amor se baseia na confiança, no respeito e na liberdade mútua – um amor que não **exige nada em troca, apenas floresce na presença da liberdade.**

COMO VENCER O CIÚME E A POSSE: TÉCNICAS DE TRANSFORMAÇÃO

Ciúme e posse podem, muitas vezes, minar a base de um relacionamento saudável, criando um ciclo de insegurança e controle. Mas a boa notícia é que essas emoções podem ser transformadas e superadas por meio de práticas conscientes e dedicadas. O processo exige honestidade consigo mesmo, empatia e comprometimento de ambos os parceiros. Vamos explorar, então, algumas técnicas práticas para vencer o ciúme e promover a liberdade mútua no relacionamento.

1. AUTOCONHECIMENTO E REFLEXÃO

O primeiro passo para superar o ciúme é **olhar para dentro de si** e identificar suas raízes. O ciúme quase sempre nasce de uma insegurança interna – seja uma dúvida sobre seu valor pessoal ou um medo inconsciente de perda.

Exemplo prático: se você percebe que sente ciúme quando seu parceiro conversa com alguém do sexo oposto, faça uma pausa e pergunte-se: "O que me incomoda de verdade? Tenho medo de que meu parceiro me troque por outra pessoa? Ou estou projetando inseguranças passadas, talvez de um antigo relacionamento que não deu certo?".

Esse exercício de introspecção pode ser doloroso no início, mas é libertador. Ao reconhecer que o ciúme vem de dentro, você começa a retomar o controle sobre suas emoções e pode começar a trabalhar nelas.

2. COMUNICAÇÃO TRANSPARENTE

A **comunicação aberta e honesta** é uma das ferramentas mais poderosas para lidar com o ciúme. Muitas vezes, o ciúme nasce de mal-entendidos ou falta de diálogo. Em vez de reprimir os sentimentos ou agir de forma passivo-agressiva, **converse abertamente** com seu parceiro sobre o que te incomoda.

Exemplo prático: imagine que você se sente incomodado quando seu parceiro sai com amigos. Em vez de tentar controlar as saídas ou fazer comentários sarcásticos, diga diretamente: "Eu me sinto inseguro quando você sai sem mim, e sei que isso tem mais a ver com minhas próprias inseguranças. Vamos conversar sobre como ambos podemos nos sentir mais seguros?".

Essa abordagem não coloca a culpa no parceiro, mas traz à luz seus sentimentos, criando um espaço para que ambos conversem sobre possíveis soluções.

3. FORTALECIMENTO DA AUTOESTIMA

O ciúme frequentemente está ligado à baixa autoestima. Quando alguém não se sente seguro ou confiante em si mesmo, pode se tornar dependente da validação do parceiro, gerando ciúme sempre que percebe que essa atenção está ameaçada. Fortalecer sua **autoestima** é crucial para quebrar o ciclo em questão.

Exemplo prático: se perceber que suas inseguranças estão afetando o relacionamento, dedique tempo para si mesmo. Isso pode incluir práticas de autocuidado, como exercícios físicos, hobbies que te façam se sentir realizado, ou até buscar apoio terapêutico. Ao investir em você, seu valor pessoal cresce e o ciúme perde espaço. A confiança interna reduz a necessidade de controle no relacionamento.

4. ESTABELECIMENTO DE LIMITES CLAROS

Em qualquer relacionamento saudável, é fundamental quc os limites sejam discutidos e respeitados. Limites claros estabelecem as bases para um **ambiente de confiança e respeito mútuo**.

Exemplo prático: sentem-se juntos e discutam abertamente os comportamentos que são aceitáveis para ambos, como interações com colegas ou amigos. Por exemplo, você pode dizer: "Eu me sinto desconfortável quando você troca mensagens tarde da noite com aquela pessoa. Podemos encontrar um limite que funcione para nós dois?".

Estabelecer esses limites juntos fortalece a parceria, pois ambos contribuirão para a segurança emocional mútua. É importante que esses limites sejam negociados de maneira justa e não impostos.

APLICANDO ESSAS TÉCNICAS NO COTIDIANO

Além dessas estratégias, o mais importante é que vocês, como casal, **adotem um compromisso diário de crescimento mútuo**. A seguir, estão alguns exemplos práticos de como essas técnicas podem ser aplicadas.

- **Exercício de comunicação semanal:** reservem um momento na semana para conversar abertamente sobre o que os incomodou e sobre o que poderia ser melhorado. Esse espaço permite a expressão de sentimentos antes que se transformem em mágoas profundas.
- ***Journaling* emocional:** mantenham um diário onde cada um anote as emoções e reflexões sobre o relacionamento. Isso ajuda a entender melhor o que desencadeia o ciúme e como ele pode ser transformado.
- **Validação recíproca:** todos os dias, expressem ao outro algo positivo sobre a relação ou sobre o comportamento do parceiro. Isso reforça a confiança e a segurança emocional, enfraquecendo o ciúme.

UM NOVO COMEÇO

Superar o ciúme e a posse não é uma tarefa fácil, mas é absolutamente possível. O compromisso com o autoconhecimento, a comunicação transparente, o fortalecimento da autoestima e o estabelecimento de limites saudáveis cria as bases para um relacionamento embasado em confiança, respeito e liberdade.

Ao aplicarem tais práticas no cotidiano, vocês poderão construir um espaço de crescimento mútuo, no qual o amor é livre e a relação floresce em harmonia. Assim, o que antes era sentimento destrutivo agora se transforma em oportunidade de fortalecimento do vínculo.

QUEBRANDO O CICLO: UM NOVO MODELO DE RELACIONAMENTO

Este capítulo não é apenas sobre redefinir os papéis de gênero; é sobre criar um novo modelo de relacionamento, com base em igualdade, respeito e liberdade. Homens e mulheres devem ter os mesmos direitos e responsabilidades, tanto dentro quanto fora de casa. Devem ser livres para expressar desejos, necessidades e individualidades, sem medo de julgamentos ou represálias.

O ciclo de controle e posse que existe em muitos relacionamentos pode e deve ser rompido. Isso requer que ambos os parceiros se comprometam com a liberdade e a igualdade, rejeitando os papéis tradicionais de gênero que foram impostos por séculos.

O CAMINHO PARA UM RELACIONAMENTO VERDADEIRAMENTE IGUALITÁRIO

Romper com o patriarcado e com os papéis de gênero tradicionais é um ato de coragem e amor. É necessário reconhecer as desigualdades que foram perpetuadas por gerações e tomar a decisão consciente de criar uma nova realidade. Em um relacionamento saudável, não há controle, ciúme ou posse, mas sim parceria, respeito e confiança.

Ao trabalhar junto para derrubar os padrões machistas e promover a igualdade de direitos e deveres, o casal constrói uma relação mais forte, feliz e harmoniosa. Acima de tudo, ao rejeitar o ciúme e a posse, abre-se espaço para um amor mais livre, leve e verdadeiro.

REFLEXÕES SOBRE CIÚMES E POSSE

1. Já parou para refletir sobre como o ciúme e a posse afetam sua relação?

- **Exemplo prático:** considere momentos em que se sentiu desconfortável quando seu parceiro saiu sem você ou teve uma interação com outra pessoa. Em vez de reagir de imediato, pare e pergunte a si mesmo: "Por que isso me incomoda?". Será que estou projetando inseguranças ou em busca de controle sobre algo que, na realidade, não me ameaça? O ciúme surge porque existe uma falta de confiança ou comunicação clara?
- **Reflexão:** o que de fato me incomoda nessas situações? É a falta de confiança no meu parceiro ou em mim mesmo? Como posso transformar essa sensação em uma oportunidade de fortalecer a confiança mútua? Estamos discutindo nossas inseguranças de maneira aberta ou nos afastando emocionalmente?

2. Quais são as atitudes que você caracteriza como "proteção" e "cuidado", mas que podem ser posse e ciúme?

- **Exemplo prático:** pense em situações em que você acha que está "cuidando" da sua parceira, como decidir quem são as pessoas com quem ela deve se relacionar ou aonde pode ir, alegando que é "para o bem dela". Esse tipo de comportamento pode, na verdade, ser um reflexo de controle, não de cuidado genuíno. Em vez disso, pergunte a si mesmo: "Estou realmente preocupado com o bem-estar dela ou é uma tentativa de controlar o que a faz feliz?".
- **Reflexão:** como posso ser um apoio verdadeiro para o meu parceiro sem impor minhas inseguranças ou meus desejos sobre as escolhas dele? Quais comportamentos meus podem estar sufocando a liber-

dade do meu parceiro, e como podemos discutir isso abertamente para equilibrar cuidado, respeito e liberdade?

3. Quais práticas de igualdade e respeito você pode começar a adotar em seu cotidiano?

- **Exemplo prático:** no seu relacionamento, existe uma diferença entre quem tem mais voz nas decisões financeiras, nas escolhas de lazer ou no cotidiano da casa? Uma forma de praticar a igualdade é garantir que ambos tenham o mesmo peso nas decisões. Por exemplo, se você costuma decidir sozinho sobre as finanças, pode começar a conversar com sua parceira sobre como o dinheiro deve ser gasto ou economizado.
- **Reflexão:** como posso incluir meu parceiro nas decisões importantes, respeitando suas opiniões e garantindo que ambos estejam alinhados? O que posso fazer, no dia a dia, para garantir que estamos vivendo em um relacionamento no qual ambos se sintam igualmente ouvidos e respeitados?

PARABÉNS!

Se chegaram até aqui, é porque estão firmes no propósito de construir um relacionamento verdadeiramente significativo, baseado em igualdade, respeito e amor. Vocês estão em uma jornada profunda de transformação, ressignificando crenças, quebrando padrões e caminhando lado a lado para um futuro de parceria e crescimento.

Imaginem que o autoconhecimento é como uma chave que abre portas para uma vida mais leve e harmoniosa. Quando cada um de vocês se conhece profundamente, ambos conseguem carregar a mochila emocional com mais facilidade, sabendo o que pode ser deixado para trás e o que ainda precisa ser cuidado. Assim, ao caminhar juntos, a vida a dois se torna uma soma – uma união que não pesa, mas liberta. Um relacionamento só faz sentido quando ambos se fortalecem, e a presença um do outro não limita, mas expande.

Pensem em um barco navegando em águas tranquilas. Quando vocês conhecem os ventos que os impulsionam e as correntes que podem puxá-los para baixo, ficam mais preparados para ajustar as velas e encontrar o rumo certo. Assim é a relação – quando se conhecem e compreendem um ao outro, a viagem pela vida se torna mais fluida, cheia de harmonia e paz.

Agora que já trabalharam na base sólida do respeito mútuo e da igualdade, vamos avançar para um tema essencial: **as linguagens do amor**. Afinal, cada um expressa e entende o amor de um jeito único, e aprender essas linguagens é o princípio básico para que continuem crescendo juntos.

No Capítulo 12, vamos mergulhar nas **cinco linguagens do amor** – uma ferramenta poderosa que permitirá que vocês se comuniquem de forma mais profunda e significativa, conectando-se de maneira que realmente toque o coração um do outro.

Preparem-se para descobrir como o amor se manifesta de formas diferentes, e entender essas linguagens será o próximo grande passo para fortalecer a conexão que vocês estão construindo com tanto carinho e dedicação.

O próximo passo desta jornada está prestes a começar!

Capítulo 12

AS CINCO LINGUAGENS DO AMOR

Imaginem que vocês estão navegando em um vasto oceano. O destino é uma ilha chamada Conexão Verdadeira, onde a compreensão mútua e o amor profundo florescem. No entanto, chegar a essa ilha não depende apenas de ter um barco robusto; é preciso saber como guiar a embarcação e se comunicar com quem compartilha a jornada. As **cinco linguagens do amor** são como as estrelas no céu, que orientam o casal na travessia, ajudando-os a encontrar o caminho certo para o coração um do outro.

Este capítulo é um convite para mergulhar no universo das linguagens do amor e descobrir como elas podem transformar a maneira como você e seu parceiro se conectam. Entender como cada pessoa expressa e recebe amor é uma chave fundamental para fortalecer a relação e criar um vínculo duradouro. Então, vamos começar essa jornada juntos, desvendando as linguagens do amor e descobrindo como aplicá-las no dia a dia, a fim de cultivar um relacionamento verdadeiramente feliz.

O QUE SÃO AS CINCO LINGUAGENS DO AMOR?

Para aprofundar o tema das **cinco linguagens do amor**, precisamos entender que essas linguagens são mais do que simples preferências: são o reflexo de como cada indivíduo se conecta emocionalmente com o outro, sendo a base da comunicação afetiva no relacionamento. As pessoas, muitas vezes, falam diferentes "dialetos emocionais", e é por isso que um parceiro pode demonstrar amor de uma forma que não ressoa com o outro. Aprender a reconhecer e falar a linguagem do amor do seu parceiro pode transformar a relação de forma profunda e duradoura. Gary Chapman, autor de *As 5 linguagens do amor*, revelou que cada pessoa tem uma ou mais formas predominantes de expressar e receber amor. São elas:

PALAVRAS DE AFIRMAÇÃO: O PODER DA VALIDAÇÃO VERBAL

Para as pessoas cuja principal linguagem do amor são **palavras de afirmação**, a validação emocional é essencial. Elas prosperam em ouvir palavras encorajadoras, elogios sinceros e mensagens de apreciação. Isso vai muito além de dizer "eu te amo" – trata-se de reconhecer o valor do outro em momentos específicos e de maneiras concretas.

Por exemplo, em vez de simplesmente dizer "você é ótimo", uma palavra de afirmação mais eficaz seria algo como: **"Sou muito grato(a) pelo modo como você me apoia quando estou estressado. Isso faz uma diferença enorme para mim"**. Aqui, você está conectando o elogio a um comportamento ou atitude específica, o que aumenta o impacto emocional.

Essas pessoas também podem ser mais sensíveis a críticas, então, ao corrigir ou dar um feedback, é importante fazê-lo com cuidado. Uma abordagem equilibrada pode começar com elogios e, em seguida, entrar em sugestões, como: **"Adoro como você é dedicado(a) ao nosso relacionamento, e acho que podemos melhorar ainda mais se começarmos a reservar tempo para nossas conversas ao fim do dia".**

QUALIDADE DE TEMPO: A PRESENÇA VERDADEIRA, NÃO APENAS FÍSICA

Quem valoriza **qualidade de tempo** não está simplesmente em busca de momentos em que o casal esteja fisicamente junto, mas deseja uma conexão verdadeira e total atenção. Para essas pessoas, a presença com qualidade significa estar envolvido por completo na interação, seja uma conversa ou uma atividade conjunta.

Um exemplo prático seria organizar encontros regulares sem distrações externas, como celulares ou televisão. Imagine um casal sentado para jantar, e em vez de comer em silêncio ou olhando para telas, os dois usam esse tempo para compartilhar como foi seu dia, falar sobre sonhos ou resolver pequenas pendências.

Outro exemplo é a ideia de "rituais de conexão" – pequenas ações que se repetem diária ou semanalmente. Pode ser caminhar juntos ao fim do dia ou tomar café da manhã aos domingos, enquanto discutem a semana que passou e a que está por vir.

PRESENTES: O VALOR EMOCIONAL QUE UM SIMPLES GESTO PODE CARREGAR

Muitas pessoas erroneamente veem a linguagem de **presentes** como superficial ou materialista, contudo, na verdade, para quem tem essa linguagem do amor, o presente não é sobre o objeto em si, mas sobre o que ele representa: consideração, lembrança e atenção.

Por exemplo, se o(a) parceiro(a) gosta de presentes, um gesto simples, como comprar a flor favorita dele(a) ou preparar uma sobremesa que ele(a) adora, pode significar muito mais do que o valor material do presente. É uma demonstração de que você estava pensando nele(a), e isso reforça a conexão emocional.

Outro aspecto importante dessa linguagem é que **não se trata do preço, mas da intenção**. Pequenos gestos, como uma lembrança especial de uma viagem ou até um bilhete deixado com carinho, podem ser muito mais impactantes do que presentes caros.

ATOS DE SERVIÇO: O AMOR EXPRESSO EM AÇÕES PRÁTICAS

A linguagem de **atos de serviço** envolve expressar amor por meio de ações. Para essas pessoas, o velho ditado "ações falam mais alto do que palavras" é absolutamente verdadeiro. Elas se sentem profundamente amadas quando veem o parceiro fazendo algo para aliviar sua carga ou contribuir em tarefas cotidianas.

Isso pode incluir desde pequenas coisas, como preparar o café da manhã ou lavar a louça, até gestos maiores, como oferecer apoio emocional em um momento difícil ou assumir uma responsabilidade para dar ao outro um descanso.

Um exemplo prático: se seu parceiro teve um dia estressante no trabalho, e a linguagem dele(dela) é atos de serviço, talvez a melhor maneira de mostrar amor seja assumir as tarefas domésticas ou cozinhar o jantar, permitindo que ele(ela) descanse e se recupere.

Essas ações comunicam: **"Eu vejo você, vejo seu esforço, e estou aqui para te apoiar"**.

TOQUE FÍSICO: A CONEXÃO POR MEIO DO CORPO

Para aqueles cuja principal linguagem do amor é o **toque físico**, o contato é vital para se sentirem conectados emocionalmente. Isso não se limita ao toque sexual, mas inclui também gestos simples, como segurar a mão, abraçar ou passar a mão nos cabelos do(da) parceiro(a) enquanto assistem a um filme.

O toque físico cria uma conexão imediata e emocional profunda. Para esses indivíduos, gestos como um beijo de bom-dia, um abraço demorado ou até um leve toque no braço enquanto conversam são formas essenciais de sentir o carinho e o apoio do parceiro.

Quando o toque físico não é praticado com regularidade, essas pessoas podem começar a se sentir isoladas ou distantes emocionalmente.

Portanto, é fundamental que o parceiro que não tem essa linguagem predominante faça um esforço consciente para incluir o toque no cotidiano, garantindo que essa necessidade emocional esteja sendo atendida.

COMO USAR AS CINCO LINGUAGENS DO AMOR PARA MELHORAR O RELACIONAMENTO

Para usar as **cinco linguagens do amor** de maneira eficaz, é fundamental que o casal dedique tempo para identificar não apenas as próprias linguagens, mas também para entender a do parceiro. A seguir, estão algumas sugestões práticas para começar.

- **Diálogo aberto:** perguntem um ao outro sobre quais momentos do passado fizeram vocês se sentirem mais amados. Quais gestos ou palavras causaram impacto positivo?
- **Prática consciente:** uma vez identificadas as linguagens, coloquem-nas em prática de forma consciente e regular. Se o parceiro valoriza **palavras de afirmação**, tente começar o dia com um elogio ou reconhecimento. Se ele valoriza **atos de serviço**, faça algo que demonstre cuidado em uma área prática.
- **Flexibilidade e adaptação:** lembre-se de que, ao longo do tempo, as linguagens do amor podem mudar. Estejam abertos a revisar e ajustar suas ações para garantir que continuem a atender às necessidades emocionais um do outro.

A NEUROCIÊNCIA DAS LINGUAGENS DO AMOR: O CÉREBRO E A CONEXÃO EMOCIONAL

Quando usamos a linguagem de amor correta, desencadeamos uma série de reações no cérebro. A **ocitocina**, conhecida como o "hormônio do amor", é liberada, promovendo sentimentos de confiança e bem-estar. Ao mesmo tempo, o nível de **cortisol** – o hormônio do estresse – diminui, fortalecendo o vínculo entre o casal.

Matthew Lieberman, neurocientista, destaca que a empatia e a comunicação eficazes ativam áreas cerebrais ligadas ao vínculo social e à compreensão emocional. Ou seja, quando você fala a linguagem do amor do seu parceiro, você está literalmente criando um ambiente cerebral propício para a conexão e o entendimento.

COMO IDENTIFICAR SUA LINGUAGEM DO AMOR E A DO PARCEIRO

Para identificar sua linguagem do amor e a do seu parceiro, observem os momentos em que se sentiram mais amados. Lembrem-se de gestos ou palavras que tocaram seu coração e pensem nas vezes em que sentiram que algo estava faltando.

Uma boa maneira de começar é conversar abertamente: **"Quando você se sente mais amado por mim?"** ou **"o que posso fazer para te fazer sentir mais apreciado?"**. Essas perguntas abrem o diálogo e facilitam o reconhecimento das linguagens predominantes de cada um.

FERRAMENTAS PRÁTICAS: APLICANDO AS LINGUAGENS DO AMOR NO COTIDIANO

Agora que entendemos as cinco linguagens do amor, é hora de trazê-las à prática, transformando esse conhecimento em ações diárias que fortalecerão o relacionamento. Vamos explorar, a seguir, algumas ferramentas práticas para aplicar as linguagens do amor no dia a dia.

1. **Revisão periódica das linguagens do amor:** periodicamente, sentem-se juntos e façam uma avaliação de como têm se sentido amados. Perguntem-se: **"Como posso te fazer sentir mais amado(a) no próximo mês?"** ou **"o que posso melhorar para que você se sinta mais**

valorizado(a)?". Isso cria um espaço de abertura e ajuste contínuo nas expressões de afeto.

2. **Criação de um plano de expressão de amor:** desenvolvam juntos um plano prático para expressar o amor com mais frequência. Se a linguagem do seu(sua) parceiro(a) é **qualidade de tempo**, agendem um momento na semana para fazerem algo especial juntos, sem distrações. Se for **palavras de afirmação**, comece o dia com uma mensagem ou elogio que reforce quanto ele ou ela é especial para você.
3. **Pequenos gestos diários:** não subestimem o poder de pequenos gestos diários. Para quem tem **atos de serviço** como linguagem do amor, o parceiro fazer uma tarefa sem ser solicitado pode ser um gesto grandioso. Para quem aprecia **toque físico**, faz toda a diferença se o(a) parceiro(a) der um abraço inesperado ou um carinho ao fim do dia. Essas pequenas atitudes mantêm a chama da conexão acesa.
4. **Diálogo aberto:** a comunicação transparente é fundamental. Se, em algum momento, o parceiro não sentir que suas necessidades estão sendo atendidas, o melhor caminho é conversar de modo aberto. Perguntem-se: **"Como podemos melhorar nossa conexão emocional?"** e mantenham o diálogo sempre presente no relacionamento.

A FILOSOFIA DA RECIPROCIDADE: A BASE PARA UM AMOR DURADOURO

Na filosofia do amor consciente, expressar afeto da maneira que o(a) parceiro(a) entende é um ato de amor altruísta. Mahatma Gandhi disse uma vez: **"Onde há amor, há vida"**. E amar verdadeiramente é estar disposto a falar a língua que toca o coração do outro, mesmo que ela não seja a sua. Esse esforço mútuo e essa reciprocidade criam um ciclo de cuidado e atenção que fortalece a relação.

Praticar as linguagens do amor não é sobre esperar que o outro mude ou faça tudo por você, mas sobre se comprometer a dar o seu melhor para que ambos se sintam verdadeiramente amados e apreciados.

REFLEXÕES SOBRE AS LINGUAGENS DO AMOR

Qual é a sua linguagem do amor predominante? E a do seu parceiro? Ao descobrir isso, como você pode usar esse conhecimento para se conectar melhor?

- **Exemplo prático:** imagine que sua linguagem de amor seja **palavras de afirmação**, enquanto a do seu parceiro seja **atos de serviço**. Com esse conhecimento em mãos, em vez de apenas verbalizar afeto, você pode mostrar amor ajudando em tarefas que sejam importantes para ele ou ela, como preparar um café da manhã ou resolver um problema prático. Por outro lado, ele ou ela pode usar **palavras de afirmação** para reconhecer seus esforços e elogiar você por coisas específicas. Isso demonstra que ambos estão se adaptando às necessidades emocionais um do outro, criando uma conexão mais profunda e alinhada.

Como você pode aplicar de maneira mais consciente as linguagens do amor no cotidiano?

Pense em gestos simples e ações capazes de fazer a diferença na rotina.

- **Exemplo prático:** se a linguagem de amor do seu parceiro é **qualidade de tempo**, um gesto simples pode ser deixar o celular de lado durante o jantar e dedicar-se a uma conversa tranquila e atenta. Planejar uma noite de filmes sem interrupções ou um passeio ao ar livre para conversarem sobre a vida pode ter impacto significativo. Se for **toque físico**, um abraço ao acordar ou uma massagem ao fim do dia podem preencher a necessidade emocional de maneira prática e natural. Pequenos gestos cotidianos, feitos com intenção, são o que mantém o amor vivo.

Quais mudanças de vida ou fase do relacionamento estão impactando a forma como o amor é expresso?

Como o casal pode ajustar as ações a fim de continuar nutrindo a relação, mesmo em tempos difíceis?

- **Exemplo prático:** suponha que vocês estejam passando por uma fase mais estressante, como a chegada de um filho ou mudanças no trabalho. Nesses momentos, as linguagens do amor podem precisar de ajustes. Se a linguagem de amor do seu parceiro é **atos de serviço**, mas vocês estão sobrecarregados com novas responsabilidades, um gesto significativo seria ajudá-lo a encontrar maneiras de aliviar o fardo, como dividir as tarefas domésticas ou permitir que ele tenha um tempo de descanso. Se a sua linguagem for **qualidade de tempo**, talvez planejar momentos menores, como conversas de cinco minutos antes de dormir ou uma pausa para tomar café juntos, ajude a manter a conexão, mesmo em meio ao caos.

Ao chegar ao fim deste capítulo, você e seu(sua) parceiro(a) deram mais um passo importante na jornada de construir uma relação profunda e significativa. As **cinco linguagens do amor** são mais do que simples ferramentas: são o mapa para desvendar o coração do outro. Cada gesto, palavra de afirmação, toque e momento de qualidade juntos ou serviço prestado são formas de dizer "eu te amo" na linguagem que o outro compreende. A magia dessas linguagens está na conexão que elas criam, permitindo que o casal floresça em meio às adversidades, se reconectando sempre que a vida parecer agitada ou distante.

Lembre-se: o amor é uma prática diária. É nas pequenas ações, nas palavras ditas com carinho, nos gestos de atenção e cuidado, que a verdadeira conexão se fortalece. E, ao entender a linguagem do outro, você transforma sua relação em um espaço de compreensão mútua, respeito e crescimento. Cada um de vocês tem nas próprias mãos o poder de fazer a diferença na vida do outro, de construir uma relação resiliente e repleta de amor genuíno.

Agora que vocês dominaram o caminho das linguagens do amor, estão prontos para adentrar um território ainda mais profundo: **a espiritualidade no relacionamento**. No Capítulo 13, vamos explorar algo essencial para todo casal – a **conexão espiritual e de fé**. Independentemente das crenças ou religiões, um casal que compartilha laços espirituais em conjunto tem muito mais chances de conquistar sucesso. Vocês descobrirão como fortalecer sua relação por intermédio dessa conexão maior, e como a espiritualidade pode ser fonte de equilíbrio, paz e renovação para ambos.

Preparem-se para essa nova etapa, em que vamos juntos desvendar como a união espiritual pode ser a base para uma relação que transcende as dificuldades do cotidiano e se torna verdadeiramente inabalável.

Capítulo 13

ESPIRITUALIDADE E RELACIONAMENTOS

Imagine a espiritualidade como um elo invisível que conecta duas almas, um laço profundo que vai além das palavras, dos gestos e até das linguagens do amor. **O amor é nosso elo com o infinito**. A espiritualidade, em um relacionamento, é a manifestação desse elo. Ela nos faz lembrar que somos parte de algo maior, uma força que não apenas nos une como casal, mas que nos conecta ao universo e ao que é eterno.

Compartilhar uma jornada espiritual em um relacionamento é, muitas vezes, a base mais sólida que um casal pode construir. Quando o casal encontra uma prática espiritual em comum, seja por meio da oração, da meditação ou simplesmente de momentos de reflexão juntos, algo poderoso acontece: não apenas a fé individual se fortalece, mas o laço que os une também se torna mais firme e significativo.

Barbara De Angelis diz que o amor é "uma força mais formidável que qualquer outra e tem o poder de transformar e oferecer alegria além do que qualquer bem material poderia proporcionar". A espiritualidade oferece ao casal um caminho para viver essa unidade, renovando o compromisso em momentos de alegria e sustentando-os nos momentos de crise. Não se trata apenas de compartilhar crenças, mas de trilhar uma jornada em que ambos se ajudam a crescer como indivíduos e como parceiros.

Embora o ideal seja que ambos caminhem na mesma direção espiritual, isso nem sempre é possível, e é aí que entra a beleza do respeito e da aceitação. Quando um casal respeita as crenças individuais, cria-se uma base de compreensão mútua que transcende as diferenças e fortalece o amor. Khalil Gibran, em sua sabedoria, escreveu: "O amor nada dá senão de si próprio e nada recebe senão de si próprio. O amor não possui e não se deixa possuir. Pois o amor basta-se a si mesmo." **As almas dos amantes se encontram nos caminhos da luz**, mesmo que esses caminhos sejam diferentes, o que importa é que se cruzem, e que ambos saibam que caminham juntos, com o propósito de crescer e evoluir como seres espirituais e como casal.

Neste capítulo, vamos explorar como a espiritualidade pode ser fonte de força e equilíbrio no relacionamento. Vamos entender como práticas espirituais conjuntas ou o simples respeito pelas crenças do outro podem transformar um relacionamento, elevando-o a um nível mais profundo de amor, compreensão e harmonia. Se o amor é o que une dois corações, a espiritualidade é o que os ilumina e os guia ao longo das tempestades da vida.

O AMOR E A ESPIRITUALIDADE

O amor é um dos maiores mistérios da vida. Tem a capacidade de nos elevar, nos transformar e, ao mesmo tempo, nos desafiar de maneiras que nunca imaginamos. Em tempos de crise, muitos casais encontram-se à deriva, sem saber como reencontrar a harmonia. No entanto, mediante a sabedoria das filosofias e religiões ancestrais, podemos encontrar orientações que ajudam a fortalecer e reconstruir os relacionamentos.

Embarcar na jornada de um relacionamento é, de certa forma, como seguir uma longa peregrinação. Cada passo traz novos desafios, momentos de crescimento e oportunidades para conexão. Assim como uma peregrinação busca algo maior, uma verdade mais profunda, o relacionamento também busca o que vai além da mera convivência: o **significado**. É justamente na espiritualidade que muitos casais encontram esse sentido maior para o amor e para a vida compartilhada.

Este capítulo é um convite para que você e seu parceiro ou parceira embarquem em uma jornada de autodescoberta, reconstrução e renovação. Inspirados pelo estoicismo, budismo, taoismo, cristianismo, espiritismo e pelas religiões de matriz africana, como o candomblé e a umbanda, vamos explorar como essas tradições oferecem sabedoria e ferramentas para fortalecer o amor, a empatia e a conexão. Independentemente de suas religiões ou crenças, cada uma delas tem muito a nos ensinar sobre o verdadeiro significado do amor.

O ESTOICISMO: A SABEDORIA DA ACEITAÇÃO

O estoicismo nos ensina a arte de diferenciar o que está sob nosso controle e o que não está. Muitos conflitos em um relacionamento surgem quando tentamos mudar o comportamento do parceiro ou controlar circunstâncias além de nossa influência.

Epiteto, um dos grandes filósofos estoicos, afirmava que não são os eventos que nos afetam, mas sim o que pensamos sobre eles. Aplicado aos relacionamentos, isso significa que a maneira como interpretamos e reagimos às ações do parceiro é o que determina se enfrentaremos o conflito com serenidade ou frustração.

Ao aceitar que nem tudo pode ser controlado e que o outro também está na própria jornada de crescimento, podemos encontrar mais paz e resiliência dentro da relação. Tal aceitação não significa complacência, mas sim a sabedoria de saber quando agir e quando confiar no processo.

PRÁTICA ESTOICA: DIÁRIO DE REFLEXÃO

1. **Reflexão diária:** ao fim de cada dia, reserve cinco minutos para refletir sobre os momentos em que tentou controlar algo fora do seu alcance. Registre esses momentos e pense em como poderia ter reagido de maneira mais estoica.
2. **Compartilhar com o parceiro:** no fim da semana, compartilhem suas reflexões. Isso ajudará a criar um espaço de aceitação e entendimento mútuo.

O BUDISMO: A IMPERMANÊNCIA E O DESAPEGO NO AMOR

O budismo nos ensina sobre a **impermanência** – tudo está em constante mudança, inclusive sentimentos e emoções. Em um relacionamento, compreender que altos e baixos são parte natural da jornada é algo que pode trazer mais serenidade e evitar a ansiedade de buscar perfeição constante. Momentos de desconexão ou conflito não são permanentes, assim como os momentos de euforia e paixão também mudam.

A prática do **desapego**, muito valorizada no budismo, não significa deixar de amar, mas permitir que o amor flua sem apego a expectativas irreais. Ao praticar o desapego das pequenas frustrações e imperfeições do outro, o relacionamento se desenvolve de maneira mais orgânica e leve.

PRÁTICA BUDISTA: MEDITAÇÃO DA IMPERMANÊNCIA

1. **Meditação conjunta:** encontrem um momento tranquilo para meditar juntos sobre a impermanência. Sentem-se lado a lado, fechem os olhos e reflitam sobre as emoções do dia, tanto positivas quanto negativas, lembrando que tudo é passageiro.
2. **Abraço da mudança:** ao longo da semana, quando surgirem conflitos ou frustrações, lembrem-se de que as emoções intensas passarão. Use essa sabedoria para agir com mais equilíbrio e serenidade.

O TAOISMO: O FLUXO DA VIDA E A HARMONIA NO RELACIONAMENTO

O taoismo nos ensina a importância de fluir com o ritmo natural da vida, sem tentar forçar ou resistir ao que está além de nosso controle. Nos relacionamentos, essa filosofia pode ser aplicada ao aceitar as fases naturais de conexão e desconexão que todo casal experimenta.

Em vez de lutar contra os momentos difíceis, o taoismo nos encoraja a aceitar essas marés e aprender a navegar por elas com paciência e flexibilidade. A chave para uma relação saudável é entender que haverá momentos de harmonia e momentos de conflito, e que ambos fazem parte da mesma dança.

PRÁTICA TAOÍSTA: A DANÇA DO EQUILÍBRIO

1. **Identificação das energias:** ao longo da semana, identifiquem quando a energia da relação está fluindo de forma positiva e quando há resistência. Ao reconhecer esses padrões, será mais fácil ajustar expectativas e comportamentos.

2. **Ajuste ao fluxo:** nos momentos de resistência ou tensão, pratiquem a adaptação taoísta. Se um de vocês estiver em um período de estresse, o outro pode oferecer apoio, permanecendo presente e compassivo.

O CRISTIANISMO: O AMOR COMO SERVIÇO E SACRIFÍCIO

O cristianismo tem como base a ideia do amor incondicional, muitas vezes expressado por meio do conceito de **"ágape"** – o amor sacrificial e desinteressado que se coloca a serviço do outro. Em relacionamentos, essa abordagem pode ser transformadora, pois nos convida a colocar o bem-estar do outro em primeiro lugar, sem esperar algo em troca.

PRÁTICA CRISTÃ: A ORAÇÃO EM CONJUNTO

1. **Oração pelo outro:** reserve um momento diário ou semanal para orar pelo bem-estar de seu(sua) parceiro(a). Peça a Deus que guie suas ações e pensamentos, para que você seja um canal de amor, paciência e apoio.
2. **Atos de serviço:** pratique pequenos atos de serviço no dia a dia, sem que o outro peça. Esses gestos refletem o amor cristão em ação.

O ESPIRITISMO: A EVOLUÇÃO ESPIRITUAL POR INTERMÉDIO DO RELACIONAMENTO

O espiritismo ensina que os relacionamentos são parte essencial da evolução espiritual. Kardec enfatizou que os relacionamentos são provas e expiações que nos ajudam a progredir espiritualmente[1].

PRÁTICA ESPÍRITA: REFLEXÃO E PRECE CONJUNTA

1. **Reflexão sobre o propósito espiritual do relacionamento:** reflitam sobre os desafios que enfrentam e como podem contribuir para o crescimento espiritual de ambos.
2. **Prece de fortalecimento espiritual:** ao fim de cada dia, façam uma prece juntos, pedindo orientação e proteção espiritual para superar os desafios com sabedoria.

RELIGIÕES DE MATRIZ AFRICANA: A SABEDORIA ANCESTRAL DO AMOR

As religiões de matriz africana, como o candomblé e a umbanda, veem o amor como um ato sagrado de conexão divina. Orixás, como Oxum, deusa do amor, trazem equilíbrio e afeto aos relacionamentos.

PRÁTICA DE CONEXÃO COM OS ORIXÁS

1. **Culto aos ancestrais:** pratiquem o culto aos ancestrais juntos, pedindo proteção e orientação dos orixás para trazer harmonia ao relacionamento.

2. **Reflexão conjunta sobre os orixás:** identifiquem quais orixás estão mais alinhados com suas necessidades e busquem orientação espiritual para fortalecer a relação.

A ESPIRITUALIDADE E A NEUROCIÊNCIA DO RELACIONAMENTO

Estudos mostram que casais que compartilham práticas espirituais, sejam religiosas ou seculares, relatam maior satisfação no relacionamento e melhor gestão de conflitos. A meditação e a oração aumentam a empatia e a compaixão, fortalecendo a conexão entre os parceiros.

FERRAMENTA PRÁTICA: MEDITAÇÃO OU ORAÇÃO CONJUNTA

1. **Escolha de um momento**: definam um horário para se conectarem espiritualmente.
2. **Escolha da prática**: orem ou meditem juntos, respirando em harmonia.
3. **Reflexão conjunta**: compartilhem percepções sobre a prática e a conexão.

A espiritualidade, quando compartilhada em um relacionamento, é como uma chama que ilumina e aquece, mesmo nos momentos mais escuros. Ela oferece ao casal uma oportunidade única de se conectar em nível profundo e transcendente, em que o amor se torna uma força transformadora e contínua. A cada prática espiritual, seja em momentos de silêncio, meditação ou oração conjunta, vocês nutrem não apenas a fé individual, mas a união de duas almas que se escolhem todos os dias.

Como disse Gandhi, **“a melhor maneira de se encontrar é se perder a serviço dos outros”**. Da mesma forma, no relacionamento, ao se perderem em gestos de amor, cuidado e conexão espiritual, os dois encontram a essência mais pura do amor. O caminho espiritual compartilha essa profundidade e eleva a relação para além dos desafios do cotidiano, ajudando a cultivar a paciência, o respeito e o crescimento mútuo.

Agora que exploraram o poder da espiritualidade, estão prontos para mergulhar em outra dimensão igualmente sagrada de uma relação: **a conexão afetiva e sexual.** A intimidade física, assim como a espiritual, é fundamental para o relacionamento florescer por completo. No Capítulo 14, vamos explorar como a conexão afetiva e sexual é o que dá corpo ao amor, unindo não apenas as almas, mas também os corações e os corpos, em uma sinfonia de afeto e desejo. Esse é um passo crucial para fortalecer ainda mais a relação, permitindo que o casal construa uma união inabalável em todas as dimensões.

Preparem-se, porque adentraremos agora o que há de mais sagrado e vital: a intimidade, o espaço em que afeto e desejo se encontram, criando uma conexão profunda e essencial para a felicidade plena do casal.

REFERÊNCIA:

1. KARDEC, Allan. *O Evangelho segundo o Espiritismo*. Trad. Guillon Ribeiro. 126. ed. Brasília: Federação Espírita Brasileira, 2009.

Capítulo 14

A NEUROCIÊNCIA DA CONEXÃO SEXUAL

Imaginem por um instante que a sexualidade é como uma dança. Uma dança delicada, em que dois corpos se encontram, mas não apenas no âmbito físico. A verdadeira intimidade nasce quando mente, coração e corpo se fundem em uma coreografia de confiança, entrega e respeito. Nessa dança, não há um "guia" definido por gênero, força ou velhos conceitos. Há, sim, uma parceria profunda, uma sincronia quase mágica que acontece quando ambos se entregam por inteiro.

A sexualidade, quando vivida com plenitude, vai além dos gestos. Ela conecta dois mundos internos, nos quais os desejos se entrelaçam com vulnerabilidades, e os toques falam mais que palavras. No entanto, vivemos tempos desafiadores. O que deveria ser sagrado, muitas vezes, é distorcido pelas influências externas – machismo, pornografia, as pressões de corpos perfeitos e expectativas inalcançáveis criadas pelas redes sociais. A intimidade, que deveria ser um lugar de refúgio e conexão, torna-se, para muitos, um campo de inseguranças, desconexão e frustração.

Este capítulo convida você a uma travessia, um mergulho profundo no mistério e na ciência da sexualidade. Vamos explorar as diferenças entre homens e mulheres, não como barreiras, mas como pontes para uma compreensão mais rica da intimidade. A neurociência oferece um mapa para entendermos o que acontece no cérebro quando nos conectamos sexualmente, e, juntos, desvendaremos o impacto da sociedade patriarcal e o efeito devastador da pornografia na construção de relacionamentos saudáveis.

Prepare-se para esta jornada, na qual cada descoberta será como uma nova coreografia que permitirá a você e seu(sua) parceiro(a) recriar a dança da conexão sexual – mais forte, mais verdadeira e, acima de tudo, mais humana.

Para compreender de modo pleno o impacto da sexualidade nos relacionamentos, precisamos mergulhar profundamente nas diferenças entre homens e mulheres no que se trata de neurociência da conexão sexual, entender como essas diferenças foram moldadas pelo patriarcado e explorar o impacto devastador da pornografia nas relações.

AS DIFERENÇAS FUNDAMENTAIS ENTRE HOMENS E MULHERES NA SEXUALIDADE

Homens e mulheres vivenciam o desejo e a intimidade de maneiras diferentes, e isso vai além do biológico – é também moldado pelas construções culturais e sociais. A neurociência revela que o cérebro de homens e mulheres processa o desejo sexual de forma distinta. Homens tendem a ser mais visualmente estimulados e respondem com rapidez a estímulos eróticos diretos. Mulheres, por outro lado, são mais influenciadas por fatores emocionais e contextuais.

Segundo a neurocientista Louann Brizendine, autora de *Como as mulheres pensam* e *The male brain* [O cérebro masculino], as flutuações hormonais femininas têm impacto significativo sobre o desejo sexual. Durante a ovulação, os níveis de estrogênio se elevam, intensificando o desejo sexual. Já nas fases pré-menstrual e menstrual, o aumento da progesterona pode reduzir a libido. Nos homens, o desejo sexual é regulado principalmente pela testosterona, que mantém um nível mais constante ao longo do tempo, mas é sensível ao estresse, à intimidade emocional e a fatores externos, como estilo de vida e bem-estar psicológico.

Essas diferenças muitas vezes criam tensões no relacionamento, em especial quando não há um entendimento mútuo das necessidades sexuais de cada parceiro. O diálogo aberto é a chave para transformar essas diferenças em uma complementaridade rica, em vez de motivo de frustração.

A INFLUÊNCIA DO MACHISMO E DO PATRIARCADO NA VISÃO SOBRE A SEXUALIDADE

O machismo estrutural e o patriarcado moldaram a forma como homens e mulheres percebem e vivenciam o sexo. Historicamente, a sexualidade masculina foi celebrada e encorajada, enquanto a feminina foi reprimida e controlada com frequência. Homens foram ensinados a ver o sexo como conquista e prova de masculinidade, muitas vezes dissociando o ato sexual da conexão emocional. Mulheres, por outro lado, foram condicionadas a ver o sexo com certo grau de culpa ou vergonha, resultando em desconexão com os próprios desejos.

Essa herança cultural coloca barreiras no caminho da comunicação saudável sobre sexo. Muitos homens, por exemplo, sentem-se pressionados a corresponder a expectativas irreais de desempenho sexual, enquanto as mulheres constantemente lutam para expressar os próprios desejos por medo de serem julgadas. O resultado é uma desconexão profunda, em que o sexo deixa de ser uma expressão de intimidade e se transforma em uma tarefa ou campo de frustração.

Como afirma a sexóloga e autora Emily Nagoski, em seu livro *Come as you are*, **"o sexo deve ser algo que nos conecta, não uma prova a ser superada"**. Ela argumenta que a chave para uma vida sexual plena é entender que cada pessoa tem um "ponto de partida" único em termos de desejo, e que o diálogo é essencial para alinhar essas expectativas.

No mundo atual, especialmente em sociedades moldadas por expectativas machistas, há uma pressão intensa sobre a quantidade de relações sexuais que um casal "deve" ter, criando um mito de que mais sexo equivale a um relacionamento mais saudável. Estudos mostram que muitos casais se sentem pressionados por essa ideia, e acabam forçando relações ao acreditar que isso manterá o vínculo forte[1]. No entanto, pesquisas revelam que a qualidade da conexão sexual é infinitamente mais importante do que a quantidade. Segundo um estudo realizado pela Sociedade Britânica de Psicologia, casais que se concentram na qualidade da intimidade – mediante comunicação, carinho e respeito mútuo – experimentam maior satisfação no relacionamento do que aqueles que focam apenas na frequência. A verdadeira intimidade deve ser leve e natural, sem necessidade de atender a expectativas externas. O sexo deve ser uma expressão genuína de amor e desejo, não uma obrigação. Por isso, o número de relações sexuais não define a felicidade do casal. A harmonia e o respeito ao ritmo e desejos de cada parceiro são o que verdadeiramente fortalece o vínculo e a intimidade entre ambos.

AS MENTIRAS MASCULINAS NA SEXUALIDADE: O CICLO TÓXICO DE PRESSÃO E FRUSTRAÇÃO

No universo masculino, enraizado por gerações de machismo tóxico, há um fenômeno comum que muitos homens já vivenciaram: a necessidade de se reafirmar como "machões" ao falar da vida sexual. Sob a pressão de parecerem mais viris e potentes, muitos homens criam uma rede de mentiras que perpetua um ciclo doentio, no qual a performance sexual torna-se não mais uma expressão de amor e intimidade, mas uma moeda de troca para reafirmar sua masculinidade perante os outros.

Imagine João. Ele tem uma relação saudável com a esposa, e os dois compartilham momentos de intimidade uma vez por semana, algo que para ambos é confortável e prazeroso. No entanto, quando se reúne com seus amigos, João sente a necessidade de distorcer a realidade. Em meio às conversas carregadas de competitividade, ele afirma com orgulho que transa com a esposa "três vezes ao dia". João se sente bem no momento, mas o que não percebe é que, ao alimentar essa mentira, também perpetua a mesma pressão sobre os amigos. Aqueles que o ouvem, com medo de parecerem "menos homens", acabam fazendo o mesmo: inventando números, exagerando performances e criando uma ilusão coletiva.

Esse ciclo de mentiras gera frustrações tanto para os homens quanto para as parceiras. Para os homens, há o constante peso de ter que cumprir uma expectativa irreal. E para as mulheres, a pressão pode fazer com que se sintam cobradas e inadequadas, gerando desconexão emocional e sexual no casal. O que deveria ser troca genuína de afeto e prazer transforma-se em obrigação mecânica, alimentada por comparações irreais e cobranças invisíveis.

Vivemos em uma sociedade na qual a masculinidade é muitas vezes definida pela quantidade de sexo que o homem afirma ter. O resultado? Um mar de homens que não se permite viver a verdade da sua sexualidade e que não se conecta verdadeiramente com as parceiras, mas sim com uma ideia inflada de virilidade que só causa dor e frustração. A cada mentira contada, a pressão aumenta, tanto para quem mente quanto para quem ouve, e o ciclo continua.

Esse ciclo, além de desumanizar a experiência sexual, também cria uma enorme barreira para a vulnerabilidade e a intimidade real. A sexualidade deixa de ser uma dança compartilhada entre duas pessoas e se torna um palco de competição, em que os "números" e as "performances" são mais valorizados do que o verdadeiro prazer e a conexão emocional.

Para que esse ciclo seja quebrado, é fundamental que os homens comecem a falar sobre sua vida sexual com verdade e sem a necessidade de se reafirmarem. As conversas precisam sair do campo da quantidade e entrar no terreno da qualidade emocional e íntima. Porque a verdadeira conexão sexual não está em números ou conquistas, mas na capacidade de se entregar e estar presente com o outro, sem máscaras ou mentiras.

A saída desse ciclo é a verdade. E a verdade, nesse caso, começa com o reconhecimento de que a sexualidade é única para cada casal e deve ser experimentada com autenticidade, livre de comparações e cobranças externas.

UM CHAMADO PARA A MUDANÇA: VERDADE, AMOR E RESPEITO

Querido leitor, vamos falar de homem para homem. É hora de deixar de lado as máscaras, as mentiras e a pressão constante que a sociedade impõe sobre nós. Essas histórias de conquistas exageradas, de performances inatingíveis, podem parecer inofensivas em uma roda de amigos, mas carregam um peso que, no fim, recai sobre os nossos ombros e sobre o relacionamento com nossa parceira. O que você precisa entender, de uma vez por todas, é que não existe um número mágico, uma quantidade "certa" de vezes que um casal deve ter relações sexuais para ser feliz ou completo. O que existe é a particularidade de cada casal, o ritmo que ambos estabelecem juntos, com amor, respeito e conexão genuína.

Essas mentiras, alimentadas por anos de um machismo tóxico, são responsáveis por prejudicar não apenas a sua autoestima, mas também o seu relacionamento. A pressão de se provar um "homem de verdade" a cada conversa acaba por criar barreiras entre você e sua parceira, distanciando-os emocionalmente. A verdade é libertadora, e o caminho para a construção de uma relação saudável começa por abandonar essas histórias de performance e buscar uma conexão verdadeira.

E agora, falo diretamente às mulheres: acolha seu parceiro. Entenda que ele, assim como você, também é vítima dessa sociedade que ensina desde cedo que o homem deve ser forte, invencível e incansável. Essa cobrança é sufocante e, muitas vezes, ele não sabe como sair desse ciclo. Assim como você, ele também precisa de amor, compreensão e aceitação.

Juntos, vocês têm a chance de criar uma nova forma de se amar e respeitar. Deixem para trás as comparações, cobranças e expectativas irreais. O que importa é o que constroem na intimidade, com base no desejo e nas necessidades de ambos. Não há certo ou errado, não há padrão a ser seguido. Há apenas vocês dois, suas particularidades e o amor que compartilham.

O que vocês podem fazer a partir de agora? Sejam sinceros um com o outro. Falem sobre expectativas, inseguranças e, principalmente, sobre como querem se sentir amados e respeitados. A verdadeira conexão sexual não se mede em números, mas na qualidade do carinho, na cumplicidade dos momentos e no respeito às necessidades de cada um.

A jornada que estão trilhando é uma oportunidade de transformar a maneira como se enxergam, se tocam e se amam. Sigam juntos, de mãos dadas, cientes de que o mais importante não é a quantidade, mas a qualidade do amor que vocês cultivam, todos os dias.

A IMPORTÂNCIA DA COMUNICAÇÃO SEXUAL

A comunicação é fundamental em qualquer aspecto do relacionamento, e o sexo não é exceção. Infelizmente, muitos casais enfrentam dificuldades na abordagem à sexualidade devido ao medo de julgamento ou vergonha. No entanto, a comunicação sexual é a chave para uma vida sexual satisfatória e para o crescimento da intimidade. Falar sobre necessidades, desejos, fantasias e desconfortos é essencial para garantir que ambos os parceiros estejam em sintonia.

Especialistas, como a terapeuta sexual Emily Nagoski, destacam que a comunicação durante o sexo é crucial para a satisfação a longo prazo. Segundo Nagoski, cada pessoa tem um "manual" interno único de prazer, e a única forma de o parceiro conhecê-lo é mediante uma conversa aberta e sincera. Muitas vezes, o que é prazeroso para um pode não ser para o outro, e somente ao verbalizá-lo podemos evitar frustrações e promover uma intimidade mais profunda. Vamos aprofundar essas técnicas, trazendo exemplos práticos para que possam aplicar imediatamente em sua vida.

TÉCNICAS DE COMUNICAÇÃO SEXUAL: APROXIMANDO-SE COM SINCERIDADE E RESPEITO

1. ANTES DO ATO SEXUAL: DIÁLOGO SINCERO PARA CRIAR INTIMIDADE

- **Exemplo prático:** após um dia tranquilo, ao jantar ou em um momento de intimidade fora do quarto, aproveitem para abrir um diálogo franco e acolhedor. Pergunte ao(à) seu(sua) parceiro(a): "O que te faz sentir mais conectado(a) comigo? O que te traz mais prazer?". Falar abertamente sobre preferências e desconfortos cria um ambiente de confiança e evita situações de frustração.

Essas conversas não devem ser tensas ou parecer cobrança. Trate-as como momentos de descoberta, como um guia para aprofundar a conexão de vocês. É importante que ambos se sintam livres para expressar o que gostam e o que não gostam, sem julgamentos. Por exemplo, um parceiro pode explicar que toques mais suaves no início criam uma sensação de excitação, enquanto toques mais intensos no início podem desconectá-lo do momento. **Dica:** comecem a conversa fora do contexto sexual, para que seja mais leve e natural.

2. DURANTE O ATO SEXUAL: GUIANDO COM CARINHO E CONFIANÇA

- **Exemplo prático:** imagine que, durante o ato sexual, algo esteja desconfortável ou menos prazeroso para você. Em vez de permanecer em silêncio por medo de ofender, pratique a comunicação suave e orientadora. Dizer algo simples como "podemos tentar mais devagar?" ou "adoro quando você faz isso" pode não apenas ajustar o que não está funcionando, mas também realçar o que traz mais prazer para ambos.

Feedback em tempo real é essencial para que o parceiro saiba como melhorar a experiência para ambos. Lembre-se de que não é um momento sobre críticas, mas sobre ajustes sutis que aumentam a satisfação de ambos. **Dica:** use o toque como complemento ao diálogo verbal, guiando as mãos ou movimentos do parceiro para onde te traz mais prazer.

3. APÓS O SEXO: REFLEXÃO E CUMPLICIDADE

- **Exemplo prático:** depois de um momento íntimo, reserve alguns minutos para se conectarem emocionalmente e conversarem sobre a experiência. Pergunte ao parceiro: "Como foi para você?" ou diga algo como "adorei quando você fez isso, me fez sentir ainda mais próximo(a) de você". Essas pequenas reflexões pós-sexo ajudam a fortalecer a cumplicidade.

Esse tipo de conversa cria um espaço seguro para ambos falarem sobre o que pode ser ajustado da próxima vez, sem se sentirem julgados. Por exemplo, talvez um dos parceiros tenha se sentido desconfortável com uma posição, mas não quis falar no momento. Trazê-lo à tona em uma conversa calma e amorosa após o ato ajuda a criar uma conexão mais profunda para os próximos encontros.

A comunicação sexual não é apenas sobre palavras, é sobre a criação de uma atmosfera de confiança e abertura. **Dica:** transformem essas práticas em um hábito, fazendo com que o diálogo seja parte natural e contínua da intimidade de vocês. Quanto mais conversarem, mais fácil será ajustar as expectativas e garantir que ambos se sintam satisfeitos, respeitados e amados. A verdadeira intimidade floresce quando os dois se sentem à vontade para compartilhar e ouvir, sempre com carinho e respeito. Continuamos nesta jornada, aprofundando mais diferenças entre homens e mulheres no quesito sexual.

O QUE EXCITA HOMENS E MULHERES: DIFERENTES GATILHOS DE DESEJO

A intimidade entre dois seres é como uma dança única, onde cada passo e gesto pode despertar algo profundo e singular. No coração dessa dança, os gatilhos do desejo variam de pessoa para pessoa, no entanto, entre homens e mulheres, há ritmos e notas que tendem a se destacar de formas diferentes. Compreender essa melodia pode transformar a maneira como o casal se conecta, ajustando expectativas, criando harmonia e, acima de tudo, promovendo uma experiência de entrega mais profunda e equilibrada.

Imagine que o desejo é uma chama: para alguns, ela se acende de forma imediata, com faíscas visíveis; para outros, ela precisa de tempo, de sopros sutis e carinhos constantes até que brilhe plenamente. Essas diferenças, longe de serem barreiras, são oportunidades para descobrir como o corpo e a mente de cada um se unem nessa jornada íntima.

O QUE EXCITA AS MULHERES: UM FOGO QUE PRECISA DE TEMPO

O desejo sexual feminino, em sua maioria, é mais associado à construção de uma conexão emocional e intimidade ao longo do tempo. Em vez de ser algo instantâneo, como em muitos casos para os homens, o desejo das mulheres tende a ser "responsivo", ou seja, ele se desenvolve em resposta a estímulos emocionais e físicos que ocorrem ao longo do dia. Imagine o desejo feminino como um **fogão a lenha**: precisa de tempo para ser aceso, alimentado aos poucos até que o fogo realmente se estabeleça e se transforme em uma chama estável.

Para muitas mulheres, a excitação não começa no momento físico do sexo, mas horas ou até dias antes. Ela pode começar com um simples bom-dia, uma troca de olhares carinhosa ou um gesto de carinho que não está necessariamente relacionado a sexo. Pequenos atos de consideração ao longo do dia – como um abraço, uma mensagem de carinho ou um elogio sincero – são como as lenhas que vão sendo colocadas no fogão para alimentar o fogo do desejo.

UMA JORNADA DE CONEXÃO E CUIDADO

O desejo feminino muitas vezes é tecido em camadas de afeto, segurança e conexão emocional. Para muitas mulheres, o despertar do desejo sexual não está apenas no corpo, mas profundamente enraizado nas emoções e no contexto em que essa intimidade ocorre. Vamos explorar alguns dos elementos fundamentais que podem nutrir e acender essa chama.

1. **Conexão emocional contínua:** para muitas mulheres, a sensação de estar profundamente conectada emocionalmente ao parceiro é um dos maiores gatilhos de desejo. Isso não significa apenas sentir-se amada durante o ato sexual, mas sim construir uma base de intimidade emocional que se estende ao longo do dia. Conversas signifi-

cativas, olhares carinhosos, pequenos gestos de cuidado – tudo isso alimenta o desejo, pois gera um sentimento de proximidade que vai além do físico.

Exemplo prático: um casal que, ao longo do dia, troca mensagens de afeto, compartilha experiências e sentimentos, chega ao momento de intimidade com uma sensação de cumplicidade, em que o sexo se torna uma extensão natural da conexão emocional.

2. **Carinho e toque suave**: as preliminares são essenciais para muitas mulheres, porém, mais do que isso, o toque carinhoso, as massagens e os abraços antes do sexo criam uma sensação de conforto e confiança. O toque delicado e atencioso desperta lentamente o corpo para a excitação. Muitas vezes, não é a rapidez do contato, mas a sutileza e a gentileza do toque que fazem toda a diferença.

Exemplo prático: em vez de iniciar o contato direto com o objetivo de excitar com rapidez, um parceiro pode optar por uma massagem relaxante, abraços prolongados ou simplesmente acariciar de modo suave, permitindo que a excitação cresça de forma gradual e natural.

3. **Ambiente seguro:** a sensação de segurança, tanto emocional quanto física, é um pilar crucial para o desejo feminino. Quando uma mulher se sente segura no ambiente e na relação, seu corpo relaxa, permitindo que o desejo se manifeste de maneira mais natural. Isso inclui a privacidade, mas também um espaço emocional em que ela se sente à vontade para expressar necessidades e preferências sem medo de julgamento.

Exemplo prático: criar um ambiente acolhedor, com luz suave, música tranquila e a certeza de que estão em um espaço privado, sem interrupções, pode ajudar uma mulher a relaxar e entrar em sintonia com o momento íntimo.

4. **Linguagem de amor e respeito:** palavras têm um poder imenso na construção do desejo feminino. Elogios sinceros, declarações de amor e, principalmente, o respeito pela individualidade e pelo ritmo da parceira são afrodisíacos emocionais poderosos. Quando uma mulher se sente apreciada e respeitada em todos os aspectos, a intimidade se torna um reflexo dessa valorização.

> **Exemplo prático**: durante uma conversa, o parceiro pode destacar qualidades que valoriza na companheira, mostrando apreço não só pela sua aparência, mas também por quem ela é como pessoa. Esse tipo de reconhecimento, longe do momento sexual, fortalece a confiança e a autoestima, criando um espaço para o desejo florescer de forma natural.

Cada um desses elementos é uma peça fundamental para criar uma conexão íntima profunda e satisfatória, onde o respeito, a paciência e o carinho são as bases para um desejo feminino genuíno e contínuo. Mas as particularidades das mulheres não param por aí; precisamos destacar que o ato sexual para a mulher é algo holístico e integral, envolve todo o corpo e não somente as partes genitais e penetração.

PRAZER EM TODO O CORPO: DESPERTANDO SENSAÇÕES ALÉM DA PENETRAÇÃO

Um dos maiores segredos da sexualidade feminina é que o prazer não se limita às partes genitais. O corpo da mulher é um vasto mapa de sensações, e quando o homem aprende a explorar cada detalhe com cuidado e atenção, ele abre portas para uma intimidade mais profunda e envolvente. Para muitas mulheres, o prazer está espalhado por todo o corpo, em lugares que muitas vezes passam despercebidos. Cabe ao parceiro descobrir esses pontos e criar uma experiência de carinho e conexão muito além da penetração.

1. **O toque como um portal de prazer:** o toque é uma das formas mais poderosas de conexão física e emocional. Acariciar lentamente costas, braços, pescoço, coxas e até os pés pode despertar uma onda de prazer que transcende o contato genital. O toque suave, sem pressa, é um convite para a mulher relaxar, sentir-se desejada e, ao mesmo tempo, explorar as próprias sensações.

Exemplo prático: em vez de partir diretamente para a penetração, um parceiro pode dedicar tempo a acariciar o corpo da mulher com as mãos, os lábios e até com a respiração próxima à pele, criando um clima de excitação que aumenta gradualmente.

2. **Beijos que percorrem todo o corpo:** os lábios têm o poder de despertar sensações em várias partes do corpo feminino. Desde beijos suaves no pescoço até toques delicados nos ombros, nas costas e nos quadris, cada centímetro do corpo pode ser explorado com carinho. Os beijos são uma forma de dizer "eu vejo você", sem palavras, e podem ser muito mais intensos e prazerosos do que uma simples interação genital.

Exemplo prático: durante as preliminares, o parceiro pode explorar com beijos suaves as áreas menos óbvias, como o abdômen, o interior dos pulsos e até as orelhas, permitindo que a mulher sinta a excitação crescendo de forma suave e contínua.

3. **O poder das carícias em diferentes ritmos:** cada mulher responde de maneira única ao toque, e variar o ritmo e a pressão das carícias pode intensificar as sensações. O homem que entende isso e se entrega à brincadeira de descobrir o que faz sua parceira suspirar, rir e se entregar ao prazer cria uma experiência sexual que vai além do aspecto físico. A penetração não precisa ser o foco principal – ela pode se tornar apenas mais uma peça de um mosaico muito maior de prazer.

Exemplo prático: durante o ato sexual, o parceiro pode alternar entre toques delicados e mais intensos, experimentando diferentes velocidades e pressões e observando as reações da parceira. Isso cria uma dinâmica de conexão e descoberta mútua.

4. **Redefinindo o foco – o corpo como um todo:** muitas vezes, o foco excessivo na penetração pode fazer com que ambos os parceiros percam a oportunidade de explorar o prazer que o corpo inteiro pode proporcionar. Quando o homem aprende a valorizar cada detalhe – desde o toque nas mãos até a respiração próxima à pele – ele transforma o ato sexual em uma experiência muito mais completa e envolvente.

Exemplo prático: o casal pode experimentar sessões de carícias e beijos, sem a expectativa de penetração, permitindo que ambos se concentrem nas sensações do corpo inteiro, descobrindo novas formas de prazer e conexão.

5. **A importância de brincar e explorar:** a sexualidade é também um espaço para a brincadeira e a exploração. Quando o homem se permite explorar o corpo da mulher sem pressa, sem a obsessão por um objetivo final, ambos se entregam à descoberta mútua e ao prazer que surge da presença e do toque. Isso aprofunda a conexão emocional e faz com que o ato sexual seja mais íntimo e gratificante.

Exemplo prático: o casal pode explorar a **massagem sensorial mútua**, na qual o casal explora o corpo um do outro com toques suaves e atenciosos, sem pressa ou foco em um objetivo final. O foco é o prazer do toque e da presença, o que aprofunda a conexão emocional e torna o ato mais íntimo e gratificante.

O corpo feminino é um território vasto e repleto de possibilidades. Quando a penetração deixa de ser o objetivo principal e o casal se dedica a explorar o prazer em todas as suas formas, a experiência sexual se transforma em algo muito mais rico, leve e prazeroso.

Mulheres, esse é o momento de abrir seu coração e revelar suas singularidades ao seu companheiro. O que abordamos aqui são padrões comuns, mas cada mulher é única em suas preferências e desejos. Aproveite a oportunidade como um convite para se expressar de modo pleno, para falar sobre o que realmente a encanta na intimidade, sobre como gosta de ser tocada e acariciada. Esta é a hora de vocês, como casal, redescobrirem a profundidade desse ato sagrado. Juntos, podem criar uma nova forma de amar – mais íntima e verdadeira, em que cada toque é uma celebração da conexão única que os une. Que este seja o início de uma jornada em que, a cada encontro, vocês se descubram mais profundamente e fortaleçam os laços que os unem.

O QUE EXCITA OS HOMENS: UM FOGO QUE ACENDE COM RAPIDEZ

Diferentemente das mulheres, de forma geral o desejo masculino muitas vezes é mais direto e "espontâneo". Para muitos homens, a excitação pode ser instantânea, como um **fogão a gás**: um simples estímulo visual ou físico pode acender o fogo rapidamente, sem a necessidade de tanto preparo emocional. A neurociência mostra que os homens têm maior sensibilidade a sinais visuais eróticos, o que estimula a produção de testosterona – o hormônio que regula o desejo masculino.

Os homens, de modo geral, são mais reativos a estímulos físicos e visuais, como a aparência da parceira ou o toque direto em zonas erógenas. O desejo pode ser desencadeado por um gesto aparentemente simples, como ver a parceira usando uma roupa atraente ou por uma nova experiência dentro do contexto íntimo.

ELEMENTOS QUE ESTIMULAM O DESEJO MASCULINO

- **Estímulos visuais:** o homem, por natureza, costuma ser visual, e a aparência da parceira – seja uma roupa especial, lingerie ou até mesmo a forma como se movimenta – pode ser um grande desencadeador de excitação. Isso não significa que a mulher deva se sentir pressionada a seguir padrões; entretanto, pequenas mudanças, como um olhar sedutor ou um toque sutil, podem exercer impacto profundo na criação do clima sexual. Um exemplo prático é a parceira investir em algo que a faça sentir-se confiante e desejada, pois essa energia é percebida e absorvida pelo homem, aumentando a conexão entre ambos.

- **Toque físico direto:** homens tendem a responder rapidamente ao toque físico, em especial nas zonas erógenas. Um simples toque nas costas, mãos passando pelos ombros ou até uma carícia na nuca pode ser o início de um despertar físico e emocional. A diferença aqui está em compreender que, embora eles respondam ao toque direto, o contato deve ser feito com atenção e carinho. Pequenos gestos, como beijos ao longo do corpo ou abraços inesperados, podem criar uma atmosfera de proximidade e desejo.
- **Sinais de aprovação e envolvimento:** para muitos homens, saber que a parceira está desfrutando do momento é um dos maiores afrodisíacos. Quando a mulher expressa prazer, seja por meio de palavras, gestos ou sons, isso valida o esforço do homem e fortalece sua confiança. Por exemplo, um simples elogio sobre algo que ele fez ou um suspiro de prazer pode aumentar a intimidade e motivar o homem a ser ainda mais carinhoso e dedicado no ato sexual.
- **Novidade e surpresa:** homens também são estimulados pela novidade e pelo inesperado. Não se trata de mudar constantemente, mas pequenas surpresas – como mudar de ambiente, sugerir algo novo ou introduzir uma fantasia – podem ser incrivelmente excitantes. Essas mudanças não precisam ser dramáticas; podem ser tão simples quanto um encontro íntimo em um lugar diferente da casa ou a sugestão de experimentar algo que ambos sempre quiseram.

- **Liberdade e descontração:** para os homens, o sexo pode, muitas vezes, ser envolvido em pressões sociais, expectativas e inseguranças. O desejo masculino é amplamente influenciado pela necessidade de "performance", o que pode criar um ambiente de ansiedade e até de frustração. Um dos maiores presentes que uma mulher pode dar ao parceiro é criar um espaço de liberdade onde ele se sinta aceito e amado, sem a pressão de corresponder a expectativas externas. Conversas breves e sinceras, nas quais ela deixa claro que o valor dele não está ligado a frequência ou desempenho no ato sexual, podem fazer com que o sexo se torne algo mais leve, espontâneo e mágico.
- **Comunicação honesta e aberta:** homens podem se sentir pressionados pela ideia de que precisam "saber tudo" sobre como satisfazer a parceira. A comunicação aberta, em que a mulher fala diretamente sobre o que gosta e o que quer experimentar, sem julgamentos, pode aliviar a pressão. Isso cria um espaço de confiança onde ele se sente mais seguro para se entregar por completo.
- **Intimidade emocional:** embora muitas vezes se pense que os homens são movidos unicamente pelo desejo físico, a verdade é que a intimidade emocional também é essencial. Sentir-se amado e apreciado fora do contexto sexual pode aumentar de modo significativo o desejo. Por exemplo, pequenos gestos de carinho durante o dia, como uma mensagem de afeto ou um toque de mãos, podem criar uma ponte emocional que leva naturalmente a uma conexão sexual mais profunda e prazerosa.

Esses elementos não são regras fixas, mas indicam tendências que podem ajudar a criar um ambiente de intimidade e prazer para ambos. O importante é que o casal entenda que o desejo masculino não é apenas físico – ele também envolve emocionalidade, confiança e liberdade.

Homens, este é o momento de abrir espaço para o diálogo honesto e íntimo. Aproveitem a oportunidade para compartilhar com suas companheiras o que verdadeiramente desperta o seu desejo, o que mais lhes traz prazer e como gostam de ser tocados. Muitas vezes, a falta de comunicação cria barreiras invisíveis entre vocês, mas ao falar de maneira aberta sobre o que move o seu corpo e coração, ambos estarão não apenas ampliando a intimidade física, mas também fortalecendo a confiança e o respeito mútuo.

Lembrem-se de que este é um caminho de descoberta para ambos. O prazer sexual vai muito além do físico; é sobre conexão, entrega e vulnerabilidade. Ao expor desejos e vontades, vocês permitem que a união se torne ainda mais profunda e autêntica. Sejam sinceros, mas também abertos para ouvir o que a parceira tem a dizer. A verdadeira força de uma relação está na cumplicidade, e esse diálogo honesto é um grande passo para vocês se tornarem não apenas amantes, mas parceiros de vida ainda mais conectados.

Este é o momento de construir juntos um espaço de amor, liberdade e respeito, no qual a sexualidade seja vivida de forma plena e saudável, sem pressões ou cobranças, mas com muito afeto e cuidado mútuo.

EQUILIBRANDO OS DIFERENTES RITMOS DE EXCITAÇÃO

A chave para equilibrar as diferenças entre o que excita homens e mulheres está na comunicação e na compreensão mútua. O homem precisa aprender a "colocar lenha no fogo" ao longo do dia, criando uma atmosfera de carinho, segurança e afeto contínuo que irá preparar a mulher emocionalmente para o sexo.

Por outro lado, a mulher pode se beneficiar de entender que o desejo do homem pode ser mais imediato e espontâneo, o que não diminui sua autenticidade ou importância. Ao reconhecer as diferenças e trabalhar em conjunto para ajustar o ritmo e as expectativas, o casal pode criar uma experiência sexual mais harmoniosa e satisfatória para ambos.

Quando ambos os parceiros compreendem e respeitam os diferentes ritmos de excitação, podem começar a nutrir o desejo de maneira que atenda às necessidades de ambos. Essa colaboração torna o relacionamento mais íntimo e profundo, criando uma conexão que vai além do âmbito físico.

A verdadeira magia na vida sexual de um casal surge quando ambos os parceiros estão dispostos a entender e atender às necessidades um do outro. Respeitar o tempo e os estímulos de que cada um precisa é fundamental para uma vida sexual saudável e feliz. O desejo é algo que se constrói, e com paciência, comunicação e carinho, a chama do amor pode ser mantida acesa por muito tempo. Falando em chama, chegou a hora de adentrarmos profundamente um hábito que está arruinando de forma silenciosa a chama das relações.

O IMPACTO DEVASTADOR DA PORNOGRAFIA NA VIDA SEXUAL E EMOCIONAL DOS CASAIS

Queridos leitores, é hora de enfrentar um tema que, embora cercado de silêncio e vergonha, destrói silenciosamente muitos relacionamentos: a pornografia. Em um mundo hiperconectado, onde o acesso ao conteúdo adulto está a apenas um clique de distância, a pornografia se infiltra nas relações de forma que poucos percebem até que seja tarde demais. **O Brasil está entre os maiores consumidores de pornografia do mundo, com impressionantes 30 milhões de acessos diários a sites pornográficos**[2]. Para muitos, pode parecer um escapismo inofensivo, uma fuga momentânea da rotina, mas o que começa como "curiosidade" pode se transformar em uma bomba-relógio emocional, capaz de implodir o vínculo mais sagrado entre duas pessoas.

Imagine uma tempestade silenciosa, que a cada novo clique vai erodindo lentamente a intimidade genuína, o desejo real e a conexão profunda entre parceiros. O vício em pornografia não é apenas sobre o ato físico – ele condiciona o cérebro, reprograma o desejo e transforma o ato de fazer amor em algo mecânico e desprovido de emoção. Quando o desejo é moldado por fantasias irreais, o corpo do parceiro ou parceira torna-se insuficiente. O toque humano perde seu significado e a barreira entre a realidade e a ficção fica cada vez mais tênue.

Precisamos entender, com urgência, que a pornografia não é apenas entretenimento. Ela é um invasor silencioso que, dia após dia, mina a capacidade do casal de manter uma vida sexual saudável e emocionalmente conectada. Vamos juntos desmistificar esse tema, encarar de frente as consequências devastadoras e encontrar caminhos para resgatar a verdadeira intimidade e a plenitude do amor.

PORNOGRAFIA E A DISTÂNCIA DA REALIDADE

A pornografia cria uma visão completamente distorcida sobre o sexo. Ela oferece uma narrativa irrealista que transforma o sexo em uma performance exagerada, onde os corpos são idealizados e as relações são desprovidas de qualquer conexão emocional. Homens e mulheres que consomem pornografia de modo regular são bombardeados com representações falsas, que acabam por redefinir as expectativas sobre como o sexo "deveria" ser. Para muitos homens, isso gera uma pressão insuportável, uma vez que os vídeos pornográficos retratam homens com corpos esculturais, pênis grandes e a habilidade de manter relações sexuais por horas.

Tal fato provoca um ciclo de insegurança e ansiedade no homem, que começa a se comparar com os atores pornográficos, acreditando que não é "bom o suficiente" se não conseguir replicar o que vê nas telas. Um dos efeitos colaterais dessa insegurança é o aumento dos casos de disfunção erétil induzida pela pornografia (PIED, na sigla em inglês). A PIED ocorre quando o cérebro, acostumado a estímulos extremos e intensos da pornografia, começa a "precisar" de mais estímulos visuais para atingir a excitação, resultando na dificuldade de manter uma ereção em relações sexuais reais e normais.

A SUPERESTIMULAÇÃO DO CÉREBRO E O VÍCIO EM PORNOGRAFIA

A pornografia atua diretamente nos circuitos de recompensa do cérebro, liberando grandes quantidades de **dopamina**, o neurotransmissor associado ao prazer e à satisfação. É um processo semelhante ao que ocorre com drogas como a cocaína, levando o cérebro a "precisar" de doses cada vez maiores para obter o mesmo nível de satisfação. Com o tempo, consumidores de pornografia podem desenvolver um vício, no qual o consumo se torna compulsivo, interferindo nas atividades diárias, na concentração e, claro, na relação com o parceiro.

Essa superestimulação afeta gravemente as relações sexuais, criando uma desconexão entre o sexo e a intimidade emocional. A satisfação sexual com o parceiro diminui, uma vez que as experiências reais nunca podem corresponder às fantasias intensificadas e distorcidas que a pornografia projeta. Muitos homens, acostumados a consumir pornografia, relatam uma queda significativa no desejo sexual pelo parceiro e começam a enxergar o sexo como mera transação física, sem o envolvimento emocional e afetivo que deveria estar presente.

CONSEQUÊNCIAS PSICOLÓGICAS E SOCIAIS DA PORNOGRAFIA

Além dos devastadores impactos sociais da pornografia, ela não só afeta o campo físico, mas também o emocional, espiritual e psicológico. O consumo excessivo de pornografia está ligado ao aumento dos sentimentos de inadequação, frustração e ansiedade entre homens. Homens que consomem pornografia em excesso frequentemente sentem-se inseguros em relação ao tamanho do pênis e ao seu desempenho sexual. Além disso, a pornografia retrata mulheres como objetos sexuais, reforçando a ideia de que seu valor está apenas no corpo e na performance sexual. E, mais do que isso, reforça o sentimento de posse sobre o corpo da mulher.

Essa objetificação gera consequências devastadoras na forma como os homens tratam suas parceiras. Muitos começam a exigir que elas repliquem comportamentos vistos em vídeos pornográficos, o que pode incluir práticas que não levam em conta o prazer feminino e que, muitas vezes, estão envoltas em violência e desrespeito. Isso também contribui para o aumento da violência contra as mulheres, uma vez que a pornografia tende a desumanizar o papel feminino no ato sexual, promovendo a ideia de que as mulheres existem apenas para o prazer masculino.

Segundo estudos, a pornografia está ligada ao aumento da infidelidade nos relacionamentos. **Homens que consomem pornografia regularmente têm duas vezes mais chances de trair suas parceiras**[3], uma vez que a pornografia incentiva a busca por "novidade" e sexo casual, promovendo uma visão distorcida do compromisso e da lealdade.

A pornografia tem impacto direto na saúde mental. O consumo prolongado e constante está associado à **depressão**, **ansiedade** e **síndrome do pânico**[4]. Ao reprogramar o cérebro para buscar prazer em estímulos irreais e exagerados, a pornografia pode dessensibilizar os homens, tornando a experiência real de intimidade menos excitante e mais frustrante. Para muitos, isso resulta em disfunções como **ejaculação precoce** ou dificuldade em se conectar emocionalmente com a parceira.

A pornografia não apenas distorce o que significa intimidade; ela cria uma armadilha psicológica. Ao buscar satisfação em fantasias e corpos irreais, o corpo e o toque do parceiro real tornam-se insuficientes. A barreira entre realidade e fantasia se dissolve, levando a um ciclo de expectativas irreais e frustrações profundas. A conexão verdadeira, o toque genuíno e o prazer que vêm da intimidade emocional são substituídos pela busca incessante de prazer instantâneo e vazio.

Os números sobre os impactos da pornografia são alarmantes[5]:

- **30% dos homens que consomem pornografia regularmente** relatam problemas de disfunção erétil, mesmo sendo jovens e saudáveis.
- **35% de todos os downloads** da internet estão relacionados à pornografia.
- **ocorrência de 30 milhões de acessos diários** a sites pornográficos no Brasil, colocando o país entre os maiores consumidores de pornografia do mundo.
- cerca de **um em cada homem** admite que o consumo de pornografia prejudicou diretamente sua vida sexual com a parceira.
- **20% dos homens** admitem acessar pornografia no horário de trabalho, segundo estudos da consultoria de segurança CEB. Cerca de **70% do tráfego de pornografia** ocorre durante o horário comercial, com acessos frequentes em ambientes de trabalho, o que afeta diretamente a produtividade e o foco.
- **em média, 84% dos homens entre 18 e 49 anos relatam assistir a pornografia ao menos uma vez por semana, sendo que muitos assistem diariamente.**
- um estudo indicou que **80% dos homens** que consomem pornografia passam cerca de **12 a 20 horas por semana** assistindo a esse tipo de conteúdo.

Esses números ressaltam como a pornografia está profundamente inserida no cotidiano de muitas pessoas, afetando não apenas a vida sexual, mas também seu bem-estar emocional, a produtividade no trabalho e, mais amplamente, as relações interpessoais.

PRESSÃO SOBRE AS MULHERES E CONSEQUÊNCIAS DA PORNOGRAFIA PARA O RELACIONAMENTO

Para as mulheres, o impacto da pornografia também é devastador. Elas sentem a pressão de se conformar aos padrões irreais estabelecidos pelos vídeos pornográficos, o que gera insegurança em relação ao próprio corpo e à sua sexualidade. As comparações com atrizes pornográficas, que possuem corpos considerados "perfeitos", podem destruir a autoestima feminina, levando ao aumento da insatisfação corporal e ao distanciamento emocional.

Além disso, a pressão para atender às expectativas sexuais criadas pela pornografia gera uma desconexão emocional entre o casal, já que o sexo se torna algo mecânico, sem espaço para a vulnerabilidade e a intimidade genuína. Esse distanciamento também contribui para o aumento dos conflitos no relacionamento, uma vez que o homem se sente frustrado por não atingir os "padrões pornográficos", e a mulher, por sua vez, sente-se objetificada e desvalorizada.

A PORNOGRAFIA COMO OBSTÁCULO À CONEXÃO GENUÍNA

Romper com o ciclo da pornografia é uma jornada delicada, mas essencial para quem deseja construir um relacionamento verdadeiramente saudável e baseado na intimidade genuína. Sabemos que a pornografia, muitas vezes, entra na vida das pessoas sem que percebam o impacto devastador que pode causar nas relações. Mais do que um hábito, ela se infiltra como uma distorção da conexão real, criando expectativas irreais e corroendo a autenticidade do relacionamento.

Queridos leitores, este é um convite para se abrirem de forma vulnerável e verdadeira um com o outro. Sabemos que a sociedade machista em que vivemos muitas vezes coloca a pornografia como algo "normal" e "aceitável" para os homens, algo que "faz parte". Mas a verdade é que isso foi implantado em nossa mentalidade e precisamos ter a coragem de questionar e desconstruir tais influências. Em vez de julgar, aproveitem este momento para se abrir sobre as experiências, as dificuldades e os efeitos que a pornografia pode ter trazido à relação.

Conversem, sem medo. O objetivo aqui é criar um espaço seguro onde ambos compartilhem suas lutas sem receio de críticas. A vulnerabilidade é a chave para moldar uma nova jornada juntos. Sabemos que romper com o vício em pornografia pode ser desafiador, mas é um passo fundamental para revitalizar a conexão entre vocês.

Se perceberem que esse processo está sendo difícil de lidar sozinhos, busquem ajuda juntos. Há profissionais especializados que podem oferecer ferramentas e apoio para superar tal dependência. O mais importante é colocar esse objetivo como prioridade no relacionamento, pois, sem dúvida, é impossível ter uma relação saudável e plena enquanto a pornografia for um elemento presente.

Este é o momento de reafirmar o compromisso com um amor embasado em respeito, confiança e entrega genuína. Ao se libertarem desse ciclo, vocês abrirão espaço para um relacionamento onde o prazer, a intimidade e a verdadeira conexão floresçam. Que esta jornada seja o início de uma nova fase, repleta de descobertas e redescobertas no relacionamento de vocês.

O PAPEL DA ESPIRITUALIDADE NA SEXUALIDADE

A sexualidade, em sua essência, vai muito além do ato físico. Ela envolve uma troca energética profunda, em que duas almas se conectam, compartilham e se transformam. Muitas tradições espirituais, como o espiritismo, nos lembram de que o sexo é um ato sagrado, uma manifestação do amor e da união espiritual entre duas pessoas.

No espiritismo, Allan Kardec nos ensina que a sexualidade deve ser expressão de amor e respeito mútuo. É uma troca de energias sutis, onde um parceiro deixa um pouco de si no outro, e ambos saem da experiência transformados. Cada relação íntima estabelece um laço que vai além do corpo, criando uma conexão espiritual que pode reverberar muito além do momento presente. Quando essa troca acontece dentro de um contexto de fidelidade e respeito, a energia do casal se fortalece, criando uma aura de proteção ao redor do relacionamento.

Além do espiritismo, outras tradições espirituais, como o tantra, nos mostram que o sexo não é apenas um meio de prazer físico, mas um portal para o crescimento espiritual. No tantra, os parceiros se unem em nível mais profundo, onde o corpo, a mente e o espírito se encontram em perfeita harmonia. O prazer físico é visto como manifestação da energia divina que circula entre os dois, elevando ambos a um estado de consciência mais elevado.

Essas visões espirituais nos convidam a olhar para o sexo de forma mais reverente, como um caminho à iluminação e ao fortalecimento do amor. Não se trata apenas de satisfação física, mas de uma jornada onde as almas se encontram, compartilham e evoluem juntas.

A importância da fidelidade dentro dessa troca energética não pode ser subestimada. Quando um dos parceiros se envolve com outra pessoa fora do relacionamento, ele carrega consigo energias externas capazes de perturbar o equilíbrio do casal. Essa desarmonia pode manifestar-se em sentimentos de desconforto, insegurança e até mesmo doenças emocionais. Portanto, manter a fidelidade não é apenas compromisso com o outro, mas uma forma de preservar a pureza e a harmonia das energias que circulam entre o casal.

Ver a sexualidade como algo sagrado significa trazer intenção e respeito para cada ato íntimo. A intimidade se torna um espaço de cura, em que medos, inseguranças e traumas podem ser trabalhados e transformados em amor e confiança.

Queridos leitores, este é o momento para que vocês, como casal, reflitam sobre o lugar que a espiritualidade ocupa em sua sexualidade. Quanto vocês estão conscientes da energia que compartilham? Quanto cuidam dessa troca, para que ela seja sempre baseada em respeito e amor? Encorajamos vocês a conversarem abertamente sobre o tema, a explorarem juntos como podem transformar o ato sexual em uma prática espiritual, na qual a fidelidade e o respeito mútuo são as bases para uma conexão mais profunda.

Ao entender a sexualidade sob essa perspectiva, vocês estarão fortalecendo não só a relação física, mas também o vínculo espiritual que os une.

O SEXO COMO TRANSFORMAÇÃO E CONEXÃO

O caminho para uma vida sexual saudável e transformadora passa por compreensão mútua, respeito às diferenças e disposição para crescer juntos.

A sexualidade é uma jornada contínua de descoberta, aprendizado e conexão. Ela não se limita aos momentos íntimos entre quatro paredes, mas ecoa em todas as áreas do relacionamento, influenciando a maneira como os casais se conectam, comunicam e se compreendem. No entanto, para que essa jornada seja de fato transformadora, é preciso disposição para evoluir, deixar de lado preconceitos e encarar os desafios de frente.

Ao longo deste capítulo, exploramos as nuances da intimidade, as diferenças naturais entre homens e mulheres e os obstáculos que muitas vezes impedem uma vida sexual plena. Mas o verdadeiro poder está em suas mãos: é na decisão de aprimorar a comunicação, combater as influências destrutivas da pornografia e cultivar o respeito mútuo que o casal pode transcender os problemas e encontrar intimidade genuína e transformadora.

O sexo, quando vivido em harmonia e respeito, torna-se muito mais do que prazer físico. Ele é uma manifestação de amor, cuidado e conexão entre duas almas que escolheram caminhar juntas. Vocês têm a oportunidade de transformar o ato sexual em um ato sagrado, em que o corpo, a mente e o espírito se unem em perfeita harmonia.

Então, façam deste momento um marco na sua relação. Decidam juntos que o sexo será uma parte vital do amor de vocês – um espaço para nutrir, cuidar e aprofundar o vínculo que construíram. Aprendam mais sobre o que desperta o desejo e o prazer no outro, e não tenham medo de falar sobre fantasias e expectativas.

Lembrem-se: o verdadeiro prazer vem do respeito mútuo, da liberdade de ser quem realmente são e da coragem de explorar a intimidade com abertura e confiança. Vocês são os arquitetos da própria história sexual, e com dedicação, podem construir uma vida sexual vibrante, saudável e eternamente gratificante.

Agora, como parceiros, escolham viver uma jornada de prazer e crescimento mútuo. Abram-se para a descoberta contínua, nutram o desejo um pelo outro, e celebrem o amor que compartilham com a intimidade que transcende o físico e toca a alma.

Que cada encontro seja uma nova oportunidade de celebrar o amor e a vida, onde o sexo não apenas une os corpos, mas também os corações e espíritos. Avancem juntos, rumo a uma vida repleta de harmonia, prazer e amor verdadeiro.

A sexualidade não é apenas biológica, ela é profundamente espiritual. O verdadeiro encontro entre dois seres acontece quando o corpo e o espírito se encontram em harmonia.

Agora que vocês exploraram esse aspecto tão fundamental do relacionamento, é hora de se preparar para um dos maiores desafios dos tempos modernos: a influência das redes sociais sobre a saúde do casal.

As redes sociais, com suas armadilhas de comparação, exposição e distração podem, muitas vezes, minar a confiança e a conexão que vocês construíram com tanto cuidado.

No Capítulo 15, mergulharemos nessa nova realidade. Vocês descobrirão como as redes sociais podem afetar negativamente o relacionamento e, mais importante, como usá-las de maneira saudável e consciente, sem deixar que interfiram no amor e na intimidade compartilhados. Entre nesse novo tema com o coração aberto e a vontade de proteger o que há de mais valioso: a relação de vocês. Esse será um capítulo transformador, que os ajudará a fortalecer ainda mais o vínculo em um mundo cada vez mais conectado, mas, às vezes, emocionalmente distante.

REFERÊNCIAS:

1. DANDURAND, Cathy; LAFONTAINE, Marie-France. Intimacy and couple satisfaction: the moderating role of romantic attachment. *International Journal of Psychological Studies*, v. 5, n. 1, p. 74-84, 2013. Disponível em: https://www.ccsenet.org/journal/index.php/ijps/article/view/21954. Acesso em: 19 out. 2024.

2. PORNHUB. 2019 year in review. *Pornhub*, 2020. Disponível em: https://www.pornhub.com/insights/2019-year-in-review. Acesso em: 19 out. 2024.

   STATISTA. Ranking dos maiores sites do mundo por número de acessos 2022. *Statista*, 2022. Disponível em: https://www.statista.com. Acesso em: 19 out. 2024.

3. WILLOUGHBY, Brian J.; RHOADES, Galena K.; CARROLL, Jason S. National couples and pornography survey 2021. *Wheatley Institute*, 8 nov. 2021. Disponível em: https://wheatley.byu.edu/national-couples-and-pornography-survey-2021. Acesso em: 19 out. 2024.

4. GUIDRY, Raquel; FLOYD, Christopher G.; VOLK, Fred; MOEN, Carolyn E. The exacerbating impact of moral disapproval on the relationship between pornography use and depression, anxiety, and relationship satisfaction. *Journal of Sex & Marital Therapy*, v. 46, n. 2, p. 103-121, 2020. Disponível em: https://pubmed.ncbi.nlm.nih.gov/31464162/. Acesso em: 19 out. 2024.

5. GRUBBS, Joshua B.; GOLA, Mateusz. Is pornography use related to erectile dysfunction? Results from cross-sectional and latent growth curve analyses. *Journal of Sexual Medicine*, v. 16, p. 111-125, 2019. Disponível em: https://www.seksuologen-vlaanderen.be/wp-content/uploads/2019/06/Grubbs-Gola-2019-J-SEX-MED-no-causal-link-pornography-and-ED-2.pdf. Acesso em: 19 out. 2024.

JACOBS, Tim *et al.* Associations between online pornography consumption and sexual dysfunction in young men: Multivariate analysis based on an international web-based survey. *JMIR Public Health and Surveillance*, v. 7, n. 10, [s. p.], 2021. Disponível em: https://pubmed.ncbi.nlm.nih.gov/34534092/. Acesso em: 19 out. 2024.

WEBROOT. Internet pornography by the numbers. *Webroot*, 2021. Disponível em: https://www.webroot.com/us/en/resources/tips-articles/internet-pornography-by-the-numbers?srsltid=AfmBOooyM92c-JUrQsH5zLDXF-Zt21W_eYHLjuUv5e0VLMZeMc7Avybio. Acesso em: 19 out. 2024.

Capítulo 15

REDES SOCIAIS E O SEU IMPACTO DESTRUTIVO

Vivemos em uma era dominada pela conectividade digital. As redes sociais, que prometem unir pessoas de diferentes partes do mundo, muitas vezes se tornam a principal fonte de desconexão entre aqueles que estão mais próximos: os casais. Com o deslizar de um dedo, é possível explorar mundos inteiros, mas, ao mesmo tempo, perder-se no próprio relacionamento. O tempo dedicado ao parceiro é constantemente interrompido por notificações, e o brilho das telas ofusca o olhar que deveria estar fixo na pessoa ao lado.

Estudos recentes mostram que, globalmente, mais de **4,9 bilhões de pessoas** estão ativas nas redes sociais, com uma média de **duas horas e 31 minutos por dia** dedicados a essas plataformas[1]. Isso equivale a cerca **de 15% do nosso tempo acordado**. São horas investidas em postagens, curtidas, comparações e, muitas vezes, inseguranças, que acabam por se infiltrar em nossa vida pessoal e afetam profundamente nossos relacionamentos.

As redes sociais criam um ambiente onde a comparação constante se torna inevitável. Cada postagem de felicidade, cada foto de “perfeição” que vemos, especialmente de outros casais, nos leva a questionar a qualidade de nossas próprias relações. Isso gera um ciclo de insegurança que pode corroer a confiança e a intimidade.

Mas o que acontece quando essas comparações e distrações digitais começam a tomar o espaço que antes era preenchido pela conexão emocional e pela intimidade física? Como você, como casal, pode encontrar o equilíbrio entre o mundo digital e o mundo real, onde o relacionamento deve prosperar?

Neste capítulo, vamos mergulhar nas profundezas desse mar digital para entender os efeitos das redes sociais nas relações amorosas. Vamos explorar como as comparações, as inseguranças e a exposição constante à "vida perfeita" dos outros minam a confiança e a comunicação, além de identificar formas de reconectar-se de maneira autêntica com seu parceiro em um mundo cada vez mais saturado de distrações digitais.

A pergunta é: de que modo vocês, como casal, podem garantir que o vínculo entre ambos permaneça mais forte do que a atração das telas? Vamos descobrir juntos.

A INTERFERÊNCIA DA TECNOLOGIA NA VIDA DOS CASAIS

O uso constante de smartphones e a obsessão com redes sociais criam o que os psicólogos chamam de "presença ausente". Isso significa que, mesmo estando fisicamente presente com seu parceiro, você está emocionalmente distante, capturado por uma realidade virtual que nunca dorme. Pesquisas mostram que o uso excessivo de smartphones pode reduzir significativamente a qualidade das interações face a face, levando à deterioração da intimidade.

Um estudo conduzido pela Universidade do Arizona e publicado pela *Association for Psychological Science*, em 2019, descobriu que **70% dos casais** relatam que o uso de tecnologia, como o telefone, interrompeu suas conversas cotidianas[2]. Em outro levantamento, **uma em cada quatro pessoas** disse que já discutiu com o parceiro por causa do uso excessivo de redes sociais. Isso demonstra claramente o impacto negativo que a tecnologia pode ter nas relações, criando barreiras invisíveis que afastam os casais, muitas vezes sem que eles percebam.

NEUROCIÊNCIA DO USO EXCESSIVO DE TECNOLOGIA

A neurociência nos ajuda a entender por que as redes sociais e a tecnologia podem ser tão viciantes. O neurocientista Cal Newport, em seu livro *Deep work*, explica que o uso constante de redes sociais ativa o sistema de recompensa dopaminérgico do cérebro, responsável por nos dar sensações de prazer e satisfação. Cada notificação, curtida ou comentário atua como uma pequena recompensa, levando o cérebro a querer mais e mais. Com o tempo, a busca incessante por gratificação instantânea se torna prejudicial para as relações profundas e de longo prazo, que exigem paciência e investimento emocional.

Essa ativação constante do sistema dopaminérgico nos torna menos capazes de tolerar o "tédio" das interações humanas reais. Sherry Turkle, psicóloga e autora de *Alone together*, afirma que a tecnologia não apenas nos conecta superficialmente, mas também nos desconecta de forma profunda. A capacidade de nos concentrarmos em uma conversa significativa e a habilidade de nos mantermos emocionalmente engajados com o parceiro são prejudicadas pela dependência de interações rápidas e superficiais on-line.

Quando o cérebro está constantemente em busca de recompensas digitais, deixamos de investir na intimidade e nas conversas reais que formam a base de um relacionamento saudável. As redes sociais transformaram a maneira como nos conectamos, mas também criaram um ambiente onde a comparação se tornou uma armadilha constante. No contexto dos relacionamentos, a tendência a comparar pode ser devastadora. Ao deslizarmos pelo *feed* do Instagram ou de outras redes, vemos casais sorrindo, desfrutando de férias exóticas, jantando em lugares requintados e levando o que parece ser uma vida perfeita. No entanto, o que muitos esquecem é que as redes sociais oferecem uma **versão editada** da realidade – uma narrativa cuidadosamente criada, onde só o que é "melhor" é mostrado. **Comparar sua relação com essa imagem idealizada é suicídio emocional para qualquer casal**.

A FALSA PERFEIÇÃO NAS REDES SOCIAIS

A grande maioria das postagens que vemos nas redes sociais sobre relacionamentos não reflete a realidade. As imagens e os textos são construídos para mostrar apenas momentos felizes e idealizados. O que não vemos são as discussões, os momentos de dúvida, as crises e os desafios que, na verdade, fazem parte de qualquer relacionamento real. **Esse filtro digital contribui para uma comparação distorcida**, na qual os casais se sentem inadequados, como se sua relação não estivesse à altura da "vida perfeita" que veem on-line.

A psicóloga social Sherry Turkle argumenta que as redes sociais promovem um "eu performático", onde as pessoas mostram não quem são de verdade, mas o modo como desejam ser vistas. Isso significa que as postagens falam mais sobre a aparência do que sobre a essência. Casais que compartilham fotos em cenários deslumbrantes ou declarações de amor nas legendas muitas vezes estão lidando em silêncio com crises no relacionamento.

Quero aproveitar este momento para compartilhar um trecho do meu livro *Novo rumo: o legado do homem*, no qual também exploro os impactos profundos das redes sociais na saúde emocional. Convido todos os homens que buscam se aprofundar na jornada do autoconhecimento a descobrirem essa obra, considerada uma das mais completas e transformadoras no campo da saúde integral masculina. É um convite para uma reflexão profunda sobre o que significa ser homem na sociedade de hoje e sobre como podemos nos fortalecer física, mental e emocionalmente.

Com minha experiência profissional em marketing e convivência com alguns dos maiores influenciadores digitais do Brasil, posso afirmar uma verdade incômoda: quase tudo é mentira. Infelizmente, as redes sociais tornaram-se o maior álbum de exposições de vidas falsas da atualidade, gerando uma cascata de consequências diretamente relacionadas aos principais distúrbios psicológicos da nossa era.

As redes sociais causam inúmeros problemas à saúde emocional, mas, de maneira geral, precisamos entender que, como seres humanos, repletos de dilemas e feridas, encontramos nas redes sociais uma forma artificial de alimentar nosso ego e nosso vazio existencial. É uma forma de obter uma sensação imediata de prazer, algo que é difícil de encontrar fora das redes.

Na prática, o que acontece é que, junto com essa busca insana por dopamina e sensação de bem-estar, começamos a criar falsas realidades para conquistar essa aprovação. É quando todo o ciclo dessa doença social se inicia. Falsas vidas são expostas a cada segundo, com pessoas criando realidades fictícias e utilizando cada vez mais filtros para conquistar seguidores. É uma bola de neve que começa com a grande mentira dos influenciadores e desencadeia a destruição emocional da massa de consumidores, que se afundam na depressão por não ter uma vida tão "maravilhosa" quanto a que veem nas redes sociais.

Ao longo da minha jornada, vi inúmeras pessoas com milhões de seguidores, mas que estavam afundadas em dívidas, problemas no relacionamento, problemas emocionais. E, ainda assim, nas redes, exibiam uma falsa realidade repleta de alegria, ostentação e amor. Isso começou com grandes influenciadores, mas hoje se aplica a quase todas as pessoas que utilizam redes sociais. Mesmo seu vizinho com 200 seguidores pode estar queimando neurônios para criar uma falsa realidade em busca de aprovação social.

Infelizmente, as redes sociais tornaram-se o padrão de sucesso da atualidade. Antes, a qualidade de uma pessoa era medida pelas coisas boas que fazia para o mundo; hoje, é medida pelo número de seguidores que ela possui. Além disso, vale destacar que, além das vidas falsas postadas, as redes sociais são um verdadeiro celeiro de mentiras numéricas. Com base em minha vasta experiência no marketing, posso garantir que existem ferramentas que muitos influenciadores utilizam para gerar interações falsas de forma robótica. Falsos seguidores, falsas curtidas, falsos comentários – uma grande falsidade.

Quase tudo nas redes sociais tem um preço. Basta você procurar um pouco mais a fundo que poderá comprar seguidores, comentários, curtidas, selos de verificação e até mesmo reportagens em sites de notícias. A VERDADE É QUE QUASE TUDO É MENTIRA.

O CICLO TÓXICO DE COMPARAÇÃO E INSEGURANÇA

Ao comparar sua relação com o que vê nas redes, você cria expectativas irreais. A comparação, seja com outros casais ou com a própria vida idealizada, pode criar um ciclo de insegurança. Você começa a questionar se seu relacionamento é "bom o suficiente" e se o amor que vocês compartilham está à altura das imagens que consome on-line.

Exemplo: ao ver um casal constantemente postando fotos de jantares românticos, viagens incríveis ou declarações de amor, você pode começar a se perguntar por que seu relacionamento não é assim. Talvez você e seu parceiro não postem tanto ou não tenham momentos de glamour tão frequentes. Isso pode fazer você acreditar que algo está errado, quando na verdade o que está errado é a expectativa criada pelas redes.

Estudos mostram que o uso intensivo de redes sociais está diretamente relacionado a níveis mais altos de insatisfação relacional e baixa autoestima.

Uma pesquisa da Universidade de Pittsburgh revelou que pessoas que passam mais tempo nas redes sociais têm **2,2 vezes mais chances de desenvolver problemas de imagem corporal** e sentir-se insatisfeitas em seus relacionamentos, justamente por essa cultura de comparação constante[3].

COMO AS REDES SOCIAIS MINAM A INTIMIDADE

As redes sociais não apenas promovem a comparação, mas também criam **distância emocional** entre os parceiros. Ao gastar tempo consumindo a vida "perfeita" de outras pessoas, o foco no próprio relacionamento diminui. Em vez de trabalhar para fortalecer a conexão emocional e sexual, o casal pode acabar se sentindo pressionado a se "adequar" àquela imagem que vê on-line.

Além disso, as redes sociais têm uma tendência de incentivar a superficialidade, onde o valor é atribuído à aparência e às experiências exteriores, e não à verdadeira conexão emocional. Isso pode resultar em busca constante por validação externa, em vez de uma construção íntima baseada em confiança, comunicação e vulnerabilidade.

Quando o casal está constantemente exposto a imagens e histórias de outros casais que parecem perfeitos, em especial em termos de intimidade, a pressão sobre a vida sexual também aumenta. As redes sociais estão saturadas com idealizações da vida sexual – seja mediante comentários sobre casais apaixonados, seja pelo culto aos corpos "perfeitos". A mensagem que muitas vezes recebemos é que a nossa vida sexual também deve ser excitante e ininterrupta.

O IMPACTO PSICOSSOCIAL DAS COMPARAÇÕES

Sigmund Freud abordou o impacto psicológico das comparações sociais ao falar sobre o "mal-estar na civilização". Segundo ele, a sociedade sempre nos incentiva a buscar o ideal, mas essa busca leva à frustração porque o ideal é inatingível. Essa reflexão se aplica perfeitamente ao uso das redes sociais – a comparação contínua alimenta um ciclo de insatisfação crônica, onde os casais se veem incapazes de alcançar o que, na verdade, é uma ilusão.

Carl Jung, por sua vez, reforça a importância da autenticidade e da aceitação de si mesmo. Ele afirma que a felicidade verdadeira só pode ser alcançada quando abandonamos as máscaras e ilusões sociais, conectando-nos com nossa essência e com a verdade dos nossos relacionamentos. Aplicado aos casais, isso significa abandonar a comparação com outros e focar no crescimento e na autenticidade dentro da própria relação.

DICAS PARA EVITAR A COMPARAÇÃO E FORTALECER SUA RELAÇÃO

1. **Limite o tempo nas redes sociais:** para evitar a constante exposição às imagens idealizadas que geram comparação e frustração, é importante estabelecer limites claros de uso para as redes sociais. Defina horários específicos para conferir suas redes e, fora desses horários, foque em outras atividades.

> **Exemplo prático:** que tal desligar o celular após o jantar e ambos dedicarem esse tempo à leitura de um livro juntos ou a uma conversa profunda?

2. **Reforce a comunicação no casal:** em vez de buscar validação nas redes sociais, foque em construir e nutrir a comunicação com seu parceiro. Abra-se sobre expectativas, medos e sonhos. Isso ajuda a evitar comparações externas e fortalece o vínculo emocional dentro do relacionamento.

> **Exemplo prático:** reservem um dia na semana para um "*check-in* emocional", onde ambos podem falar sobre como estão se sentindo em relação ao relacionamento e o que pode ser ajustado para melhorar a convivência.

3. **Desenvolva autocompaixão e aceitação:** pratique a aceitação de que cada casal tem a própria jornada e que é impossível comparar

realidades diferentes. Aprender a ter autocompaixão significa reconhecer que nem tudo será perfeito, e não tem problema. O que você vê nas redes sociais é apenas uma fração da vida real.

Exemplo prático: quando sentir a pressão de se comparar, faça uma pausa e pense em três coisas pelas quais você é grato no seu relacionamento. Isso muda o foco para o que é positivo em sua própria vida.

4. **Crie momentos de desconexão digital:** um dos maiores desafios para os casais hoje é o uso excessivo de dispositivos eletrônicos. Para fortalecer a intimidade e a conexão emocional, é fundamental criar momentos sem distrações digitais, como durante as refeições, antes de dormir ou em momentos de lazer.

Exemplo prático: estabeleçam a regra de deixar os celulares fora da mesa durante as refeições. Use esse tempo para se reconectar, compartilhar histórias do dia e simplesmente aproveitar a companhia um do outro.

5. **Reflita sobre as postagens:** sempre que se sentir tentado a invejar o que vê nas redes, faça uma reflexão crítica: "Essa é a realidade completa?". Lembre-se de que as redes sociais mostram só os momentos de destaque, cuidadosamente editados e filtrados. O que está por trás dessas fotos pode ser bem diferente da vida real.

Exemplo prático: quando sentir que está se comparando a outros casais, reserve um momento para olhar para a própria vida. Reflita sobre as conquistas que você e seu parceiro tiveram, celebrando as pequenas vitórias que às vezes passam despercebidas.

MOMENTOS DESCONECTADOS

Criar espaços onde a tecnologia não é permitida pode trazer enormes benefícios para o relacionamento. Esses "momentos desconectados" permitem que o casal se concentre inteiramente um no outro, fortalecendo a intimidade e a comunicação.

1. **Durante as refeições:** estabeleça a regra de que os celulares ficam fora de alcance durante as refeições. Isso incentiva a conversa e o compartilhamento de experiências.

> **Exemplo prático:** usem o tempo das refeições para perguntar como foi o dia do outro, compartilhar novidades ou até mesmo discutir temas leves que não envolvam trabalho ou preocupações.

2. **Na hora de deitar:** um dos momentos mais importantes para se desconectar é antes de dormir. Estudos mostram que o uso de eletrônicos antes de deitar pode prejudicar a qualidade do sono e aumentar a ansiedade[4]. Além disso, essa pode ser a última oportunidade do dia para uma conversa íntima com seu parceiro.

> **Exemplo prático:** transformem os minutos antes de dormir em um ritual de relaxamento e conexão. Deitem-se juntos e conversem sobre o que foi positivo no dia, agradecendo pelas pequenas alegrias que compartilharam.

3. **Durante passeios ou fins de semana:** em momentos de lazer, como passeios ou fins de semana, cogite deixar o celular em casa ou no bolso. Aproveitar esses momentos sem distrações tecnológicas pode trazer uma sensação de renovação e conexão.

> **Exemplo prático:** planejem atividades ao ar livre, como uma caminhada ou um piquenique, onde possam focar na natureza e um no outro, longe das telas.

Essas práticas ajudarão a cultivar uma relação mais autêntica, livre das comparações que as redes sociais podem trazer, e fortalecerão a conexão emocional e física entre vocês.

A JORNADA DE RECONEXÃO

O uso da tecnologia e das redes sociais não precisa ser o vilão dos relacionamentos, mas precisa ser gerido com consciência. A chave para um relacionamento saudável na era digital é encontrar o equilíbrio entre o mundo virtual e a realidade. A moderação, o diálogo aberto e a escolha consciente de estar presente são os verdadeiros aliados na construção de uma relação forte e resiliente.

Lembre-se: seu relacionamento não precisa competir com o mundo digital. Ele pode florescer por meio de uma escolha ativa e consciente de priorizar o que de fato importa – o tempo de qualidade, a presença e o amor que você e seu parceiro compartilham.

Ao fim deste capítulo, é impossível ignorar o impacto profundo que as redes sociais têm exercido sobre as relações modernas. Desconectar-se desse fluxo incessante de distrações digitais é um ato de autocuidado, não só para si mesmo, mas também para o relacionamento. É um convite para resgatar a essência do que os une e fortalecer os laços que as comparações e inseguranças podem ter desgastado.

Vocês estão prontos para fazer essa escolha consciente? Prontos para reequilibrar a balança e colocar o que realmente importa no centro do seu relacionamento?

Agora, chegou o momento de ir mais fundo, talvez o momento mais desafiador desta jornada. No Capítulo 16, vamos abrir nossos corações e olhar de frente para os desafios e problemas que podem estar separando vocês hoje. É um convite à vulnerabilidade, à escuta amorosa e à cura. O caminho para um relacionamento inabalável começa aqui, com coragem, verdade e uma disposição sincera de criar algo novo, juntos. Preparem-se para uma jornada transformadora rumo à reconstrução do amor!

Sugiro que neste momento fiquem de frente um para o outro e segurem as mãos. Olhem-se nos olhos por instantes, deixando o silêncio e a presença falarem mais que as palavras. Após essa calorosa troca de olhares, repitam juntos: **"Obrigado(a) por estar ao meu lado e por caminharmos juntos em busca de fortalecer nossa relação. Eu te amo e você é minha prioridade".**

REFERÊNCIAS:

1. DIGITAL 2024: global overview report. *DataReportal*, 2024. Disponível em: https://datareportal.com/reports/digital-2024-global-overview-report. Acesso em: 19 out. 2024.

   SCOTT, Samantha. Social media statistics you need to know for 2023. *Meltwater*, 16 ago. 2023. Disponível em: https://www.meltwater.com/en/blog/social-media-statistics. Acesso em: 19 out. 2024.

2. HOW smartphones are affecting our relationships. *Association for Psychological Science*, 11 fev. 2019. Disponível em: https://www.psychologicalscience.org/news/releases/how-smartphones-affect-relationships.html. Acesso em: 19 out. 2024.

3. HYDZIK, Allison. *Social media use and depression in young adults.* Pitt Chronicle, 11 abr. 2016. Disponível em: https://www.chronicle.pitt.edu/story/social-media-use-and-depression-young-adults. Acesso em: 19 out. 2024.4.

4. SNYDER, Hope; WALKER, Jamie; BELL, Jessica; EGELER, Mara; HIRE, Veronica; VARGAS, Ivan. Does social media use before bed lead to sleep continuity disturbance? *MDPI Sleep Health Journal*, v. 45, p. A192-A193, 25 maio 2022. Disponível em: https://academic.oup.com/sleep/article/45/Supplement_1/A192/6592812. Acesso em: 19 out. 2024.

   UCLAHEALTH. *Are electronic devices impacting your sleep?* UCLA Health, 11 jul. 2019. Disponível em: https://www.uclahealth.org/news/article/are=-electronic-devices-impacting-your-sleep#:~:text-The%20more%20you%20use%20a,confuse%20your%20internal%20body%20clock. Acesso em: 19 out. 2024.

Capítulo 16

QUEIXAS E RESOLUÇÕES: AJUSTANDO AS ARESTAS DA RELAÇÃO

Há uma beleza profunda em todo relacionamento que sobrevive às tempestades da vida, mas é nas entrelinhas dos silêncios e nas sombras das queixas não ditas que as maiores erosões acontecem. Pequenos descontentamentos e palavras que ficaram presas na garganta transformam-se em muros invisíveis que aos poucos afastam duas pessoas que, em essência, ainda se amam.

Este é o momento mais delicado e, ao mesmo tempo, o mais poderoso da jornada que estamos trilhando juntos. Aqui, neste capítulo, vocês serão convidados a mergulhar nas profundezas das dores não ditas e nas feridas ainda abertas. É o instante de ajustar todas as arestas da relação, de aparar os desentendimentos e, com coragem, confrontar os sentimentos que muitas vezes têm ficado à margem. É o tema mais desafiador deste livro, porque exige honestidade, vulnerabilidade e, acima de tudo, a coragem de querer reconstruir, de reparar o que foi quebrado. O caminho pode ser árduo, mas é ao atravessarmos essas pontes fragilizadas que descobrimos a verdadeira força do amor.

Aqui, serão convidados a transformar queixas em conversas sinceras, a abrir espaço para que cada palavra seja dita com respeito e acolhida com empatia. Este é o convite para deixar de lado o orgulho e permitir que o amor, em sua forma mais autêntica, renasça das partes mais delicadas da relação. **Que este capítulo seja um abraço para suas dores e um novo alicerce para seu amor.**

Estudos científicos confirmam a importância de uma comunicação transparente para a longevidade e qualidade de um relacionamento. Pesquisas da Universidade de Berkeley mostram que casais que discutem sobre as frustrações de maneira construtiva têm maior satisfação no relacionamento. Esses casais experimentam menos estresse emocional e maior conexão ao longo do tempo. Além disso, a American Psychological Association destaca que a abertura emocional e a comunicação saudável são fatores determinantes para a construção de um vínculo resiliente e harmonioso[1].

A vulnerabilidade, longe de ser uma fraqueza, é o alicerce para uma vida a dois plena de harmonia e compreensão. Como ressalta Brené Brown, pesquisadora sobre vulnerabilidade e conexão humana, "a coragem de ser vulnerável é a chave para a verdadeira intimidade"[2]. Quando nos permitimos expor insatisfações e medos de forma honesta, criamos um ambiente de confiança onde o amor pode florescer sem restrições.

A partir de agora, é importante entender que expressar queixas não é sinônimo de críticas destrutivas. É um convite ao diálogo profundo, no qual ambos têm a oportunidade de se abrir e buscar soluções juntos. Abrir-se em vulnerabilidade permite ao outro enxergar o que de fato ocorre no íntimo de cada um, criando a possibilidade de resolução e reconciliação.

Este é o ponto crucial da jornada de vocês. O momento de encarar os desafios com olhos de empatia, compaixão e disposição para resolver juntos o que está, talvez silenciosamente, pesando na relação. O diálogo aberto, a escuta ativa e o espaço para queixas sinceras são as chaves para transformar conflitos em aprendizado e criar um caminho de cura profunda.

Vamos adentrar este capítulo com coragem e coração aberto, pois a verdadeira transformação acontece quando nos permitimos ser vistos e ouvidos em nossa totalidade.

PEQUENAS BATALHAS: DIVISÃO DE TAREFAS E RESPONSABILIDADES

Constantemente, não são as grandes crises que minam uma relação, mas as pequenas batalhas cotidianas. A divisão desigual de tarefas domésticas, a criação dos filhos e as demandas do trabalho são fontes comuns de estresse. Carl Jung, em seus estudos sobre a psique, observou que tensões diárias acumuladas podem levar a explosões emocionais, muitas vezes desproporcionais ao problema real[3].

Um exemplo comum é a divisão de tarefas domésticas. Quando um dos parceiros sente que assume mais responsabilidades do que o outro, o ressentimento cresce. A resiliência, nesse caso, envolve a habilidade de se comunicar abertamente e buscar um equilíbrio. Epiteto, o filósofo estoico, ensinava que **"não podemos controlar os eventos, mas podemos controlar como reagimos a eles"**[4]. Aplicado aos relacionamentos, isso significa que a chave para a resiliência está em uma mentalidade de colaboração, onde ambos os parceiros estão dispostos a fazer ajustes.

Grandes crises, como problemas financeiros, doenças graves ou a perda de entes queridos, testam profundamente a resiliência do casal. O estoicismo, uma filosofia que valoriza a aceitação das dificuldades, ensina que **"a adversidade é a nossa melhor professora"**. Sêneca afirmava que o sofrimento é uma oportunidade de fortalecimento moral. Jung complementa essa ideia, dizendo que **"somos moldados pelas experiências adversas que enfrentamos"**[5].

Sob a perspectiva neurocientífica, casais que enfrentam crises juntos ativam circuitos cerebrais que promovem adaptação e aprendizagem. Esse processo cria uma confiança mútua que só pode ser desenvolvida por intermédio da superação de desafios compartilhados.

A BLINDAGEM QUE VEM DA RESILIÊNCIA

A resiliência é o escudo que protege o relacionamento contra as tempestades da vida. Como o ferro é forjado no fogo, o amor verdadeiro se fortalece nos desafios. A verdadeira blindagem de um relacionamento não está na ausência de problemas, mas na capacidade de enfrentá-los juntos, com maturidade, fé e empatia. Cada adversidade superada não é apenas um obstáculo vencido, mas uma oportunidade para aprofundar a conexão e construir um elo inquebrável.

O casal que navega com resiliência transforma crises em oportunidades de crescimento, crises financeiras em reavaliação de prioridades e crises emocionais em renovação de compromisso. A jornada do amor não é isenta de dificuldades, mas é nas dificuldades que o amor se transforma em algo poderoso e duradouro.

O poder do diálogo aberto é uma das forças mais transformadoras que um casal pode cultivar. Aqui, não estamos apenas falando sobre resolver conflitos superficiais, mas sobre ir à raiz das emoções, expectativas e frustrações que, se não cuidadas, podem se acumular como um peso insuportável. A construção de um relacionamento verdadeiro e profundo se dá quando ambos estão dispostos a enfrentar vulnerabilidades e transformar o que parece obstáculo em uma ponte para a conexão.

PASSO A PASSO PRÁTICO: IDENTIFICANDO E TRABALHANDO AS QUEIXAS

Chegou o momento de uma travessia delicada, porém essencial. Assim como o vento molda as montanhas ao longo do tempo, é no diálogo honesto e gentil que as relações se transformam e se fortalecem. Este é o espaço para vocês, como casal, olharem profundamente um nos olhos do outro e, com coragem e amor, compartilharem insatisfações e queixas. Vamos imaginar por um instante: suas queixas não são inimigas a serem vencidas, mas sim convites para o crescimento. Cada reclamação guardada no peito é uma oportunidade de autoconhecimento, de ajustar as velas e direcionar o relacionamento rumo a um mar mais calmo e profundo. E em vez de se perderem em frustrações, vocês podem trilhar um caminho novo, onde cada palavra dita seja um tijolo que construiu uma ponte entre seus corações.

Seguir um roteiro prático para transformar as queixas em diálogos construtivos é uma maneira eficaz de fortalecer a relação. Este processo, embasado em técnicas de psicologia, neurociência e desenvolvimento pessoal, ajudará vocês a cultivarem uma relação mais transparente e madura.

Este não é o momento para apontar o dedo ou transformar a conversa em uma disputa. Cada queixa trazida à mesa deve ser vista como convite à vulnerabilidade, como gesto de confiança. Afinal, abrir o coração e compartilhar o que nos fere exige coragem. E a beleza dessa travessia está justamente aí: na coragem de se expor, na maturidade de ouvir, e no amor que, como uma bússola, guiará vocês por esse caminho.

Antes de começarem a falar, quero que respirem profundamente e lembrem-se de que o objetivo aqui não é "ganhar" a discussão, mas sim construir uma nova forma de se relacionar. A vulnerabilidade é a chave. Lembrem-se das palavras de Brené Brown, que disse: **"A vulnerabilidade é o berço do amor, da pertença, da alegria, da coragem, da empatia e da criatividade"[6].**

Vocês não estão aqui para se atacar, mas para curar feridas e, com isso, criar uma relação mais forte do que nunca. Cada queixa que vocês têm não é um muro entre os dois, mas sim uma ponte à espera de ser construída. E a comunicação, quando feita com honestidade e respeito, é a ferramenta que vai moldar a ponte em questão.

A IMPORTÂNCIA DA REFLEXÃO PESSOAL ANTES DO DIÁLOGO

Agora, antes de iniciar esse diálogo tão significativo, cada um de vocês deve reservar um tempo para refletir individualmente sobre as queixas que desejam compartilhar. Perguntem-se: "Essa queixa é algo que de fato me incomoda, ou estou projetando minhas próprias inseguranças ou insatisfações pessoais no outro?". Esse é um passo crucial, pois muitas vezes, sem perceber, esperamos que o outro supere falhas e limitações que, na verdade, são reflexo das nossas próprias necessidades.

Peguem papel e caneta, se necessário, e anotem seus sentimentos. Pensem nas vezes em que se sentiram magoados ou incompreendidos. Reflitam sobre momentos de frustração que talvez não tenham expressado antes. A honestidade começa consigo mesmo, e só assim vocês poderão trazer essas questões para o outro de maneira construtiva.

TRANSFORMANDO QUEIXAS EM DIÁLOGOS CONSTRUTIVOS

Quando estiverem prontos, sentem-se juntos, em um ambiente acolhedor e tranquilo, e comecem o diálogo. Lembrem-se de seguir a comunicação não violenta (CNV), falando com clareza sobre sentimentos e necessidades de cada um. A seguir, há exemplos para guiar essa conversa.

1. **Evite a crítica direta:** em vez de dizer "você nunca me escuta", tente reformular para "eu me sinto ignorado(a) quando tento conversar sobre algo importante".
2. **Expresse necessidades:** "Eu gostaria de mais apoio quando estou sobrecarregado(a)" em vez de "você nunca ajuda".
3. **Escute com empatia:** enquanto seu(sua) parceiro(a) fala, ouça sem interrupções e sem preparar a resposta mentalmente. Este é o momento de ouvir de verdade o que está sendo dito.

4. **Ofereça sugestões concretas:** em vez de apenas listar as queixas, pense em soluções práticas que podem ajudar a superar o problema juntos. Diga algo como "talvez possamos reservar mais tempo para nós dois, sem distrações, uma vez por semana".

ACEITANDO QUE NEM TUDO PODE SER MUDADO

Algumas questões que virão à tona fazem parte da essência de quem vocês são. Existem características que são inatas e que não devem ser moldadas ou modificadas em função do relacionamento. É importante reconhecer e respeitar tais particularidades. Vocês precisam fazer uma distinção clara entre comportamentos que podem ser ajustados e aspectos que fazem parte da identidade única do outro.

Por exemplo, um parceiro pode ser naturalmente mais introvertido e precisar de tempo sozinho para recarregar as energias. Isso não deve ser visto como falta de amor ou interesse, mas sim como uma parte intrínseca de quem ele é. Por outro lado, questões como dividir melhor as responsabilidades da casa são comportamentos que podem ser ajustados para o bem do casal.

As queixas, se bem trabalhadas, se transformam em oportunidades. São faróis que nos mostram onde podemos crescer. O casal que entende isso já está um passo à frente. Este é o momento de vocês, como equipe, decidirem como enfrentar as dificuldades. Lembrem-se: vocês não são adversários, mas sim parceiros navegando no mesmo barco.

Agora, antes de começar o exercício. Segurem as mãos um do outro, olhem nos olhos um do outro e firmem um compromisso. Digam algo como **"eu me comprometo a te ouvir, sem julgar. Estou aqui para melhorar nossa relação, e acredito que juntos podemos superar qualquer dificuldade"**.

A travessia pode ser difícil, mas o destino vale a pena. Este momento é um presente que vocês estão se dando – um espaço para crescimento, cura e conexão. Ao fim desta conversa, vocês estarão mais próximos, mais fortes e mais conectados.

UMA ATIVIDADE ESSENCIAL PARA A TRANSFORMAÇÃO

Queridos leitores, chegamos a uma parte vital deste processo. Esta atividade que proponho não é apenas um exercício, mas um convite para vocês, como casal, se reconectarem de maneira profunda. Se estiverem lendo este livro juntos, aproveitem o momento como oportunidade para abrir um diálogo sincero, sem julgamentos, onde ambos compartilhem queixas, desejos e expectativas. Este é um espaço seguro, onde cada palavra dita com amor tem o potencial de curar velhas feridas e de criar uma nova fundação para o relacionamento de vocês.

Para quem está nessa jornada individualmente: entendo que nem sempre o parceiro ou parceira estará aberto para esse tipo de diálogo no momento. Talvez vocês estejam passando por uma crise ou talvez haja uma resistência que não seja fácil de superar. Mas aqui vai uma mensagem importante: não desista de si mesmo(a). Não permita que a falta de envolvimento do outro interrompa seu próprio processo de crescimento e transformação. Este caminho de autoconhecimento e cura não depende exclusivamente de uma caminhada a dois.

Se você está lendo este livro sozinho(a), veja a presente atividade como oportunidade de crescimento pessoal. Faça as reflexões com o máximo de honestidade e compaixão por si mesmo(a). Ao se transformar, plantará sementes que poderão inspirar o outro a seguir o mesmo caminho em algum momento. E, mesmo que isso não aconteça de imediato, sua jornada pessoal tem valor inestimável. O crescimento individual é, muitas vezes, o primeiro passo para transformar o ambiente ao redor.

Se sentir que o momento é adequado, compartilhe com seu(sua) parceiro(a) o que você tem aprendido até aqui. Convide-o(a) de maneira amorosa a participar desta atividade, sem pressionar, apenas com o desejo genuíno de criar uma nova oportunidade de crescimento para ambos. E lembre-se: se o outro ainda não estiver pronto, continue o processo por você. O mais importante é que você não deixe de evoluir, independentemente da jornada do outro.

Atividade prática: agora é o momento de agir com coragem e sinceridade. Pegue papel e caneta, sente-se em um lugar tranquilo e escreva suas principais queixas em relação ao relacionamento. Reflita profundamente sobre tudo o que o incomoda, tudo aquilo que vem guardando, mas para o qual ainda não encontrou solução. Esse exercício não é apenas para desabafar, mas para trazer à superfície questões que, se não forem abordadas, podem continuar sabotando sua felicidade e a de seu parceiro.

Escreva cada ponto que pesa seu coração. Pense nos momentos em que se sentiu frustrado(a), magoado(a) ou negligenciado(a). Essa é uma oportunidade única de transformação real, o primeiro passo para deixar para trás os padrões antigos e criar uma relação mais harmoniosa, leve e saudável.

Lembre-se: agora pode ser a única chance de abordar essas questões com a clareza e profundidade que merecem. Não deixe passar essa oportunidade de mudar, de realmente transformar sua relação e fortalecer o vínculo com quem você ama. Quanto mais honestidade colocar nesse processo, mais profundas serão as mudanças vindouras.

EXPRESSANDO E OUVINDO COM EMPATIA

Depois de refletir e escrever sobre suas queixas, chegou o momento crucial de compartilhar essas reflexões com seu parceiro de maneira cuidadosa, respeitosa e empática. Esse é o passo que pode transformar o relacionamento, se ambos estiverem dispostos a escutar com o coração aberto e agir com maturidade. Lembrem-se, não é apenas uma troca de palavras, mas um ato de confiança, vulnerabilidade e amor.

1. **Expondo as queixas com empatia:** comece expressando suas queixas em primeira pessoa, utilizando frases como "eu me sinto..." ou

"percebo que...", em vez de "você sempre faz..." ou "você nunca...". Dessa forma, o foco permanece nos seus sentimentos, e não no comportamento do outro, evitando que a conversa ganhe um tom de acusação ou defesa. Isso cria um espaço seguro para que ambos possam compartilhar sem medo de serem atacados.

Exemplo prático: em vez de dizer "você nunca me ouve", tente algo como "eu me sinto ignorado(a) quando tento compartilhar algo importante e percebo que você está distraído(a)".

2. **Aprofundando-se nas queixas:** uma vez que as queixas são trazidas à tona, é importante não ter pressa para encontrar uma solução imediata. Em vez disso, mergulhem juntos no significado por trás dessas queixas. Perguntem-se: essa insatisfação reflete algo que pode mesmo ser ajustado na relação ou tenta mudar algo que é parte essencial de quem somos?

Exemplo prático: se uma das queixas for sobre a falta de tempo de qualidade, conversem abertamente sobre como o tempo pode ser ajustado para acomodar mais momentos significativos juntos, sem comprometer as necessidades individuais de descanso ou trabalho. Mas, se a queixa for algo mais profundo, como querer que o outro mude completamente sua personalidade ou essência, talvez seja o momento de reconhecer e aceitar essas diferenças.

3. **Escuta ativa:** enquanto um fala, o outro deve apenas escutar. Essa é a base da escuta ativa, uma técnica em que você está presente para o outro, sem interromper, sem preparar uma resposta mentalmente. Apenas absorva o que seu parceiro está dizendo, como se estivesse experimentando aquelas palavras pela primeira vez.
   Durante a escuta, evite julgamentos e defesas. Quando o parceiro terminar, repita o que ouviu para garantir que compreendeu correta-

mente, dizendo algo como "se entendi bem, você se sente frustrado(a) quando...", o que valida os sentimentos do outro e demonstra disposição em compreender.

4. **Examinando a viabilidade de cada queixa:** depois que todas as queixas forem expressas, o casal deve, junto, examinar a viabilidade de ajustar essas insatisfações. Algumas queixas podem ser resolvidas com mudanças práticas e simples no cotidiano, enquanto outras podem ser mais profundas e delicadas, talvez até envolvendo características inatas e fundamentais de cada um. Nesse caso, é importante reconhecer que forçar o outro a mudar o que faz parte de sua essência pode causar danos ao relacionamento.

Dica: perguntem-se se essa queixa pede uma mudança que pode realmente fortalecer a união ou tenta transformar o que o outro é, sua essência? Saber diferenciar esses pontos é o caminho para uma relação mais leve, onde cada um é respeitado e amado pelo que é.

5. **Finalizando a conversa:** ao final, reafirmem o compromisso de não apenas ouvir, mas também agir em conjunto. Conversem sobre o que pode ser ajustado e como podem trabalhar nisso juntos. O diálogo não deve ser motivo de brigas ou frustrações, mas uma oportunidade preciosa de crescimento e conexão mais profunda.

Ao transformar queixas em oportunidades, o casal não apenas se fortalece, mas também abre caminho para uma nova fase, onde cada um se sente ouvido, valorizado e respeitado em sua totalidade.

CRIANDO UM PLANO DE AÇÃO PRÁTICO PARA RESOLUÇÃO DOS DILEMAS

Queridos leitores e leitoras, é essencial compreender que os desafios e dilemas que vocês enfrentam não surgiram da noite para o dia. São resultados de dinâmicas e padrões construídos ao longo dos anos. Da mesma forma, a solução para esses problemas não será encontrada em uma única conversa. Este é o início de uma jornada profunda, um primeiro passo vital para abrir o caminho rumo à harmonia e à cura.

Assim como uma semente plantada na terra precisa de tempo, água e sol para crescer, as soluções também precisam de paciência, dedicação e constância. O que estamos iniciando agora é a preparação do solo fértil para que novas formas de conexão e entendimento floresçam.

Esse momento exige calma. Não se apressem na expectativa de resolver tudo de uma só vez. Cada pequeno avanço é uma vitória. Pensem em cada diálogo como uma peça que ajuda a reconstruir o templo do amor que vocês compartilham. Mesmo que o processo seja lento, é a constância, o compromisso de ambos, que fará com que os frutos desse esforço amadureçam.

A jornada pode parecer longa, mas lembrem-se: cada passo dado, por menor que pareça, é um movimento em direção a uma relação mais equilibrada, respeitosa e verdadeira. Sigam com calma, mas com firmeza, sempre mantendo em mente o objetivo final – uma conexão mais profunda e genuína, construída com amor e paciência.

1. **Priorizem as queixas:** nem todas as queixas podem ser resolvidas de uma vez, e tentar atacar todos os problemas simultaneamente pode ser um fardo pesado demais para o relacionamento. Assim como um jardineiro que cuida com paciência de cada planta, vocês precisam abordar as questões uma de cada vez, com calma e foco. É essencial dar um passo atrás, olhar para a lista de insatisfações e, juntos, **decidirem quais são as três que mais impactam o relacionamento**. Essas são as queixas que mais pesam no dia a dia e que, ao serem resolvidas, trarão alívio imediato à dinâmica do casal.

Pensem nas queixas como pedras no caminho de vocês. Em vez de tentarem remover todas de uma vez, o que só geraria cansaço e frustração, escolham aquelas que bloqueiam os maiores avanços. Ao lidarem com as pedras mais difíceis primeiro, o caminho começa a se abrir naturalmente. Essa estratégia permite que criem um plano de ação mais focado e eficiente, evitando o desgaste emocional de tentar mudar tudo ao mesmo tempo.

Exemplo prático: se uma das queixas for a **falta de regularidade sexual**, uma solução pode ser "definir momentos da semana para intimidade, sem deixar que o cansaço ou o estresse da rotina interfira no espaço que criamos para nós". Além disso, é importante ter conversas francas sobre as expectativas sexuais de cada um, para que ambos se sintam valorizados e respeitados nesse aspecto.

2. **Definam objetivos claros:** uma vez que as queixas prioritárias foram identificadas, é necessário definir **objetivos específicos e mensuráveis** para trabalhá-las. Esses objetivos precisam ser práticos, tangíveis e devem ser acordados por ambos os parceiros. Definir expectativas claras ajuda o casal a entender o que precisa ser feito, além de criar um caminho mais direto para a solução.

Exemplo prático: se a queixa for a **falta de comunicação**, um objetivo pode ser reservar 20 minutos todos os dias, sem distrações, para conversar abertamente sobre como foi o dia e como cada um se sente. Isso não só fortalece o vínculo, como também previne o acúmulo de ressentimentos.

3. **Estabeleçam responsabilidades:** cada parceiro deve assumir sua parte na solução das queixas. Aqui, o foco não está em apontar culpados, mas em assumir um **compromisso mútuo** de melhorar. Quando ambos se sentem parte ativa da resolução, o processo se torna colaborativo e equilibrado. Isso cria um senso de equipe no relacionamento.

Exemplo prático: se a queixa for sobre a **divisão desigual das tarefas domésticas**, o parceiro que realiza menos atividades pode se comprometer a realizar tarefas específicas, como lavar a louça toda noite ou arrumar a casa em dias alternados.

4. **Acompanhem o progresso com regularidade:** uma conversa ou um plano de ação sem **acompanhamento contínuo** não tem o mesmo impacto. Para garantir que as mudanças estejam acontecendo, é importante agendar conversas regulares (semanais ou quinzenais) para avaliar o progresso. Isso ajuda a evitar que os problemas sejam deixados de lado novamente e oferece a chance de **ajustar** o que for necessário.

Exemplo prático: em encontros semanais, o casal pode discutir se o objetivo de passar mais tempo juntos está sendo cumprido e como podem melhorar a qualidade desses momentos, por exemplo, programando saídas ou momentos de intimidade sem interrupções.

5. **Usem técnicas de comunicação eficazes:** a forma como se comunicam durante esse processo é essencial para o sucesso do plano. Técnicas como a **CNV** e a **escuta ativa** são ferramentas poderosas para garantir que o diálogo seja construtivo. A CNV permite que as queixas sejam expressas de forma honesta, mas sem criar atrito, enquanto a escuta ativa assegura que o parceiro se sinta ouvido e respeitado.

Exemplo prático: se a queixa for "você nunca me ajuda", uma abordagem mais produtiva seria "eu me sinto sobrecarregado(a) quando faço todas as tarefas sozinho(a). Podemos revisar o modo como dividimos essas responsabilidades?". Isso abre espaço para a resolução sem gerar defensividade.

6. **Ajustem expectativas e reconheçam limites:** certas queixas talvez estejam relacionadas a **características pessoais inatas**, que não podem

ou não devem ser mudadas. Aqui, a solução não é tentar transformar o outro, mas ajustar as expectativas para que essas diferenças sejam respeitadas e valorizadas, em vez de causarem frustração.

Exemplo prático: se um parceiro é mais introvertido e o outro gosta de socializar frequentemente, em vez de tentar mudar o comportamento um do outro, eles podem entrar em acordo sobre como equilibrar os momentos juntos e separados, respeitando a individualidade de cada um.

7. **Celebrem as pequenas conquistas:** não é só o destino que importa, mas a **jornada**. Celebrar as pequenas vitórias ao longo do caminho cria uma atmosfera de reconhecimento e gratidão, fortalecendo ainda mais o vínculo. Cada avanço, por menor que seja, é uma prova de que o esforço mútuo está funcionando.

Exemplo prático: se o casal conseguiu manter uma semana inteira de momentos diários de qualidade, podem celebrar esse esforço com um jantar especial ou uma atividade que ambos gostem, como assistir a um filme juntos ou sair para passear.

8. **Avaliem os resultados e mantenham a flexibilidade:** a avaliação contínua é a chave para esse processo ser bem-sucedido. Após um tempo de execução (um mês ou mais), é importante revisar o plano e verificar se os objetivos estão sendo alcançados ou se precisam de **ajustes**. Manter a flexibilidade nesse processo evita frustrações e permite que o casal continue a evoluir.

Exemplo prático: se perceberem que a divisão de tarefas ainda não está funcionando bem, o casal pode reconsiderar a redistribuição das tarefas ou até mesmo pensar em soluções externas, como a contratação de um serviço de limpeza para aliviar a sobrecarga.

A transformação de um relacionamento é um compromisso contínuo, e esse plano de ação é o início desta jornada. Lembrem-se de que o sucesso não está apenas em resolver todas as queixas de uma vez, mas em **construir uma nova forma de se relacionarem**, na qual o diálogo é constante, a paciência é cultivada e o amor é renovado a cada dia. É o comprometimento mútuo em buscar a felicidade e a harmonia que definirá o sucesso dessa travessia.

Se vocês ainda não fizeram o exercício proposto, este é o momento ideal para pausar a leitura e se dedicarem, juntos, à identificação e ao aprofundamento das queixas que foram levantadas. Dedicar um tempo para explorar cada ponto com honestidade e vulnerabilidade é um passo essencial para entender o que de fato está em jogo na relação. Aproveitem a oportunidade como um espaço de escuta e conexão, onde cada palavra dita seja recebida com empatia e abertura, preparando o terreno para o crescimento e a transformação do relacionamento.

DIFERENÇAS QUE NÃO PODEM SER MUDADAS

Após esse profundo e revelador diálogo sobre as insatisfações dentro da relação, surgirá uma percepção inevitável: nem todas as queixas podem ser resolvidas da forma que imaginamos. Há características que são inatas, parte da essência única de cada pessoa, e tentar moldá-las seria não apenas injusto, mas também perigoso. Essas particularidades formam a identidade do outro, e forçá-las a mudar é como arrancar pedaços do que o torna verdadeiramente quem é.

Carl Jung dizia: **"Aquilo que não enfrentamos em nós mesmos acaba se manifestando em nossas relações"**[7]. E aqui reside a verdadeira sabedoria: em vez de tentar moldar o outro à sua imagem, é necessário enfrentar as próprias expectativas e entender os limites de até onde a mudança é saudável. Há uma linha tênue entre o que pode ser ajustado para o bem da relação e o que, ao tentar modificar, pode destruir a autenticidade e a individualidade de cada um.

A verdade é que, em qualquer relação, as diferenças existem. E, em vez de serem vistas como barreiras, elas podem ser o solo fértil para o crescimento. Moldar-se para fortalecer o casal é saudável, mas perder a identidade em nome de uma adaptação forçada pode causar danos profundos e irreparáveis. O equilíbrio está em saber distinguir o que pode ser ajustado e o que é imutável.

DICAS PARA LIDAR COM QUEIXAS INATAS

1. **Respeito pela essência do outro:** algumas características do seu parceiro são partes inalienáveis de quem ele ou ela é. Se seu parceiro é mais introvertido, por exemplo, tentar torná-lo extrovertido o tempo todo pode sufocar sua natureza. Em vez disso, valorize essa característica como algo que pode equilibrar a dinâmica do casal.

Exemplo prático: se seu parceiro prefere passar tempo em casa e você gosta de sair com amigos, busque equilibrar momentos em que vocês respeitem a individualidade de ambos, criando tempo para que ele recarregue as energias, enquanto você também desfruta de sua vida social.

2. **Reformule as expectativas:** não se trata de conformismo, mas sim de ajustar as expectativas à realidade. Em vez de esperar que o parceiro mude, procure reconhecer suas limitações e acolher suas particularidades. Isso faz parte da maturidade emocional no relacionamento.

Exemplo prático: se seu parceiro é alguém que precisa de mais tempo para processar emoções e decisões, tente reformular suas expectativas para que ele não se sinta pressionado a reagir no ritmo que você gostaria. Respeitar o tempo de cada um é um ato de amor.

3. **Valorização da diferença:** aquilo que hoje parece um obstáculo pode, com o tempo, ser visto como força. As diferenças dentro do relacionamento podem ajudar a trazer equilíbrio e variedade. Em vez de lutar contra o que é diferente, procure compreender como essas diferenças podem enriquecer a vida conjunta.

Exemplo prático: se um de vocês é mais organizado e o outro é mais espontâneo, essas diferenças podem ser canalizadas de forma complementar, em vez de se tornarem fonte de frustração. O parceiro organizado pode ajudar a manter a estrutura do dia a dia, enquanto o mais espontâneo traz leveza e flexibilidade.

O caminho para uma relação saudável é entender que a verdadeira conexão não está em mudar o outro, mas em ajustar-se mutuamente, de forma que cada um preserve sua essência, e, ao mesmo tempo, fortaleçam a relação como um todo. A verdadeira magia do amor está em aceitar, respeitar e, com o tempo, aprender a celebrar essas particularidades que tornam cada um único.

VIVENDO SONHOS INDIVIDUAIS PARA SONHAR JUNTOS

Para que um relacionamento seja verdadeiramente saudável, é vital que cada parceiro tenha a liberdade de viver os próprios sonhos. Relacionamentos tóxicos muitas vezes sufocam essa individualidade, criando um ciclo de frustração e ressentimento. Viktor Frankl, psiquiatra e autor de *Em busca de sentido*, afirma que **"o amor verdadeiro não visa a posse do outro, mas a liberdade para que cada um floresça em sua singularidade"**[8].

DICAS PARA RESPEITAR SONHOS INDIVIDUAIS

- **Apoio mútuo:** cada parceiro deve apoiar o crescimento individual do outro, oferecendo incentivo e espaço para que sonhos e metas pessoais sejam alcançados.

- **Equilíbrio:** mesmo com metas individuais, busquem momentos em que seus sonhos possam se alinhar. O sucesso individual é mais gratificante quando é compartilhado com quem amamos.
- **Flexibilidade:** estar disposto a ajustar suas expectativas e dar ao outro tempo e espaço para realizar os próprios projetos é uma demonstração de amor e maturidade.

PLANO DE AÇÃO: RESOLUÇÃO DE DILEMAS

Agora que identificamos as queixas e discutimos o que pode ser ajustado, é hora de traçar um plano prático para lidar com os desafios que vocês identificaram nas atividades anteriores. Focar em soluções é o segredo para transformar dilemas em oportunidades de crescimento, analisem profundamente todos os dilemas levantados considerando os três pontos abaixo.

1. **Queixa ajustável:** "Você não me ajuda nas tarefas domésticas".

- **Plano de ação:** dividir as tarefas de maneira equilibrada, discutindo as responsabilidades e revisando-as semanalmente.

2. **Queixa inata:** "Você é muito introvertido(a) e não gosta de sair".

- **Plano de aceitação:** aceitar a característica do parceiro e respeitar sua necessidade de silêncio, enquanto encontra um equilíbrio que permita momentos de interação social.

3. **Construção de sonhos individuais**: "Eu gostaria de seguir um novo hobby ou estudar mais".

- **Plano de apoio**: oferecer incentivo e apoio para que o parceiro tenha tempo e espaço para crescer individualmente, enquanto mantém a conexão entre o casal.

REFERÊNCIAS:

1. HAPPY couples: How to keep your relationship healthy. *American Psychological Association*, 1 jan. 2020. Disponível em: https://www.apa.org/topics/marriage-relationships/healthy-relationships. Acesso em: 19 out. 2024.

   BREIT, Carly. This is the best way to fight with your partner, According to Psychologists. *Time USA*, 24 set. 2018. Disponível em: https://time.com/5402188/how-to-fight-healthy-partner/. Acesso em: 19 out. 2024.

2. BROWN, Brené. *A coragem de ser imperfeito*. Rio de Janeiro: Sextante, 2016.

3. JUNG, Carl Gustav. *O eu e o inconsciente*. 2. ed. Petrópolis: Vozes, 2002.

4. EPICTETO, Encheiridion de. *Manual de Epicteto*. Trad. Helena Martins e Leonel Vallandro. Porto Alegre: L&PM, 1994.

5. JUNG, Carl Gustav. *Memórias, sonhos, reflexões*. Trad. Dora Ferreira da Silva. Rio de Janeiro: Nova Fronteira, 1989.

   SÊNECA, Lúcio Aneu. *Cartas a Lucílio.* Trad. J. Souza Brito. São Paulo: Nova Cultural, 1993.

6. BROWN, Brené. *A coragem de ser imperfeito.* Rio de Janeiro: Sextante, 2016.

7. JUNG, Carl Gustav. *O eu e o inconsciente*. 2. ed. Petrópolis: Vozes, 2002.

8. FRANKL, Viktor E. *Em busca de sentido*. 33. ed. Petrópolis: Vozes, 2019.

Capítulo 17

OS CAMINHOS DA RESOLUÇÃO DE CONFLITOS

Como já percebemos ao longo desta jornada, todo relacionamento, por mais harmonioso que pareça, enfrentará tempestades. E é exatamente nessas tempestades que a verdadeira força da união pode se manifestar. Se souberem navegar por elas com sabedoria e paciência, poderão não apenas sobreviver às turbulências, mas emergir delas ainda mais conectados. Assim como um mar revolto que, aos poucos, pode ser domado pela determinação daqueles que remam juntos, os conflitos no relacionamento também podem ser transformados em oportunidades de crescimento, aprendizado e fortalecimento.

Agora que trouxemos à superfície todos os dilemas, queixas e desafios do casal, estamos prestes a embarcar em uma nova fase desta jornada. Uma fase de transformação, onde vocês serão guiados por novas técnicas reconhecidas que têm o poder de transformar como lidam com os obstáculos diários.

Estas não são apenas ferramentas práticas, mas sim convites para redescobrir a empatia, a clareza e o amor nas interações cotidianas. Cada uma dessas técnicas fundamentadas nos mais avançados estudos neurocientíficos, são como um farol apto a iluminar o caminho em meio às tempestades, permitindo que o casal, em vez de ser levado pelo turbilhão, conduza com firmeza sua relação rumo a águas mais calmas e seguras.

Este é o momento de se preparar para uma viagem onde a compreensão mútua e o respeito serão os maiores guias, conduzindo vocês por uma travessia em direção a uma conexão mais profunda e duradoura.

Preparem-se para uma viagem rumo à compreensão mútua, onde o respeito e o cuidado serão o farol a iluminar a travessia.

MÉTODO GOTTMAN: MAPEANDO O AMOR E COMUNICANDO-SE DE FORMA GENTIL

O **método Gottman**, desenvolvido pelo renomado psicólogo John Gottman, é amplamente reconhecido como uma das abordagens mais eficazes para melhorar e fortalecer relacionamentos. Com base em décadas de pesquisa sobre casais, esse método foca em estratégias específicas para desenvolver intimidade, comunicação eficaz e a capacidade de superar conflitos de maneira saudável. Gottman dedicou a vida ao estudo dos relacionamentos e, com sua metodologia, revelou que a verdadeira chave para a longevidade de uma relação reside na maneira como os parceiros se comunicam e se conectam emocionalmente.

Gottman acredita que não são os grandes gestos que constroem uma relação duradoura, mas sim as pequenas interações diárias que demonstram respeito, amor e atenção. Ele afirma que **"a maneira como o conflito começa é como ele termina"** – ou seja, iniciar uma conversa com gentileza e empatia pode ser o fator determinante entre resolver um conflito ou aprofundá-lo. Essa ideia se reflete em dois conceitos centrais do método Gottman: os **"mapas do amor"** e as **"declarações suaves"**.

MAPAS DO AMOR: APROFUNDANDO A CONEXÃO EMOCIONAL

Um dos pilares do método Gottman é o conceito dos **mapas do amor**, que envolve o profundo conhecimento da vida interior do parceiro.

Saber o que o outro ama, teme, deseja e sonha cria uma base sólida para a relação. Quando conhecemos profundamente o universo emocional de quem amamos, conseguimos responder de maneira mais eficaz às suas necessidades e construir um ambiente de segurança emocional.

Exemplo prático: um casal que reserva um tempo, semanalmente, para conversar sobre os detalhes do dia a dia, como medos, desejos e desafios pessoais, está fortalecendo os laços afetivos. Perguntas como "o que tem te preocupado no trabalho?" ou "o que podemos fazer juntos para que você se sinta mais realizado(a)?" são exemplos de como mapear o amor e cultivar uma intimidade verdadeira.

Benefício: esses momentos de compartilhamento não só ajudam a prevenir distanciamentos emocionais como também permitem que o casal construa uma intimidade emocional rica, que se reflete na vida diária.

DECLARAÇÕES SUAVES: O PODER DE INICIAR CONFLITOS COM EMPATIA

Outra técnica crucial do método Gottman é a prática das **declarações suaves**. Gottman observou que a maneira como um casal inicia uma conversa, especialmente sobre temas difíceis, define o resultado da discussão. Iniciar uma conversa com abordagem suave e empática, ao invés de crítica e acusatória, é essencial para evitar conflitos destrutivos.

Exemplo prático: em vez de dizer "você sempre me ignora!" (o que pode gerar uma resposta defensiva), tente "eu me sinto sozinho(a) quando nao temos tempo para conversar. Podemos reservar um momento para falar sobre isso?". Esse tipo de abordagem suave e não acusatória cria espaço para o diálogo e a solução dos problemas, em vez de escalar em brigas.

Benefício: as declarações suaves ajudam a manter a calma nas discussões, minimizando os sentimentos de ameaça ou defesa. Isso aumenta a probabilidade de ambos os parceiros se ouvirem e resolverem os conflitos de forma construtiva.

APLICANDO O MÉTODO GOTTMAN NA PRÁTICA

Para começar a utilizar o método Gottman no seu relacionamento, a seguir constam algumas sugestões práticas:

1. **Conheça profundamente seu parceiro:** além das perguntas diárias, pratique o "jogo dos mapas do amor". Cada parceiro anota cinco perguntas sobre seus sonhos, medos ou suas preferências, e o outro tenta responder com base no que acredita ser a resposta correta. Isso não só melhora a comunicação, mas também ajuda a compreender o que é mais importante para cada um.
2. **Mude o tom ao discutir:** antes de abordar um tema sensível, pare por um momento e pense em como você pode iniciar a conversa de maneira suave e gentil. Foque nas suas próprias emoções ("Eu me sinto...") em vez de culpar o outro ("Você sempre...").
3. **Fortaleça o vínculo diariamente:** gestos simples, como elogios, toques suaves ou mensagens de carinho ao longo do dia, reforçam a conexão emocional. São esses pequenos atos que constroem a base sólida de uma relação.
4. **Desenvolva a escuta ativa:** durante as discussões, pratique a escuta ativa. Em vez de preparar sua resposta enquanto o outro fala, tente ouvir com atenção, e depois repita o que ouviu para garantir que entendeu corretamente.
5. **Incentive a vulnerabilidade:** crie um ambiente onde ambos se sintam seguros para compartilhar vulnerabilidades, sem medo de julgamento. Perguntas como "o que você tem medo de me contar?" podem abrir portas para conversas profundas e transformadoras.

O método Gottman nos ensina que o amor é uma prática diária de respeito, gentileza e conexão. Nenhum relacionamento está livre de conflitos, mas a forma como escolhemos lidar com eles pode determinar o sucesso ou o fracasso de uma união. Aplicar essas técnicas pode ajudar a transformar a maneira como os casais se comunicam, criando um ambiente onde a vulnerabilidade é valorizada, e onde o crescimento mútuo é sempre o objetivo.

Lembre-se: a cada interação, temos a oportunidade de construir ou destruir pontes. Que esse aprendizado seja um convite para vocês fortalecerem ainda mais os laços que os unem, com amor, paciência e a vontade de criar um relacionamento que seja, de fato, blindado e inabalável.

TERAPIA FOCADA NAS EMOÇÕES (EFT): IDENTIFICANDO PADRÕES E RESTABELECENDO CONEXÃO

A **terapia focada nas emoções** (EFT, na sigla em inglês), criada pela psicóloga Sue Johnson, é uma abordagem profundamente transformadora que visa ajudar casais a reconhecer e quebrar padrões destrutivos de interação. Baseada em estudos científicos das emoções e na forma como nos relacionamos, a EFT oferece um caminho prático para casais que enfrentam conflitos repetitivos e distanciamento emocional. Ao focar nas emoções subjacentes aos conflitos diários, a EFT ajuda os casais a não apenas resolver problemas pontuais, mas também a fortalecer o vínculo emocional de forma duradoura.

COMO A EFT PODE AJUDAR OS CASAIS

A EFT parte do princípio de que muitas das brigas e distanciamentos que surgem em um relacionamento não são apenas sobre o conteúdo do conflito em si (como finanças ou tarefas domésticas), mas sobre emoções mais profundas, como **medo de rejeição, insegurança** e **vulnerabilidade**. Quando essas emoções são reconhecidas e expressas de maneira construtiva, o casal tem a oportunidade de se reconectar emocionalmente, em vez de continuar repetindo padrões de defesa ou ataque.

RECONHECENDO PADRÕES NEGATIVOS

Cada casal desenvolve **ciclos de interação** ao longo do tempo, e muitos desses ciclos podem ser destrutivos se não forem identificados e transformados. Um dos padrões mais comuns é o chamado ciclo "perseguidor-distante". Nesse ciclo, um parceiro (o "perseguidor") busca constantemente atenção, segurança ou respostas, ao passo que o outro parceiro (o "distante") se afasta para evitar o conflito, criando uma dinâmica de frustração mútua.

Exemplo prático: imagine um casal no qual um dos parceiros, Ana, frequentemente pede mais atenção e carinho, enquanto João, seu companheiro, tende a se isolar quando as discussões surgem, evitando o confronto. Ana sente que João não a escuta e não se importa com seus sentimentos, e João, por sua vez, se sente pressionado e recua. Nesse ciclo, nenhum dos dois consegue suprir suas necessidades emocionais, gerando um afastamento crescente.

Com a EFT, Ana pode começar a comunicar suas necessidades de forma mais clara e menos exigente, dizendo algo como "quando você se afasta, me sinto sozinha e com medo de perder nossa conexão". Por outro lado, João pode se esforçar para se manter presente na conversa e dizer algo como "eu me afasto porque tenho medo de não conseguir resolver o que você sente, mas quero tentar".

Ao entender o **porquê emocional** por trás das suas ações, ambos começam a interromper o ciclo destrutivo e a criar um espaço para uma nova forma de comunicação.

RESTABELECENDO A CONEXÃO EMOCIONAL

Um dos principais objetivos da EFT é transformar momentos de tensão e conflito em **oportunidades de reconexão emocional**. Em vez de manter a postura defensiva ou de ataque, os casais são incentivados a expressar medos, inseguranças e necessidades de maneira vulnerável e aberta.

Quando os casais passam a compreender que, por trás de cada crítica ou afastamento, há um **desejo não atendido de conexão**, eles podem começar a enxergar os conflitos de forma diferente. A EFT ensina que, por trás de cada briga, há uma **emoção subjacente**, como o medo de rejeição, o desejo de ser valorizado ou a insegurança em relação ao futuro.

Exemplo prático: durante uma discussão, em vez de Ana acusar João de não se importar, ela pode expressar seus verdadeiros sentimentos de vulnerabilidade, dizendo "eu me sinto rejeitada quando você se afasta, e tenho medo de que não me valorize mais". Essa frase abre espaço para que João entenda que o comportamento de Ana vem de uma necessidade de conexão e segurança, e não de uma tentativa de controle. Da mesma forma, João pode expressar seus sentimentos, dizendo "eu me sinto inseguro quando parece tão chateada comigo, e tenho medo de não ser bom o suficiente para você".

Essa troca de vulnerabilidades permite que ambos se sintam ouvidos e compreendidos, quebrando a barreira do conflito e criando uma ponte de reconexão emocional.

A APLICAÇÃO PRÁTICA DA EFT NO DIA A DIA

1. **Identifique o padrão:** o primeiro passo é perceber se vocês estão presos em um ciclo destrutivo, como o "perseguidor-distante". Identificar padrões recorrentes ajuda a quebrar a dinâmica negativa.

Exemplo: se vocês sempre brigam pelo mesmo motivo e reagem da mesma forma (um cobrando, o outro se afastando), é hora de nomear esse ciclo e discutir como ele os afeta emocionalmente.

2. **Comunique-se com vulnerabilidade:** em vez de atacar ou se defender, pratique falar sobre os sentimentos reais por trás das reações.

Exemplo: em vez de dizer "você nunca me escuta!", experimente dizer "quando sinto que você não me escuta, fico com medo de que não me valorize".

3. **Crie novos momentos de conexão:** proponha práticas regulares de reconexão emocional, como reservar um tempo para perguntar ao parceiro sobre seus sentimentos e desejos.

Exemplo: uma noite por semana, dediquem 30 minutos para conversar sobre suas emoções, sem focar em problemas práticos. Apenas compartilhem como se sentem no relacionamento.

4. **Acolha as vulnerabilidades:** quando o parceiro compartilhar uma preocupação ou medo, pratique o acolhimento em vez da crítica.

Exemplo: se o seu parceiro disser "sinto que não sou suficiente para você", em vez de negar ou minimizar, acolha o sentimento, dizendo "isso não é verdade, mas entendo que você se sinta assim. Vamos conversar sobre como posso te apoiar mais".

A **terapia focada nas emoções** oferece ferramentas poderosas para casais que querem fortalecer laços e resolver conflitos de maneira saudável. Ao transformar momentos de tensão em oportunidades de reconexão, a EFT ajuda a criar uma relação mais sólida, baseada em vulnerabilidade, compreensão e desejo mútuo de apoio emocional. Incorporar esses princípios no dia a dia pode não apenas resolver conflitos, mas também construir um relacionamento mais profundo, empático e resistente.

RESOLUÇÃO DE CONFLITOS COM MINDFULNESS: PRESENÇA E DIÁLOGO CONSCIENTE

O **mindfulness**, ou atenção plena, é uma prática que vai além da meditação tradicional e pode ser uma poderosa ferramenta para a vida conjugal. Ele ensina o casal a estar completamente presente um com o outro, sem as distrações ou a reatividade que muitas vezes minam a comunicação e intensificam conflitos. No contexto das relações, o mindfulness atua como âncora emocional, que permite ao casal enfrentar as dificuldades de forma consciente e compassiva, promovendo um espaço seguro para que as emoções sejam expressas e acolhidas.

COMO O MINDFULNESS TRANSFORMA CONFLITOS DIÁRIOS

Ao trazer a atenção plena para o relacionamento, o casal aprende a desacelerar, observar suas emoções e responder de maneira mais equilibrada, em vez de reagir de maneira impulsiva. A prática pode ser uma verdadeira virada de chave na forma como as discussões são conduzidas, evitando que conflitos menores se tornem amplos desentendimentos.

ACEITAÇÃO DO MOMENTO PRESENTE

O primeiro ensinamento do mindfulness é a aceitação plena do momento presente – seja ele confortável ou desafiador. Aplicado às relações, isso significa aceitar o parceiro como ele é, com qualidades e defeitos, sem tentar moldá-lo às suas expectativas. A aceitação também envolve escutar de verdade, sem interromper ou pensar na resposta enquanto o outro fala.

Exemplo prático: imagine um casal discutindo sobre a divisão de tarefas domésticas. Em vez de um dos parceiros reagir no mesmo instante com frustração ou defesa, ele pode pausar, respirar profundamente e escutar o que o outro está dizendo, acolhendo o momento presente e as emoções envolvidas. Essa simples pausa já cria um ambiente mais calmo e menos propenso a escaladas emocionais.

DIÁLOGO CONSCIENTE

A prática do diálogo consciente incentiva o casal a se comunicar com clareza e compaixão, evitando críticas ou acusações. Isso envolve falar sobre os próprios sentimentos e as necessidades de forma honesta, enquanto o parceiro escuta sem se colocar na defensiva. A ideia central é criar um espaço onde ambos possam se expressar sem medo de julgamento.

Exemplo prático: durante uma discussão sobre finanças, em vez de acusar com frases como "você sempre gasta demais!", um parceiro pode usar o diálogo consciente e dizer algo como "eu me sinto ansioso(a) quando vejo que estamos gastando mais do que o previsto, porque isso me faz temer o futuro financeiro". Esse tipo de comunicação abre portas para o entendimento, ao invés de levantar barreiras.

INTEGRAÇÃO NA VIDA DIÁRIA

O mindfulness pode ser praticado diariamente em pequenos gestos que, aos poucos, transformam a forma como o casal interage. A seguir, estão algumas maneiras práticas de aplicar a atenção plena e promover uma relação mais harmoniosa.

1. ***Check-ins* semanais:** o *check-in* semanal é uma oportunidade para que o casal tenha uma conversa tranquila sobre os altos e baixos da semana, identificando áreas onde a comunicação pode ser melhorada ou onde um de vocês pode estar precisando de mais apoio.

Exemplo: reserve um momento da semana para se sentar e perguntar um ao outro "como está se sentindo em relação a nós?" ou "o que podemos melhorar na comunicação ou rotina?". Esse diálogo aberto cria um hábito saudável de prevenir conflitos maiores e manter a conexão.

2. **Prática de gratidão diária:** a gratidão é uma das formas mais eficazes de nutrir o relacionamento, especialmente em momentos de tensão. Expressar agradecimento pelas pequenas coisas que o parceiro faz no dia a dia cria um ambiente positivo e reflete a apreciação mútua.

Exemplo: antes de dormir, compartilhem algo pelo qual vocês são gratos um no outro. Pode ser algo simples como "apreciei que você tenha feito o jantar hoje" ou "fiquei feliz com o apoio que você me deu na reunião". Esse exercício, quando feito consistentemente, ajuda a manter a relação num tom positivo e amoroso.

3. **Meditação conjunta:** meditar juntos ajuda a criar uma conexão emocional mais profunda, e ao mesmo tempo promove resiliência no relacionamento. Meditar pode ser uma prática simples, onde o casal foca na respiração ou usa uma meditação guiada para relaxar e se reconectar com suas emoções.

Exemplo: sentem-se juntos por dez minutos todas as manhãs ou antes de dormir, respirando profundamente e deixando os pensamentos passarem sem julgamento. Essa prática vai reduzir o estresse acumulado do dia e reforçar a harmonia entre vocês.

APLICANDO O MINDFULNESS EM MOMENTOS CRÍTICOS

O mindfulness não precisa ser restrito a momentos planejados de meditação ou *check-ins*. Ele pode ser integrado ao cotidiano, principalmente nos momentos em que o casal consegue se desconectar e se reconectar com mais intenção.

1. **Durante as refeições:** transforme o horário das refeições em um momento de conexão. Sem celulares ou distrações, compartilhem não só a comida, mas também como foi o dia de cada um, ouvindo atentamente sem interromper.

Exemplo: faça das refeições uma experiência sem telas e com foco na presença um do outro. Aproveitem esse tempo para perguntar coisas como "o que te fez sorrir hoje?" ou "como se sentiu no trabalho?". Isso fortalece o vínculo e cria um espaço seguro para o casal se comunicar.

2. **Antes de dormir:** estabeleçam uma rotina noturna que inclua uma breve reflexão sobre o dia, permitindo que cada um expresse como se sentiu e encerre o dia em um estado emocional mais leve.

Exemplo: antes de dormir, um pode dizer ao outro algo que apreciou no dia ou falar sobre como se sente em relação à semana. Esse hábito cria um ambiente acolhedor e permite que o casal se sinta mais próximo emocionalmente.

3. **Durante conflitos:** quando uma discussão começar a esquentar, pratique a "pausa de mindfulness" – um momento em que ambos param para respirar, refletir sobre os sentimentos e retornar à conversa com mais calma.

Exemplo: quando sentirem que a conversa está tomando um rumo negativo, um de vocês pode sugerir "vamos fazer uma pausa de dois minutos para respirar e depois retomamos". Essa pausa ajuda a quebrar o ciclo de reatividade e permite que a discussão seja mais produtiva.

O mindfulness é uma ferramenta poderosa que pode transformar a maneira como você e seu parceiro se comunicam, lidam com conflitos e se conectam. Ao estarem presentes no momento e expressarem emoções com clareza e empatia, o casal consegue construir uma relação mais sólida, baseada na compreensão mútua. Incorporar tais práticas no cotidiano pode não só resolver conflitos, mas também criar uma base de amor e respeito que resistirá aos desafios da vida.

CONCLUSÃO: TRANSFORMANDO CONFLITOS EM OPORTUNIDADES DE CRESCIMENTO

Incorporar essas técnicas na vida diária do casal pode transformar a maneira como vocês lidam com conflitos. Em vez de ver o conflito como algo a ser temido ou evitado, ele pode se tornar uma oportunidade de crescimento e reconexão. O **método Gottman**, a **Terapia Focada nas Emoções** e o **mindfulness** oferecem ferramentas práticas que ajudam os casais a construir relacionamentos mais saudáveis, resilientes e duradouros.

A jornada para resolver conflitos é, na verdade, uma jornada para fortalecer a conexão emocional e construir uma base sólida para o relacionamento.

Agora que entenderam o poder transformador das queixas convertidas em conversas honestas, o próximo passo é aplicar essas técnicas de forma contínua. Mahatma Gandhi dizia que **"não existe um caminho para a paz; a paz é o caminho"**[1]**.** Essa sabedoria se aplica também ao relacionamento: a paz e a harmonia no casal não são destinos a serem alcançados, mas práticas diárias a serem cultivadas.

Cada desafio superado fortalece os alicerces do relacionamento. A verdadeira resiliência não surge da ausência de problemas, mas da capacidade de enfrentá-los juntos. Casais que conseguem transformar conflitos em oportunidades crescem emocional e espiritualmente.

Vocês têm o poder de transformar seus desafios em oportunidades. Esta é a base de um amor blindado, resiliente e eterno. Sigam juntos, de mãos dadas, enfrentando as tempestades da vida com coragem, sabedoria e um amor que cresce a cada adversidade superada.

Chegamos ao fim deste capítulo com o coração aberto e a mente mais clara sobre a importância de enfrentar queixas e desafios com honestidade e amor. Ao longo desta jornada, você e seu(sua) parceiro(a) foram convidados a se vulnerabilizar, a expressar preocupações e a ouvir com empatia e paciência. Este é o primeiro passo para a transformação profunda de seu relacionamento. Cada queixa expressa com respeito é uma oportunidade de cura, cada conflito tratado com cuidado é uma chance de crescimento. Vocês estão criando um novo alicerce para um amor que pode resistir ao tempo, às dificuldades e às incertezas.

Agora, encarem-se. Toquem as mãos um do outro e sintam a conexão que construíram até aqui. Façam uma pausa, e, mirando nos olhos, digam palavras de afirmação e amor, como **"escolho te amar**

todos os dias e prometo trabalhar ao seu lado para que nosso relacionamento floresça".

Essas palavras, embora simples, são poderosas. Elas nutrem o coração, fortalecem o laço e fazem com que o amor renasça a cada nova declaração.

REFERÊNCIAS:

1. GANDHI, Mahatma. *Minha vida e minhas experiências com a verdade.* 3. ed. São Paulo: Palas Athena, 1999.

Capítulo 18

SUPERANDO AS CRISES

Queridos leitores, estamos aqui, em um ponto crucial da jornada. Até agora, vocês percorreram caminhos desafiadores, mergulharam em questões profundas e enfrentaram verdades difíceis. Sei que, para chegar até aqui, foi preciso coragem, paciência e uma determinação imensa para construir um amor mais forte e resiliente, um amor inabalável. E agora, à medida que avançamos para um dos temas mais delicados, quero que respirem fundo e se lembrem do porquê iniciaram esta travessia.

Cada relação tem altos e baixos, e sei que muitos de vocês estão lendo este livro no meio de uma crise, enfrentando o tipo de tempestade que parece não ter fim. Talvez estejam sentindo o peso de um relacionamento em dificuldade, onde as palavras não são mais gentis, os olhares não se encontram com a mesma doçura e o amor parece mais distante. Mas saibam disso: as crises, por mais duras que sejam, também são convites para algo maior.

Assim como um navio que enfrenta mares revoltos, a relação de vocês pode estar navegando em águas turbulentas. Perda de emprego, doenças inesperadas, luto, dificuldades financeiras… cada uma dessas ondas tem o poder de nos sacudir até o núcleo, testar nossas fundações e, por vezes, nos fazer duvidar se o amor vai resistir. Mas é justamente em momentos assim que o verdadeiro amor se revela. Quando as tempestades se acalmam, o que permanece é a conexão genuína, aquela que resistiu às provações.

Este capítulo é um chamado para que vocês abracem essas crises não como sinais de fraqueza, mas como oportunidades de crescimento. Por meio da neurociência, psicologia e espiritualidade, veremos como cada desafio pode ser uma ponte rumo à intimidade emocional ainda mais profunda. Juntos, vamos explorar como transformar a dor em força, como manter o coração aberto em meio às dificuldades e como fazer da crise um terreno fértil para que o amor floresça, mesmo nas situações mais sombrias.

Preparem-se, porque agora é o momento de enfrentar as tempestades, com coragem e a certeza de que, do outro lado, existe um porto seguro esperando por vocês.

COMO MANTER A INTIMIDADE EMOCIONAL EM MOMENTOS DE CRISE

Em momentos de crise, o ser humano tende a se fechar, buscando mecanismos de defesa internos. No entanto, quando se está em um relacionamento, é vital resistir à tentação de isolar-se emocionalmente e, em vez disso, encontrar refúgio no parceiro. A chave para manter a intimidade emocional nesses tempos turbulentos está na comunicação aberta, no apoio mútuo e na compreensão empática.

De acordo com o renomado neurocientista António Damásio, as emoções são reguladoras essenciais da sobrevivência, especialmente em momentos de crise. Elas nos ajudam a processar eventos difíceis e a tomar decisões que influenciam a saúde mental e relacional. O suporte emocional entre casais ativa o sistema de recompensa do cérebro, liberando substâncias neuroquímicas como a ocitocina, que reforçam o vínculo afetivo e criam a sensação de segurança e proteção mútua.

Quando o casal é capaz de lidar com as crises juntos, surge uma poderosa conexão emocional. Segundo o psicólogo Viktor Frankl, autor de *Em busca de sentido*, a resiliência emocional se constrói a partir do significado que atribuímos às dificuldades. Ele argumenta que, quando encontramos sentido em nossos desafios, nos tornamos mais capazes de superá-los e sair fortalecidos.

Frankl acreditava que o amor e o suporte mútuo são fontes inestimáveis de força para enfrentar crises. Esse é um ponto central para casais que, durante crises, devem buscar não apenas resolver o problema, mas usar a adversidade como oportunidade para construir algo maior juntos.

NEUROCIÊNCIA DO SUPORTE EMOCIONAL EM TEMPOS DE CRISE

Nos momentos de crise, o cérebro humano reage ativando circuitos ligados ao estresse e à ansiedade. A amígdala, responsável por detectar ameaças, age como um sistema de alarme, aumentando os níveis de cortisol e preparando o corpo para lutar ou fugir. No entanto, quando estamos em um relacionamento seguro, o suporte emocional do parceiro pode mitigar essas respostas.

Estudos mostram que, quando um parceiro oferece apoio emocional durante uma crise, o cérebro do receptor libera ocitocina, o "hormônio do amor", que reduz o estresse e cria uma sensação de calma e proximidade. Esse fenômeno é descrito pela psicóloga Sue Johnson, pioneira na terapia focada nas emoções, como a base da "conexão emocional segura" – um pilar fundamental para manter a intimidade em tempos difíceis.

Na neurociência, é conhecido que o suporte mútuo ativa o sistema de recompensa do cérebro, reforçando a relação e criando um ciclo virtuoso de proximidade e cuidado. Casais que praticam o suporte emocional em crises tendem a apresentar níveis mais baixos de cortisol e maior satisfação relacional a longo prazo.

A IMPORTÂNCIA DA FÉ E DA ESPIRITUALIDADE EM TEMPOS DE CRISE

Em tempos de grande adversidade, a espiritualidade pode ser uma âncora emocional para muitos casais. As tradições religiosas frequentemente oferecem recursos poderosos para enfrentar crises, desde a prática de oração conjunta até a busca de significados mais profundos nas provações da vida.

Segundo São Paulo, em suas cartas bíblicas, a fé é uma fonte de resiliência, e o amor é a chave para superar as dificuldades mais desafiadoras. Ele ensina que o verdadeiro amor "tudo suporta" (1 Coríntios 13:7) e que a fé em algo maior que si mesmo pode fornecer a força necessária para atravessar os momentos mais sombrios. Muitos casais que compartilham uma espiritualidade conjunta relatam sentir um vínculo mais forte e maior sensação de propósito durante crises.

Da mesma forma, o budismo enfatiza a importância da compaixão e do apoio mútuo em tempos de crise. A prática da compaixão, tanto para o parceiro quanto para si mesmo, permite que o casal enfrente as dificuldades com serenidade e aceitação.

IMPACTOS DAS CRISES NA DINÂMICA RELACIONAL

Uma crise pode mudar drasticamente a dinâmica de um relacionamento. A perda de emprego, por exemplo, pode afetar a autoestima de um parceiro e gerar estresse financeiro, enquanto uma doença grave pode trazer sentimentos de impotência e medo. Em muitos casos, essas situações podem gerar afastamento emocional se não forem enfrentadas com empatia e comunicação.

Para manter a intimidade emocional, o casal precisa adotar uma abordagem colaborativa. Isso significa entender que a crise não é um problema individual, mas algo que ambos devem enfrentar como equipe. Viktor Frankl afirmava que **"quando não somos mais capazes de mudar uma situação, somos desafiados a mudar a nós mesmos".** Essa mudança de perspectiva é crucial para enfrentar crises com resiliência e manter o vínculo emocional intacto.

PLANO DE RESILIÊNCIA EMOCIONAL: FORTALECENDO A CONEXÃO DURANTE CRISES

Crises são inevitáveis em qualquer relacionamento, mas a forma como o casal lida com elas pode determinar se a relação sairá fortalecida ou fragilizada. Para que o vínculo emocional sobreviva e se fortaleça durante momentos de adversidade, é essencial que ambos estejam equipados com ferramentas práticas e uma mentalidade de parceria. Aqui estão cinco estratégias fundamentais para construir resiliência emocional em tempos de crise.

1. COMUNICAÇÃO ABERTA E REGULAR

- **Princípio:** durante crises, o silêncio emocional pode minar a confiança e criar distâncias. A comunicação aberta é a chave para manter a intimidade, mesmo quando tudo ao redor parece incerto.

Como aplicar:

- **Exemplo prático:** reserve, diariamente, 10 a 15 minutos para uma conversa honesta. Sem distrações, sente-se com seu parceiro e pergunte "como está se sentindo hoje? Há algo que gostaria de compartilhar?". Essa prática simples, chamada "*check-in* emocional", garante que ambos estejam conectados e cientes do que o outro está enfrentando emocionalmente.
- **Dica adicional:** se o momento for de muita tensão, escrevam suas emoções antes de falar. Isso ajuda a organizar os pensamentos e evita que a conversa seja dominada pela frustração ou mal-entendidos.

2. EMPATIA ATIVA

- **Princípio:** a empatia é a capacidade de se colocar no lugar do outro e compreender emoções sem julgamentos. Em tempos de crise, praticar empatia fortalece o vínculo e cria um espaço seguro para a vulnerabilidade.

Como aplicar:

- **Exemplo prático:** quando seu parceiro compartilhar medo ou angústia, em vez de responder com soluções imediatas, tente primeiro validar o que ele está sentindo. Diga algo como "entendo que isso deve ser realmente difícil para você, e estou aqui para passar por isso ao seu lado".
- **Dica adicional:** pratique a **escuta empática**, onde você ouve sem interromper, buscando entender o sentimento por trás das palavras. Isso ajuda a criar um espaço onde o outro se sinta compreendido e valorizado.

3. DEFINIR METAS CONJUNTAS

- **Princípio:** ter um objetivo em comum ajuda a canalizar as energias do casal para soluções construtivas, reforçando a sensação de parceria e propósito. Crises muitas vezes tiram a sensação de controle, mas metas claras restabelecem essa sensação.

Como aplicar:

- **Exemplo prático:** se o casal estiver enfrentando uma crise financeira, uma meta compartilhada pode ser "vamos reduzir os gastos em 20% nos próximos três meses e aumentar a poupança". Isso oferece uma ação concreta para superar a crise e traz motivação por trabalhar juntos.
- **Dica adicional:** revisitem as metas regularmente. Se uma das metas for melhorar a comunicação, por exemplo, estabeleçam "pontos de

verificação" semanais para discutir como estão progredindo e ajustar, se necessário.

4. MOMENTOS DE DESCOMPRESSÃO

- **Princípio:** durante uma crise, o estresse contínuo pode desgastar a relação. Criar momentos intencionais de leveza e conexão ajuda a aliviar a pressão e fortalecer o laço emocional.

Como aplicar:

- **Exemplo prático:** definam uma noite semanal de "descompressão", onde a regra é: nada de falar sobre problemas. Assistam a um filme, joguem juntos ou cozinhem uma refeição divertida. Essas atividades fortalecem o vínculo e trazem de volta momentos de alegria em meio ao caos.
- **Dica adicional:** se o estresse for contínuo, pequenos rituais diários de alívio, como uma caminhada juntos ou até cinco minutos de conversa leve antes de dormir, podem ajudar a manter a conexão emocional intacta.

5. PRÁTICA ESPIRITUAL CONJUNTA

- **Princípio:** a espiritualidade, independentemente da forma como for praticada, pode ser um alicerce poderoso para a conexão do casal. Quando enfrentam desafios juntos, buscar apoio em algo maior do que ambos ajuda a encontrar forças internas e resiliência.

Como aplicar:

- **Exemplo prático:** se o casal tem uma fé compartilhada, pode reservar um momento diário para orar ou meditar juntos. Esse momento de conexão espiritual reforça a sensação de unidade e traz paz diante da adversidade. Uma prática de gratidão antes de dormir, onde ambos agradecem por algo positivo no relacionamento, também ajuda a fortalecer o vínculo.

- **Dica adicional:** mesmo casais sem uma prática religiosa específica podem criar um momento de reflexão conjunta, onde compartilham esperanças para o futuro e se apoiam emocionalmente.

Essas cinco estratégias – comunicação aberta, empatia ativa, metas conjuntas, momentos de descompressão e prática espiritual – são poderosos pilares para manter a conexão emocional em tempos de crise. Ao aplicá-las de forma prática e intencional, vocês não apenas navegarão melhor pelas tempestades da vida, mas também fortalecerão o vínculo que os une. Lembrem-se: a resiliência emocional é construída aos poucos, com paciência, amor e dedicação mútuos.

O cérebro humano é uma máquina de adaptação. O que muitas vezes consideramos ser traços imutáveis – como a maneira como reagimos ao estresse ou aos conflitos – pode, na verdade, ser reprogramado por meio da neurociência. A capacidade do cérebro de mudar, conhecida como neuroplasticidade, oferece uma nova esperança para casais em crise.

Viktor Frankl, famoso psicólogo e sobrevivente do Holocausto, disse: **"Entre o estímulo e a resposta, há um espaço. Nesse espaço está o nosso poder de escolher nossa resposta. Nessa resposta está o nosso crescimento e a nossa liberdade"**[1]. A neurociência moderna comprova essa ideia, mostrando que temos o poder de moldar nossa reação ao ambiente, incluindo como lidamos com os conflitos no relacionamento.

A neurociência nos dá a prova de que somos seres maleáveis, capazes de superar crises e transformá-las em oportunidades de crescimento. Com prática, paciência e a aplicação dessas ferramentas, os casais podem reprogramar respostas emocionais e fortalecer o vínculo que os une.

Assim como o cérebro pode ser moldado, o amor também pode ser moldado. A jornada para superar crises não é fácil, mas a recompensa é um relacionamento mais resiliente, forte e equilibrado. Como Viktor Frankl nos lembrou: **"A última das liberdades humanas é escolher a atitude que tomamos diante das circunstâncias"**. Sejam vocês mesmos os agentes de transformação em seu relacionamento.

Agora, estão prontos para seguir adiante nesta jornada de transformação, onde não apenas enfrentarão desafios, mas também explorarão o que há de mais profundo e verdadeiro no amor.

No Capítulo 19, vamos juntos conhecer os **pilares básicos do amor**, que são as fundações sobre as quais o amor duradouro se sustenta.

REFERÊNCIAS:

1. FRANKL, Viktor E. *Em busca de sentido*. 33. ed. Petrópolis: Vozes, 2019.

Capítulo 19

CONFIANÇA E RESPEITO: OS PILARES FUNDAMENTAIS DE UM RELACIONAMENTO

Queridos leitores, a jornada que vocês têm trilhado até aqui não foi fácil, e sei quão desafiador é mergulhar profundamente em si mesmo, explorando os recantos mais delicados do relacionamento e do amor. Vocês têm mostrado coragem, força e uma disposição inabalável de transformar o vínculo compartilhado, enfrentando dores e desafios com o coração aberto.

Saibam que estamos nos aproximando do fim desta travessia, e o horizonte que se abre diante de vocês é promissor. As tempestades enfrentadas ao longo desta jornada foram necessárias para limpar os céus e revelar o caminho para um amor mais profundo e verdadeiro. Agora, resta um passo crucial, e é nele que reside o alicerce de tudo o que vocês estão construindo.

Neste capítulo, vamos explorar outros pilares fundamentais do amor. Esses pilares são a base sobre a qual um relacionamento duradouro e inabalável se sustenta. Da mesma forma que nos aprofundamos sobre a comunicação, agora vamos nos aprofundar sobre **confiança e respeito**. Compreendê-los e incorporá-los é o que consolidará todo o esforço que vocês têm feito até agora. Seguir em frente significa não apenas sobreviver às crises, mas também florescer e crescer juntos.

Este é o momento de acolher tudo o que aprenderam e se prepararem para o último grande passo. Que seus corações se mantenham unidos, e que a jornada até aqui inspire o amor renovado que vocês merecem viver.

A BASE DE UM AMOR DURADOURO

A base de qualquer relacionamento bem-sucedido é sólida e bem construída. No entanto, com o tempo, essa fundação pode se desgastar se não for devidamente cuidada e nutrida. Muitas vezes, os casais entram em crise porque esses pilares fundamentais – confiança, respeito – começam a ruir, abalados pelo estresse cotidiano, falta de conexão emocional ou mágoas acumuladas.

Ter um relacionamento saudável exige mais do que simples promessas ou boas intenções. Requer um trabalho profundo e contínuo para fortalecer os alicerces da relação. Assim como uma casa precisa de uma fundação estável para resistir às tempestades, um relacionamento precisa de pilares fortes que sustentem o casal diante das adversidades da vida.

Carl Jung disse: **"Conheça todas as teorias, domine todas as técnicas, mas ao tocar uma alma humana, seja apenas outra alma humana"**[1]. Este capítulo é um convite para que, em vez de apenas conhecer conceitos teóricos, você e seu parceiro se conectem profundamente como humanos que compartilham o mesmo propósito: construir uma relação resiliente e saudável.

Aqui, exploraremos o pilar fundamental de qualquer relação – **a confiança** – e como ela pode ser reconstruída e fortalecida em um relacionamento que busca não apenas sobreviver, mas prosperar. A reconstrução desse pilar, caso abalado, exige esforço conjunto, paciência e uma profunda compreensão do outro.

PRIMEIRO PILAR FUNDAMENTAL DA RELAÇÃO: CONFIANÇA, A BASE DE TUDO

Imagine que o relacionamento de vocês é como uma árvore robusta e cheia de vida. As raízes da árvore são a confiança. Se essas raízes forem fortes e profundas, a árvore resistirá a tempestades, ventanias e períodos de seca. Mas se as raízes forem fracas, a primeira ventania pode derrubar tudo. A confiança, assim como essas raízes, é a base sobre a qual todas as outras partes do relacionamento – amor, respeito, liberdade e crescimento – são sustentadas.

A confiança é a base sólida que permite que duas pessoas sejam vulneráveis uma com a outra, sabendo que não serão feridas ou traídas. Sem confiança, o medo e a insegurança começam a crescer como ervas daninhas, sufocando o afeto e minando a relação. Quando a confiança é abalada, tudo ao redor começa a desmoronar, e a harmonia entre o casal se transforma em dúvidas e desentendimentos.

Erich Fromm, no clássico *A arte de amar*, descreveu de forma brilhante a confiança como ponto de equilíbrio entre o amor e a liberdade. Ele diz: **"O amor maduro significa união sob a condição de preservar a própria integridade"**[2]. Isso significa que a confiança permite que vocês se amem profundamente, mas sem perder quem são. Vocês se tornam uma parceria na qual cada um preserva sua autenticidade, mas ao mesmo tempo, se entrega totalmente ao outro.

É importante lembrar que a confiança não surge como mágica. Ela é construída por meio de pequenas ações cotidianas – um olhar sincero, uma palavra de apoio, a transparência em todas as situações. Quando a confiança é fortalecida, o relacionamento se torna uma fortaleza de amor e respeito mútuo. Mas quando é rompida, o caminho para reconstruí-la é longo e doloroso. No entanto, ainda é possível, desde que haja o comprometimento genuíno de ambos.

A REALIDADE DA MENTIRA NAS RELAÇÕES

O filósofo Immanuel Kant afirmava que **"mentir destrói a dignidade humana"**[3]. No contexto de um relacionamento, isso significa que a mentira não apenas fere o outro, mas destrói a dignidade e integridade do próprio mentiroso, afastando-o de sua essência.

A mentira, por menor que seja, funciona como uma rachadura na fundação de qualquer relacionamento. Às vezes, ela pode parecer um desvio pequeno, uma forma de evitar conflitos ou proteger o outro. No entanto, a longo prazo, essas "mentirinhas" têm o poder devastador de corroer a confiança.

Um estudo realizado pela Universidade de Massachusetts revelou que **70% das pessoas mentem pelo menos uma vez em uma conversa de dez minutos**[4]. Embora a maioria dessas mentiras seja classificada como "mentiras inocentes" – feitas para evitar discussões ou proteger sentimentos –, seus efeitos não podem ser subestimados. Mesmo as menores inverdades, quando repetidas ao longo do tempo, vão desgastando a relação de forma silenciosa, criando um ambiente de desconfiança.

Muitas vezes, a sociedade reforça a ideia de que "omitir" não é o mesmo que mentir. No entanto, a omissão também pode ser uma forma perigosa de engano, principalmente dentro dos relacionamentos. Quando escondemos sentimentos, pensamentos ou eventos, estamos afastando nosso parceiro da verdade e, como consequência, de nós mesmos. Se a omissão se torna um padrão, a relação se transforma em um campo minado, onde a verdade nunca é totalmente revelada e o medo de novas descobertas paira constantemente sobre o casal.

Quanto mais omitimos, mais frágil se torna a base da confiança. Uma mentira pequena leva a outra maior, até que o relacionamento se enreda em uma teia de desconfiança e insegurança. E quando as mentiras enfim vêm à tona, suas consequências são devastadoras. Não afetam apenas o momento presente; jogam sombras sobre todo o passado da relação e levantam dúvidas sobre o futuro. *O que mais foi escondido? E o que ainda está sendo omitido?*

Um estudo publicado no *Journal of social and personal relationships* revelou que casais que enfrentam problemas de confiança devido a mentiras **têm uma probabilidade 55% maior de se separar**[5]. A confiança pode ser construída ao longo de anos, mas sua destruição pode acontecer em um único instante.

O MACHISMO ESTRUTURAL E A MENTIRA COMO ESCUDO MASCULINO

O machismo estrutural, presente em muitas culturas e sociedades, exerce influência direta sobre a maneira como os homens lidam com a verdade, a infidelidade e as emoções. Desde a infância, muitos meninos são ensinados a reprimir vulnerabilidades, a não demonstrar fraqueza, e a sempre parecerem fortes, controlados e autossuficientes. Essa educação emocional limitada cria um ciclo nocivo, onde a mentira se torna uma ferramenta para evitar a exposição de medos e inseguranças.

O machismo ensina aos homens que demonstrar emoções como medo, tristeza ou insegurança é uma ameaça à sua masculinidade. Em vez de enfrentar esses sentimentos de maneira aberta e saudável, muitos homens se fecham e recorrem à mentira como **escudo emocional**. Isso pode ocorrer de várias maneiras, desde pequenas mentiras cotidianas até grandes traições emocionais ou físicas. O homem que mente não apenas engana a parceira – ele está, acima de tudo, traindo a si mesmo e sabotando a própria capacidade de se conectar de forma autêntica e profunda.

Estudos psicológicos demonstram que, em contextos de alta pressão social e expectativas de masculinidade rígidas, os homens são mais propensos a mentir para proteger sua imagem ou evitar conflitos. De acordo com uma pesquisa da National Academy of Sciences, os homens têm 50% mais chances de mentir em situações em que acreditam que sua autoridade ou competência está sendo questionada, reforçando a ideia de que a mentira é uma ferramenta defensiva moldada pela pressão social de parecer "forte"[6].

AS MICROMENTIRAS NO COTIDIANO

Além das grandes mentiras, como a infidelidade, muitos homens e mulheres cometem micromentiras diariamente. Podem ser pequenas distorções da verdade, que à primeira vista parecem inofensivas, mas que acumulam um impacto negativo ao longo do tempo. Exemplos comuns incluem:

- **"Estou bem."** – Quando, na verdade, o homem está se sentindo sobrecarregado, triste ou frustrado, mas evita expressar essas emoções.
- **"Foi só uma conversa, não significou nada."** – Pequenas interações nas redes sociais ou no trabalho que são emocionalmente significativas, mas que o homem minimiza para evitar uma discussão ou um confronto emocional.
- **"Não comprei nada."** – Mentiras financeiras pequenas, como compras impulsivas ou gastos secretos que são escondidos para evitar críticas.

Essas micromentiras criam rachaduras na base da confiança, abrindo caminho para que mentiras maiores se tornem mais aceitáveis dentro da dinâmica do relacionamento. O impacto cumulativo dessas pequenas distorções da verdade pode ser devastador para a intimidade e para a confiança, criando uma barreira emocional entre os parceiros.

O MACHISMO E A INFIDELIDADE MASCULINA

O machismo estrutural também contribui para os padrões de infidelidade entre os homens. Muitos homens, por causa dessa educação machista, veem a traição como reflexo de seu "poder" e "virilidade". A pressão social para ser "conquistador" ou "o pegador" muitas vezes incentiva comportamentos destrutivos. A infidelidade, nesses casos, não é só uma traição ao parceiro, mas uma tentativa de reafirmar a própria "masculinidade".

Os homens podem usar a traição como fuga de suas inseguranças, um modo de buscar validação fora do relacionamento. A traição emocional ou sexual oferece uma ilusão de controle, poder e status, mas na verdade está enraizada na incapacidade de lidar com as emoções de maneira saudável.

Por outro lado, a traição pode ser uma forma de buscar fora aquilo que o homem acredita não poder expressar dentro de casa. Ele pode estar fugindo de conversas difíceis, como o impacto da paternidade, pressões financeiras ou a própria crise de identidade. A mentira, então, não é apenas um mecanismo de defesa, mas uma forma de evitar lidar com as próprias vulnerabilidades.

As mentiras, sejam grandes ou pequenas, físicas ou emocionais, corroem a confiança, essencial para a sobrevivência de um relacionamento. Quando um homem mente, ele não apenas distorce a verdade, mas também **quebra o contrato emocional** que construiu com a parceira. A base de qualquer relação saudável é a confiança, e cada mentira é um golpe nessa fundação, tornando a reconciliação e o perdão ainda mais difíceis.

Estatísticas[7] revelam que:

- **55% dos casais** que enfrentam uma traição acabam se separando de maneira permanente, principalmente devido à falta de confiança.
- **72% das pessoas** afirmam que a descoberta de mentiras repetidas em um relacionamento foi o fator principal para o fim da união.

Esses números são um reflexo da profundidade com que a mentira e a infidelidade podem ferir o relacionamento, criando um ambiente de desconfiança que é extremamente difícil de reverter.

A MENTIRA: UM ATO DE COVARDIA

A mentira, sob qualquer forma, é um ato de covardia. É a escolha de evitar a verdade em vez de confrontá-la. Quando um parceiro mente, prioriza o próprio conforto em detrimento da integridade do relacionamento. É uma recusa em encarar os desafios, em se abrir para o outro e em mostrar quem realmente é. E, ao fazer isso, ele mina o que há de mais precioso em uma relação: a confiança.

Reconstruir a confiança depois de uma mentira exige compromisso absoluto com a verdade. Não basta pedir desculpas; é preciso mudar comportamentos, ser transparente e criar um espaço onde o diálogo aberto seja incentivado. A confiança pode ser reconstruída, mas somente se ambos os parceiros estiverem dispostos a trabalhar juntos, com paciência, honestidade e amor.

OS PRINCIPAIS TIPOS DE MENTIRAS NAS RELAÇÕES

As mentiras, de qualquer tipo, agem como veneno em um relacionamento, destruindo a confiança, afastando os parceiros e criando um ciclo de desconfiança. É importante entender os diferentes tipos de mentiras que podem surgir nas relações, pois cada uma carrega as próprias implicações emocionais e consequências devastadoras. Vamos aprofundar os tipos mais comuns e as mentiras mais danosas, com exemplos reais que mostram como esses comportamentos afetam a vida de casais.

MENTIRAS POR CONVENIÊNCIA

As mentiras por conveniência são aquelas pequenas inverdades que muitas vezes parecem inofensivas. São ditas para evitar conflitos imediatos ou para não preocupar o parceiro. Um exemplo clássico é dizer "estou bem" quando claramente não está, ou "não estou bravo" quando o incômodo é evidente.

Essas pequenas mentiras podem parecer soluções rápidas, mas, na verdade, criam um padrão de ocultação emocional. Com o tempo, a distância entre o que é sentido e o que é dito aumenta, fazendo com que o parceiro se sinta alienado, incapaz de realmente entender o que está acontecendo.

Exemplo prático: pense em um casal onde o marido, João, sempre dizia estar "cansado" quando a esposa, Maria, queria discutir algo importante. Na verdade, João estava frustrado com os problemas financeiros do casal, mas não queria admitir sua ansiedade. Com o tempo, Maria começou a sentir que algo estava errado, mas, como João sempre dizia estar "cansado", ela nunca teve a chance de abordar o verdadeiro problema. Isso gerou um distanciamento emocional, até que finalmente a verdade sobre as preocupações financeiras vieram à tona, já tarde demais para reparar os danos emocionais.

SEGREDOS: O PESO DA OCULTAÇÃO

Manter segredos em um relacionamento é como carregar um peso silencioso que, eventualmente, desgasta a base de confiança entre os parceiros. Segredos, mesmo aqueles que parecem pequenos, podem crescer e criar distâncias emocionais, levando ao isolamento e à desconexão. À medida que os segredos aumentam, o casal pode começar a se sentir mais como estranhos do que como parceiros, destruindo a intimidade e o sentimento de segurança.

Um estudo publicado no *Journal of Social and Personal Relationships* mostra que a ocultação contínua de segredos cria uma barreira emocional entre os parceiros, o que aumenta a probabilidade de infidelidade e rompimentos[8]. Isso demonstra que segredos não são apenas pequenos lapsos de comunicação; eles têm o poder de minar o coração de um relacionamento.

A omissão é uma forma mais sutil de mentira, mas igualmente destrutiva. O ato de não revelar informações importantes, mesmo que não seja tecnicamente uma "mentira", cria uma atmosfera de desconfiança e insegurança. Muitas vezes, as pessoas usam a omissão para evitar responsabilidade ou para moldar a percepção do parceiro acerca de uma situação.

Exemplo real: em um relacionamento, a omissão pode ser tão simples quanto não mencionar um jantar de trabalho com um(a) colega de quem o parceiro sente ciúme. Mariana, por exemplo, evitava falar com seu marido, Paulo, sobre suas interações com um ex-namorado no trabalho. Embora nada inapropriado estivesse acontecendo, a decisão de omitir essas informações fez com que Paulo, ao descobrir casualmente sobre o contato, se sentisse traído. Mariana não havia feito nada errado, mas o fato de ter escondido a verdade minou a confiança no relacionamento.

MENTIRAS PARA PROTEGER A PRÓPRIA IMAGEM

Este tipo de mentira surge quando um dos parceiros sente a necessidade de preservar uma imagem perfeita ou evitar ser julgado. Pode incluir mentir sobre decisões financeiras ruins, esconder inseguranças ou até exagerar realizações pessoais. Essas mentiras geralmente são motivadas por medo de rejeição ou desaprovação e, com o tempo, destroem a autenticidade do relacionamento.

Exemplo real: Carlos sempre disse à sua esposa, Beatriz, que estava investindo o dinheiro do casal com sabedoria. No entanto, ele havia feito investimentos arriscados que não deram certo, e continuava escondendo as perdas. Quando Beatriz descobriu, não foi apenas a perda financeira que a magoou, mas o fato de Carlos ter mentido repetidamente para proteger sua imagem de "provedor bem-sucedido". A mentira destruiu a confiança entre eles e gerou uma crise emocional no relacionamento.

INFIDELIDADE FÍSICA E EMOCIONAL: O GOLPE DEVASTADOR NA CONFIANÇA

A infidelidade, seja ela física ou emocional, é um dos maiores atos de traição que pode ocorrer dentro de um relacionamento. Quando falamos de confiança, ela é a base de qualquer união, e a infidelidade representa a quebra mais brutal dessa fundação. Não é apenas o ato de enganar, mas todo o conjunto de emoções, expectativas e promessas quebradas que causam destruição profunda. A infidelidade abala as estruturas do relacionamento e gera um impacto emocional que pode ser difícil ou, em muitos casos, impossível de reparar.

Segundo estudos da American Association for Marriage and Family Therapy, entre **25% a 30% dos homens** e **10% a 15% das mulheres** casadas admitem já ter cometido algum tipo de infidelidade[9]. No entanto, esses números não capturam a dor emocional que a traição provoca nos envolvidos. As consequências vão muito além de simples estatísticas: refletem vidas desestruturadas, corações partidos e famílias destruídas. A infidelidade cria insegurança, sentimentos de abandono e pode tornar o processo de reconstrução da confiança extremamente doloroso e, em muitos casos, inviável.

A traição em um relacionamento não se limita apenas à infidelidade física, que é o tipo mais comum e visível. A **infidelidade emocional** – quando um parceiro cria um vínculo íntimo, compartilhando sentimentos profundos, preocupações e até momentos especiais com outra pessoa – pode ser igualmente devastadora, ou até mais. Muitos casais consideram essa forma de traição ainda mais dolorosa, pois ela atinge o núcleo da intimidade emocional, que muitas vezes é o que sustenta a confiança e a cumplicidade no relacionamento.

Embora a infidelidade física envolva o contato corporal, a traição emocional destrói algo muito mais sutil: a exclusividade emocional. É quando o parceiro começa a buscar em outra pessoa o suporte e a abertura emocional que deveria ser encontrada no relacionamento. Muitas vezes, a traição emocional precede a física, mostrando que o vínculo íntimo entre os parceiros já foi rompido muito antes de o ato sexual ocorrer.

PRINCIPAIS MOTIVOS PARA A INFIDELIDADE

Existem diversas razões pelas quais homens e mulheres traem, e geralmente não se limitam apenas à insatisfação sexual. A traição é multifacetada e muitas vezes reflete problemas subjacentes no relacionamento ou questões pessoais de quem comete a infidelidade.

- **Falta de conexão emocional:** a falta de diálogo aberto e vulnerabilidade dentro do relacionamento faz com que muitas pessoas busquem apoio emocional fora de casa. Isso pode começar de maneira inocente, com conversas sobre problemas do dia a dia, mas pode evoluir para algo mais profundo e íntimo.
- **Necessidade de validação:** muitos traem porque precisam de validação externa, algo que os faça sentir mais desejados ou valorizados. Para essas pessoas, a traição não se trata apenas do ato físico, mas da necessidade de se sentirem especiais, desejados ou importantes.
- **Insatisfação sexual:** embora não seja o único motivo, a insatisfação sexual no relacionamento pode levar à traição. Em vez de lidar com o problema dentro do casamento, muitas pessoas optam por buscar fora a satisfação que não encontram em casa.
- **Falta de comunicação:** a incapacidade de expressar as próprias frustrações ou inseguranças no relacionamento faz com que muitos busquem alívio emocional e sexual com outras pessoas. Quando os parceiros não conseguem se comunicar de forma aberta, isso cria um distanciamento que facilita a infidelidade.
- **Oportunidade:** para alguns, a infidelidade acontece simplesmente porque a oportunidade se apresenta e eles escolhem agir sobre a ocasião. Este tipo de traição é frequentemente impulsivo e não planejado, mas ainda assim devastador.

- **Machismo estrutural:** homens, em particular, são influenciados pelo machismo estrutural que os leva a esconder suas vulnerabilidades. Em vez de expressar sentimentos e fraquezas dentro do relacionamento, encontram refúgio em relações extraconjugais, nas quais acreditam que podem "ser eles mesmos" sem julgamento. Isso cria uma falsa sensação de liberdade e validação que apenas aprofunda os problemas no relacionamento original.

O IMPACTO ESPIRITUAL DA INFIDELIDADE

A traição não afeta apenas o relacionamento físico e emocional entre os parceiros, mas também a **energia espiritual** do casal. Quando um ato de infidelidade ocorre, especialmente no nível emocional, há uma troca energética que envolve não apenas os dois parceiros, mas também a terceira pessoa. Isso gera um desequilíbrio espiritual dentro da relação. Muitos filósofos e pensadores espirituais acreditam que a infidelidade cria uma energia densa e pesada, que se infiltra no relacionamento, dificultando a harmonia e a paz dentro da união.

Além disso, no *Evangelho segundo o espiritismo*, Kardec ressalta que as más ações, como a traição, trazem consequências não apenas na vida física, mas também no plano espiritual, repercutindo sobre a harmonia e a energia dos envolvidos. A infidelidade gera um "distúrbio vibracional", interferindo na energia dos parceiros, pois se trata de uma desonestidade emocional e moral que contraria a ética do amor e da verdade, valores essenciais para a evolução do espírito.

Em termos espirituais, a infidelidade é vista como quebra de um laço sagrado. O casal, ao se unir, cria uma energia de parceria e de troca. Quando um dos parceiros envolve uma terceira pessoa, essa energia é fragmentada, e a unidade espiritual existente é rompida. Muitas tradições espirituais defendem que a traição traz consigo não apenas dor emocional, mas uma confusão energética, onde o campo vibracional do casal é perturbado. Isso gera um afastamento emocional e pode resultar em ressentimentos e mágoas que se enraízam profundamente, tornando a cura do relacionamento ainda mais desafiadora.

A VERDADE E A CURA APÓS A TRAIÇÃO

A infidelidade, seja física ou emocional, é uma traição que vai além da quebra de confiança; ela mina as bases do relacionamento, trazendo dor, insegurança e desilusão. As consequências emocionais e espirituais da traição são profundas, e muitas vezes, um casal que enfrenta essa crise encontra dificuldades imensas para se reconstruir.

No entanto, onde há arrependimento genuíno e vontade real de reconexão, existe também a possibilidade de cura. Um caminho para essa cura envolve enfrentar a verdade, entender as razões da traição e reconstruir a confiança com transparência, comunicação e um compromisso renovado. Abaixo deixarei dicas fundamentais para casais que passaram pela dor da infidelidade de uma ou de ambas as partes.

Superar a dor da infidelidade é um dos maiores desafios que um casal pode enfrentar, mas é possível reconstruir a confiança e dar uma nova chance ao relacionamento. Com o apoio da ciência e da psicologia, é possível desenvolver estratégias eficazes para enfrentar a crise e seguir adiante, com foco em um futuro mais forte e saudável. A seguir estão algumas dicas baseadas em princípios psicológicos e neurocientíficos para ajudar os casais a superar a traição e criar um novo pacto para o futuro.

1. ABRACE O PROCESSO DE CURA

A primeira coisa que o casal precisa entender é que a cura da traição não é instantânea. A infidelidade destrói a confiança, e a reconstrução dessa confiança leva tempo. O processo envolve sentimentos de tristeza, raiva, insegurança e até desespero. É fundamental que ambos os parceiros reconheçam esses sentimentos e não tentem suprimi-los. **A psicologia positiva** sugere que reconhecer e validar as emoções difíceis é o primeiro passo para a superação. Portanto, é essencial que o casal dê espaço para as emoções de ambas as partes.

2. ENTENDER A TRAIÇÃO E SUAS CAUSAS

Entender as causas da traição é um dos passos mais críticos e complexos no processo de reconstrução de um relacionamento. Muitas vezes, a traição é vista apenas como questão de desejo físico ou busca emocional, mas a realidade é muito mais profunda. A infidelidade pode ser um sintoma de questões não resolvidas dentro da própria relação ou mesmo de conflitos pessoais do traidor. Identificar e compreender essas causas é essencial para o casal lidar com as raízes do problema e evitar que o comportamento destrutivo se repita.

Para entender o porquê da traição, é necessário ir além do ato em si e buscar os motivos que levaram o traidor a cruzar essa linha. Isso envolve refletir sobre as emoções, os comportamentos e os padrões de pensamento que levaram à traição.

Análise interna

O parceiro que traiu deve fazer uma análise sincera e honesta de seus sentimentos e comportamentos. Ele deve refletir sobre questoes como:

- O que eu estava sentindo antes da traição?
- Quais eram minhas insatisfações ou frustrações no relacionamento?
- Houve algum padrão de comportamento (como não comunicar minhas necessidades) que contribuiu para a infidelidade?

Após a análise interna, é essencial que o casal se sente para discutir as questões abertamente. É importante criar um espaço seguro para ambos compartilharem sentimentos sem medo de julgamento. Durante a conversa, o parceiro traído também deve expressar necessidades e preocupações, para que ambos trabalhem juntos na solução dos problemas.

3. PRATIQUE A COMUNICAÇÃO ABERTA E TRANSPARENTE

A dor de uma traição física e emocional é uma das mais profundas e difíceis de superar em um relacionamento. Quando um parceiro tem relações sexuais e emocionais com outra pessoa, a quebra da confiança é intensa, todavia, com comunicação aberta e um compromisso genuíno de ambas as partes, a cura e a reconstrução do relacionamento são possíveis. A seguir, vamos aprofundar cada um dos pilares da **comunicação não violenta (CNV)**, oferecendo exemplos práticos de como o casal pode trabalhar para superar essa crise.

Este passo é essencial para iniciar a conversa sem transformar a dor em um ataque direto. O parceiro traído deve expressar o que aconteceu de maneira factual, sem recorrer a acusações ou insultos.

Exemplo prático 1: imagine que Júlia descobriu que seu parceiro, Marcos, teve um caso físico e emocional com uma colega de trabalho. Em vez de dizer: "Você é um mentiroso! Nunca vou te perdoar pelo que fez!", Júlia pode expressar: "Fiquei sabendo que você teve um relacionamento físico e emocional com outra pessoa, e isso me causou muita dor".

Ao evitar uma abordagem acusatória, Júlia cria espaço para Marcos responder de maneira menos defensiva, abrindo a porta para o diálogo em vez de para uma briga.

Após observar os fatos, é crucial compartilhar os sentimentos genuínos que a traição trouxe à tona. Aqui, o parceiro traído pode revelar como a situação afetou suas emoções, dando ao traidor uma noção mais clara da profundidade da dor causada.

Exemplo prático 2: Júlia pode continuar dizendo: "Eu me sinto traída, humilhada e muito triste com o que aconteceu. Me machuca pensar que você compartilhou momentos íntimos com outra pessoa". Esse tipo de comunicação emocionalmente honesta permite que Marcos entenda o impacto profundo que suas ações tiveram.

Ao usar frases na primeira pessoa ("eu sinto"), Júlia assume responsabilidade por suas emoções, em vez de culpar Marcos de modo direto, o que tende a gerar menos resistência e mais empatia.

A traição muitas vezes deixa lacunas no relacionamento, as quais precisam ser preenchidas para que a cura comece. Reconhecer as necessidades é sobre identificar o que é necessário para a restauração da confiança e para o relacionamento seguir em frente.

Exemplo prático 3: Júlia pode expressar: "Para que eu comece a reconstruir nossa confiança, preciso de mais transparência no relacionamento. Preciso saber que está comprometido em ser honesto comigo e disposto a discutir abertamente os problemas que surgirem". Nesse momento, Júlia está claramente articulando o que é necessário para ela se sentir segura novamente no relacionamento, o que é um passo vital para a recuperação.

A fase de pedidos é onde o casal estabelece ações práticas para começar o processo de cura. Os pedidos devem ser específicos e realistas, dando a ambos os parceiros uma ideia clara do que pode ser feito para ajudar a reparar o dano causado pela infidelidade.

Exemplo prático 4: Júlia pode pedir: "Eu gostaria que, nas próximas semanas, tivéssemos uma conversa semanal sobre como estamos nos sentindo e sobre como estamos lidando com o acontecido. Também gostaria que você fosse completamente honesto sobre qualquer contato futuro que tenha com essa pessoa". Esses pedidos claros fornecem um caminho prático para a reconstrução da confiança, permitindo que o casal tenha um foco claro em como avançar de forma produtiva e saudável.

É importante que o casal defina limites sobre o que é aceitável daqui para a frente. Isso inclui discussões abertas sobre contatos futuros com a pessoa envolvida na traição, transparência nas comunicações diárias e a decisão sobre como reconstruir a intimidade emocional.

Exemplo prático 5: Carlos, após trair sua esposa Ana, aceitou não ter mais contato com a pessoa com quem teve um caso e concordou em manter seus dispositivos eletrônicos abertos para Ana, como forma de mostrar sua disposição em ser transparente e reconquistar a confiança dela.

Para a confiança ser restaurada, é necessário um compromisso com a transparência em todas as áreas do relacionamento. Isso significa discutir sentimentos, compartilhar o que incomoda e garantir que ambos estejam na mesma página sobre o que é necessário para a cura.

Exemplo real: Rogério, que traiu sua parceira, comprometeu-se a manter um canal de comunicação aberto, onde ele regularmente compartilha suas emoções e ações do dia a dia, como maneira de garantir que está trabalhando para recuperar a confiança perdida.

4. REFORÇAR O COMPROMISSO COM A RELAÇÃO

Após a devastação causada pela infidelidade, reforçar o compromisso com o relacionamento é essencial para a reconstrução de uma base sólida. No entanto, esse reforço não pode ser apenas uma promessa verbal, ele deve envolver ações concretas e simbolismos que demonstrem que ambos os parceiros estão dispostos a investir na relação de maneira profunda e intencional. Fazer um novo pacto não é apenas sobre "esquecer o passado", mas sim sobre reconhecer as falhas, aprender com elas e construir, juntos, um futuro que ambos desejam.

A ciência e a psicologia de casais sugerem que, quando os casais passam por crises como a infidelidade, praticar rituais ou pactos simbólicos pode ajudar na cura emocional. Isso envolve estabelecer compromissos claros, não apenas para resolver o que aconteceu, mas para garantir que a relação se fortaleça daqui para a frente. Uma renovação de votos, cerimônias íntimas ou mesmo rituais privados podem servir como marco para o casal recomeçar, focando em seus valores e objetivos futuros.

Exemplo prático: Ana e Ricardo passaram por uma infidelidade emocional que abalou o casamento. Para eles, a reconstrução começou quando, além de sessões de terapia, decidiram fazer uma viagem para um lugar que ambos amavam. Lá, realizaram uma cerimônia simbólica, escrevendo cartas um para o outro, em que se comprometeram a trabalhar juntos, estabelecer novas formas de comunicação e abrir espaços de vulnerabilidade emocional. Esse gesto simples, mas significativo, foi o ponto de virada para o casal, pois ancorou sua nova fase em algo palpável.

O comprometimento com a relação não acontece de uma só vez. Ele é construído dia a dia, em pequenos gestos que fortalecem a conexão e o respeito mútuo. Os compromissos diários são a base para restaurar a confiança, e podem incluir ações simples, mas poderosas, como:

- **Tempo de qualidade:** dedicar tempo um para o outro, mesmo que por poucos minutos diários, sem distrações, pode ajudar a reconstruir a intimidade emocional. Isso pode ser um jantar juntos, um passeio ou simplesmente uma conversa sem a interferência de tecnologias.
- **Exemplo prático:** depois de uma traição, João e Maria começaram a reservar 30 minutos todas as noites para conversarem sobre o dia, sem interrupções. Esse tempo, inicialmente desconfortável, foi essencial para que se reconectassem, mostrassem interesse mútuo e lentamente restaurassem a confiança perdida.
- **Palavras de afirmação:** manter um diálogo constante de apoio, respeito e reconhecimento é um modo poderoso de nutrir a relação. Expressar verbalmente o quanto o outro é importante e como sua presença é valorizada ajuda a aliviar as inseguranças que podem surgir após a infidelidade.

Exemplo prático: durante o processo de reconstrução de seu relacionamento, Eduardo começou a enviar breves mensagens de carinho e reconhecimento para a esposa, Clara, durante o dia. Mesmo com as feridas da traição ainda presentes, os gestos sutis ajudaram a reconstruir a confiança e mostraram o comprometimento de Eduardo em mudar seu comportamento.

Novos limites: definindo regras claras

Outro passo essencial na restauração de um relacionamento após a traição é estabelecer novos limites. Esses limites devem ser definidos em conjunto, com base nas necessidades e expectativas de ambos, para evitar futuras desconfianças. É fundamental a comunicação aberta sobre o que é aceitável e o que não é dentro do relacionamento.

- **Limites na comunicação com terceiros:** pode ser necessário discutir os tipos de interações que cada um terá com pessoas de fora da relação. Isso inclui definir o que ambos consideram como comportamento apropriado em conversas com colegas de trabalho, amigos ou mesmo interações on-line.

Exemplo prático: após uma traição virtual, Flávia e Rodrigo discutiram e concordaram em definir limites claros sobre o uso de redes sociais. Rodrigo passou a evitar conversas excessivas com colegas de trabalho em plataformas digitais e ambos estabeleceram a transparência como regra em qualquer interação que envolvesse o passado de infidelidade.

- **Transparência completa:** um dos pontos cruciais para restaurar a confiança é a transparência. O casal deve se comprometer a não esconder nada um do outro, seja em relação a interações com outras pessoas, finanças ou sentimentos. A transparência cria um ambiente de segurança emocional que impede o surgimento de desconfianças.

Definindo metas de longo prazo: o futuro como união

Traçar metas de longo prazo é uma forma de visualizar o futuro juntos e focar no crescimento da relação. As metas criam um senso de direção compartilhada, lembrando o casal de que estão construindo algo juntos, o que reforça o compromisso mútuo. Elas podem ser emocionais, financeiras ou até relacionadas ao estilo de vida, como decidir ter filhos, planejar uma viagem importante ou até mesmo mudanças profissionais e pessoais que afetarão ambos.

- **Metas conjuntas de crescimento pessoal:** o casal pode identificar áreas em que cada um precisa melhorar, como a comunicação, lidar com o estresse ou passar mais tempo de qualidade juntos. Essas metas podem ser um jeito de fortalecer a relação ao mesmo tempo que cada parceiro busca crescer como indivíduo.

Exemplo prático: Júlia e Roberto estabeleceram uma meta de fazer terapia juntos por um ano e, ao final, planejaram uma viagem internacional para celebrar o processo de reconstrução do relacionamento. Durante o processo, também concordaram em trabalhar questões emocionais individuais, como a insegurança de Júlia e a falta de comunicação de Roberto.

- **Criação de novos projetos:** construir algo juntos, seja um projeto de vida ou até mesmo projetos menores, como reformas em casa ou viagens, pode solidificar o relacionamento após uma crise. Esses projetos servem como lembrete constante de que o casal está olhando para o futuro em conjunto.

Exemplo prático: após o processo de reconciliação, Marta e Felipe começaram a planejar a compra de uma casa nova. Esse projeto lhes deu algo tangível para focar, desviando a atenção do passado e criando um novo capítulo de esperança e crescimento para o casal.

5. INVISTA NO AUTOCUIDADO E NO CRESCIMENTO INDIVIDUAL

Superar uma infidelidade não é apenas sobre reconstruir o relacionamento, mas também sobre reconstruir-se em âmbito individual. A infidelidade abala profundamente a autoestima, a confiança em si mesmo e o equilíbrio emocional. Investir no autocuidado e no crescimento pessoal ajuda cada parceiro a se fortalecer para que possam contribuir de forma saudável para o relacionamento.

- **Psicologia positiva e autocuidado:** a psicologia positiva, um campo que foca no bem-estar emocional, sugere que o autocuidado é fundamental para a cura. Isso envolve práticas que aumentam o bem-estar físico, mental e emocional. Quando cada parceiro se concentra em cuidar de si, tornam-se mais resilientes e equilibrados, o que, por sua vez, fortalece a relação.

Exemplos práticos de autocuidado:

Hobbies e atividades físicas: manter-se ativo com hobbies, sejam eles relacionados a esportes, leitura, jardinagem ou a aprender algo novo, como tocar um instrumento, pode restaurar o senso de identidade.

Meditação e mindfulness: práticas de meditação ajudam a acalmar a mente, reduzir o estresse e se reconectar com o presente. Elas são ferramentas poderosas para processar emoções após uma traição.

Terapia individual: buscar apoio psicológico individual é essencial para quem enfrenta sentimentos de perda, culpa ou insegurança. Um terapeuta pode ajudar a entender melhor as raízes dos sentimentos negativos e encontrar formas de superá-los.

Exemplo prático: João e Letícia enfrentaram uma traição. Para João, a dor da traição afetou a autoestima, e ele decidiu investir em aulas de boxe e terapia individual para restaurar sua confiança. Ao canalizar as emoções em atividades físicas e buscar apoio profissional, ele se sentiu mais fortalecido para trabalhar a relação com Letícia.

6. PRATIQUE O PERDÃO COMO PROCESSO DE LIBERTAÇÃO

O perdão, embora difícil, é uma das ferramentas mais poderosas para seguir em frente após uma traição. No entanto, não deve ser confundido com esquecimento ou desculpa. O perdão é uma escolha consciente de não deixar que a dor da infidelidade consuma o relacionamento.

Neurociência do perdão

Estudos na área de neurociência demonstram que o ato de perdoar ativa áreas do cérebro responsáveis pela empatia e pela liberação de ocitocina, o hormônio do vínculo, que ajuda a reduzir o estresse e a promover o bem-estar emocional. Isso sugere que o perdão é um processo de cura tanto para quem perdoa quanto para quem é perdoado.

Como praticar o perdão

Aceite a dor: o primeiro passo é reconhecer a dor e não a negar. Isso não significa que você tenha que revivê-la o tempo todo, mas sim que você deve reconhecê-la como parte do processo de cura.

Decida seguir em frente: o perdão é uma escolha. Você escolhe não permitir que o passado continue controlando seu presente. É uma decisão de não deixar a traição definir o futuro do casal.

Reafirme o compromisso: depois que o perdão for concedido, ambos os parceiros devem reafirmar o compromisso de trabalhar para um futuro juntos, construindo uma nova base de confiança.

Exemplo prático: após uma traição, Marina decidiu praticar o perdão. Em um ato simbólico, ela escreveu uma carta ao marido, Rodrigo, expressando sua dor e a escolha de perdoá-lo. Esse gesto foi fundamental para que ambos verbalizassem suas emoções e reafirmassem o compromisso com o futuro.

7. CRIE NOVOS MOMENTOS JUNTOS

Depois de uma traição, é crucial que o casal crie novas lembranças positivas para substituir as dolorosas que ficaram para trás. A ciência comportamental sugere que atividades conjuntas que exigem esforço, cooperação e cumplicidade ajudam a fortalecer o vínculo emocional, aumentando os níveis de dopamina e promovendo sentimentos de felicidade[10].

Exemplos de novos momentos

Viagens e aventuras: planejar uma viagem ou realizar atividades ao ar livre, como trilhas ou passeios, permite que o casal explore experiências inéditas juntos e construa novas lembranças que simbolizam o recomeço.

Projetos conjuntos: participar de um projeto, seja reformar a casa, criar um novo negócio ou até adotar um novo hobby juntos, ajuda a reforçar a cumplicidade.

Recriar rotinas: criar pequenas tradições diárias, como jantares semanais, passeios em casal ou um novo ritual de agradecimento ao final do dia, pode ajudar a fortalecer a conexão.

Exemplo prático: após passarem por um período conturbado devido à traição, Lucas e Paula decidiram começar a correr juntos todos os dias. Além de ser uma atividade física que promovia bem-estar, a corrida se tornou um momento de conexão, durante o qual ambos se desafiavam e comemoravam juntos suas conquistas.

8. BUSQUE AJUDA PROFISSIONAL

Em muitos casos, pode ser difícil para o casal enfrentar sozinho as causas da infidelidade. A ajuda de um terapeuta de casal pode ser inestimável nesse processo. A terapia oferece um espaço neutro para que ambos possam explorar as causas da traição de forma estruturada e construtiva, além de ajudar o casal a desenvolver novas habilidades de comunicação e conexão.

Benefícios da terapia de casal

Mediação de conflitos: o terapeuta atua como um mediador neutro, ajudando a resolver conflitos e facilitando a comunicação aberta.

Ferramentas de reconstrução: a terapia oferece ferramentas práticas para lidar com as emoções, superar ressentimentos e construir uma nova base de confiança.

Identificação de padrões tóxicos: o terapeuta ajuda o casal a identificar padrões de comportamento que contribuíram para a traição, permitindo que possam trabalhar para eliminá-los.

Exemplo prático: Diana e Bruno enfrentaram uma traição física que quase levou ao término do relacionamento. Eles decidiram buscar ajuda profissional e, por meio de sessões de terapia, conseguiram entender os problemas subjacentes, como a falta de comunicação e o distanciamento emocional. Com o tempo, aprenderam a se reconectar e a estabelecer novas regras de convivência que permitiram a recuperação da confiança.

Superar uma traição exige mais do que força de vontade; exige compromisso, autocuidado, e, em muitos casos, ajuda profissional. Quando os parceiros decidem investir no perdão, na criação de novos momentos e no fortalecimento da relação, eles podem emergir dessa crise mais fortes e resilientes do que nunca.

Esse processo, no entanto, requer dedicação contínua e uma visão clara de que, embora o passado não possa ser alterado, o futuro pode ser reconstruído. Ao fazê-lo, o casal não apenas supera a dor da infidelidade, mas também cria uma relação renovada e fortalecida.

Agora, com essas novas ferramentas e entendimentos, ambos estão prontos para seguir em frente, comprometidos em construir uma nova história juntos, com mais amor, respeito e confiança.

Mas precisamos seguir, entrando em um outro formato de infidelidade e traição.

INFIDELIDADE FINANCEIRA

Quando pensamos em traição, a maioria de nós imagina infidelidades emocionais ou físicas. Mas há outro tipo de traição, menos discutido, que corrói as bases de um relacionamento com a mesma intensidade: a infidelidade financeira. Ela se instala de forma silenciosa, quase invisível, nas entrelinhas de recibos escondidos, cartões de crédito secretos e decisões financeiras tomadas sem o consentimento do parceiro. Assim como na traição emocional, a quebra de confiança é devastadora, pois atinge um pilar fundamental de qualquer relação: a transparência.

A infidelidade financeira pode parecer inofensiva em seus primeiros sinais – uma compra não mencionada aqui, uma dívida camuflada ali. Porém, à medida que esses pequenos atos de sigilo se acumulam, eles constroem uma muralha invisível entre os parceiros, criando um abismo que separa os dois em seus objetivos, sonhos e segurança. O dinheiro, que deveria ser uma ferramenta para construir juntos, transforma-se em uma arma que fere a confiança, criando desconfiança e ressentimento.

Assim como na infidelidade física, a traição financeira é uma quebra de lealdade, uma forma de ocultação que impede o crescimento saudável do casal. Quando não enfrentada, pode abrir feridas difíceis de curar, abalando não apenas as finanças, mas também os alicerces emocionais da relação.

A infidelidade financeira inclui comportamentos como:

- **Esconder dívidas:** um dos parceiros acumula dívidas sem contar ao outro, como cartões de crédito ou empréstimos.
- **Gastos excessivos não revelados:** um parceiro faz compras significativas ou constantes sem informar o outro, ocultando extratos bancários ou mentindo sobre o custo de certos itens.
- **Investimentos arriscados escondidos:** um parceiro faz investimentos financeiros sem o consentimento ou conhecimento do outro.
- **Contas secretas:** manter contas bancárias separadas e ocultas, sem que o outro saiba, é uma forma de traição financeira que pode minar a confiança no planejamento de vida em comum.

NÚMEROS E DADOS SOBRE INFIDELIDADE FINANCEIRA

Estudos recentes mostram que a infidelidade financeira é mais comum do que se imagina:

- Pesquisa de 2021 da National Endowment for Financial Education (NEFE) revelou que cerca de **43% dos adultos em um relacionamento admitem ter escondido informações financeiras de seus parceiros.**
- **Cerca de 50% dos casais que experimentam infidelidade financeira afirmam que isso levou a uma perda de confiança significativa no relacionamento.**
- **Mais de 30% dos casais admitem ter conflitos financeiros constantes**, e a infidelidade financeira foi a causa de divórcio em

22% dos casos, segundo a Associação Americana de Terapia Matrimonial e Familiar.

Esses números são alarmantes, pois mostram como as finanças escondidas ou mal gerenciadas podem gerar grandes conflitos e até o término de relacionamentos.

AS PRINCIPAIS CAUSAS DA INFIDELIDADE FINANCEIRA

Existem muitas razões pelas quais alguém pode praticar a infidelidade financeira:

- **Medo do julgamento ou conflito:** algumas pessoas têm medo de contar ao parceiro sobre dívidas ou compras impulsivas, temendo que sejam julgadas ou causem conflitos. A solução temporária é esconder a verdade.
- **Controle e poder:** em muitos relacionamentos, a infidelidade financeira é usada como forma de controle, onde um parceiro quer manter o domínio sobre as decisões financeiras sem compartilhar o poder com o outro.
- **Falta de comunicação sobre dinheiro:** muitos casais simplesmente não falam sobre dinheiro de forma aberta. A falta de diálogo sobre finanças deixa espaço para segredos, que eventualmente se transformam em traição financeira.
- **Pressão social:** a pressão para manter determinado estilo de vida pode levar alguém a gastar mais do que deve ou esconder compras para manter as aparências.

O IMPACTO DEVASTADOR DA INFIDELIDADE FINANCEIRA

A infidelidade financeira pode ter impactos profundos em várias áreas do relacionamento:

- **Perda de confiança:** assim como em outros tipos de infidelidade, quando o segredo financeiro é descoberto, a confiança no relacionamento é gravemente abalada. O parceiro traído sente que foi enganado, e a recuperação dessa confiança pode ser tão difícil quanto em casos de traição emocional ou física.
- **Crise financeira:** o acúmulo de dívidas ou investimentos arriscados pode colocar o casal em uma situação financeira complicada. O impacto dessa traição vai além das emoções, afetando diretamente a estabilidade financeira da família.
- **Aumento do estresse:** o estresse financeiro é um dos principais fatores que levam ao rompimento de relacionamentos. Quando combinado com a traição, o estresse pode se tornar insuportável para muitos casais.
- **Desequilíbrio de poder:** a infidelidade financeira muitas vezes envolve um desequilíbrio de poder, onde um parceiro controla mais as finanças e toma decisões sem o consentimento do outro. Isso pode criar ressentimento e levar à separação.

Exemplo prático: Luciana e André estavam casados há 12 anos e sempre acreditaram ter uma relação baseada em confiança mútua. No entanto, Luciana descobriu que André tinha uma dívida de cartão de crédito de mais de 100 mil reais, acumulada ao longo de cinco anos, durante os quais ele ocultava faturas, fazia pagamentos mínimos e justificava atrasos com "pequenos problemas de fluxo de caixa". André tinha desenvolvido um comportamento compulsivo de gastar em jogos on-line e, temendo o julgamento de Luciana, escondia os extratos. Quando a dívida se tornou insustentável e foi descoberta, a confiança entre os dois ficou profundamente abalada.

Esse caso real é um exemplo de como a infidelidade financeira pode não apenas criar uma crise de confiança, mas também trazer consequências financeiras que afetam o planejamento de vida do casal.

A RELAÇÃO ENTRE INFIDELIDADE FINANCEIRA E O MACHISMO ESTRUTURAL

O machismo estrutural também desempenha papel importante na infidelidade financeira. Em muitas sociedades, os homens são socialmente condicionados a serem os provedores e a tomar decisões financeiras sozinhos, como sinal de masculinidade e controle. Isso pode fazer com que alguns homens sintam que precisam esconder dificuldades financeiras ou investimentos arriscados para manter uma imagem de força e estabilidade.

Além disso, a pressão para demonstrar poder econômico leva muitos homens a gastos excessivos, endividamento e à necessidade de ocultar tais comportamentos. A ideia de que "o homem não pode falhar" ou que deve sempre estar no controle das finanças leva a segredos que corroem a confiança no relacionamento.

A infidelidade financeira é muitas vezes tão devastadora quanto a traição física ou emocional, pois destrói a base de confiança e segurança do casal. No entanto, com comunicação aberta, transparência e um plano financeiro sólido, é possível superar a traição e reconstruir o relacionamento, baseando-o em confiança mútua e responsabilidade compartilhada.

Ao adotar uma abordagem consciente e proativa, os casais podem não apenas curar as feridas da infidelidade financeira, mas também construir uma parceria mais sólida e saudável em todos os aspectos da vida.

O VÍCIO EM JOGOS ON-LINE E O SEU IMPACTO DEVASTADOR

Nos últimos anos, o vício em jogos on-line e apostas tem sido um dos principais causadores de infidelidade financeira. Estima-se que **mais de 90% dos jogadores** viciados não compartilham com seus parceiros o valor real gasto em jogos. Dados indicam que o Brasil possui **14 milhões de pessoas** endividadas com jogos de azar, e essa prática tem levado muitas famílias à ruína financeira.

O vício em jogos on-line não apenas drena as finanças, mas também cria um ciclo de vergonha e ocultação. Muitos que estão presos nesse ciclo escondem seus gastos, acreditando que podem controlar o problema. No entanto, à medida que as dívidas aumentam, o distanciamento entre os parceiros também cresce, gerando um abismo emocional.

DINÂMICA PARA EXPOR VULNERABILIDADES E RESOLVER O PROBLEMA

Agora é o momento de transformação, em que o casal deve abrir o coração e expor vulnerabilidades sem medo de julgamentos. Para que o processo seja eficaz, é fundamental que o ambiente seja de acolhimento e compreensão mútua. A seguir, sugerimos uma dinâmica que pode ser feita em conjunto, com o objetivo de eliminar segredos financeiros e restaurar a confiança.

Dinâmica de abertura financeira

1. **Criação de um espaço seguro:** escolha um momento calmo e sem distrações. Ambos devem estar dispostos a ouvir e compartilhar sem interrupções.
2. **Compartilhar vulnerabilidades:** comece com uma conversa aberta, na qual cada um tenha a oportunidade de compartilhar qualquer segredo financeiro que possa estar mantendo. Isso inclui dívidas ocultas, gastos não revelados ou até investimentos arriscados.
3. **Explique os motivos:** quando um dos parceiros expõe algo que estava escondendo, é importante explicar os motivos sem medo de julgamentos. Utilize frases como: **"escondi isso porque tinha medo da sua reação"** ou **"eu não queria que você se preocupasse, então mantive isso em segredo"**. Ser vulnerável aqui é essencial.

4. **Compromisso com a mudança:** após as revelações, comprometam-se a mudar. Isso envolve ser mais transparente sobre as finanças daqui para a frente e estabelecer um plano de recuperação conjunta.

5. **Apoio mútuo, sem acusações:** o parceiro que ouve deve praticar a escuta ativa, acolhendo o que foi dito sem acusações ou ataques. Isso cria um ambiente de cura, e não de mais tensão.

6. **Consultoria profissional:** em muitos casos, buscar ajuda profissional é crucial. Um consultor financeiro ou um terapeuta especializado em finanças pode ajudar a organizar as dívidas e criar estratégias para a recuperação.

7. **Conversas financeiras regulares:** assim como discutimos a vida emocional, é importante que o casal tenha conversas regulares sobre o estado das finanças. Isso inclui falar sobre metas, desafios e possíveis ajustes no orçamento.

UM COMPROMISSO COM A TRANSPARÊNCIA

Superar a infidelidade financeira vai muito além de colocar as contas em ordem; trata-se de reconstruir a base de confiança que sustenta o relacionamento. Este é um momento crucial para o casal transformar um obstáculo em oportunidade, estabelecendo um novo padrão de transparência e vulnerabilidade. A confiança não se constrói apenas com palavras, mas com ações diárias que demonstram honestidade, respeito e cooperação.

Abrir-se financeiramente significa mais do que compartilhar números em uma planilha – é revelar medos, inseguranças e ambições que muitas vezes ficam escondidas. Ao expor esses sentimentos, o casal não apenas organiza sua vida financeira, mas também cria um pacto de cumplicidade emocional que os ajudará a enfrentar não apenas crises econômicas, mas todos os desafios que a vida conjugal pode apresentar.

Quando ambos entendem que a vulnerabilidade financeira pode ser um caminho para uma relação mais profunda e autêntica, o casal ganha uma poderosa ferramenta de transformação. Por meio dessa prática de abertura, cada parceiro aprende a apoiar o outro nas fraquezas e a celebrar as conquistas, criando uma parceria verdadeiramente sólida e inquebrável.

A transparência financeira, portanto, é um portal para uma nova fase da relação, onde os segredos não têm mais espaço e o crescimento mútuo passa a ser o alicerce da união. Ao caminharem juntos nesse compromisso, fortalecerão a confiança que permeia todas as áreas da vida, desde os pequenos detalhes cotidianos até as maiores decisões que moldarão o futuro de vocês como casal.

INFIDELIDADE VIRTUAL: A TRAIÇÃO DOS TEMPOS MODERNOS

A NOVA ERA DAS RELAÇÕES: COMO AS REDES SOCIAIS ESTÃO DESTRUINDO CONEXÕES REAIS

Vivemos em um mundo hiperconectado, no qual as redes sociais, embora tenham a intenção de aproximar as pessoas, muitas vezes geram o efeito oposto nos relacionamentos amorosos. O acesso constante ao mundo digital trouxe consigo uma nova forma de infidelidade, conhecida como **infidelidade virtual**. Flertes digitais, curtidas sugestivas, conversas íntimas e o "sexting" são apenas algumas maneiras com que a traição agora ocorre no ambiente virtual.

Pesquisas recentes mostram que **53% das pessoas em relacionamentos monogâmicos consideram o flerte on-line uma forma de traição**, e **41% dos entrevistados admitiram ter se envolvido em algum tipo de comportamento inapropriado nas redes sociais**. Essa nova realidade coloca à prova os casais, que muitas vezes subestimam os impactos das interações virtuais no relacionamento.

O IMPACTO DAS REDES SOCIAIS NAS RELAÇÕES

As redes sociais tornaram-se parte dominante do cotidiano e, com isso, as barreiras entre o público e o privado estão cada vez mais nebulosas. A pressão para manter uma presença atraente on-line, a constante comparação com os outros e a sensação de "oportunidades infinitas" podem enfraquecer a conexão emocional entre os casais.

Essas interações digitais, quando não controladas, podem abrir portas para infidelidades virtuais que afetam profundamente a confiança e a intimidade. A infidelidade virtual tornou-se uma das maiores ameaças aos relacionamentos na era digital. Ela envolve desde flertes on-line até vínculos emocionais e sexuais desenvolvidos com outras pessoas por meio de plataformas digitais. Embora não haja contato físico, o dano emocional e a quebra de confiança são reais e profundos.

Os tipos de infidelidade digital são vários, como veremos a seguir.

APROFUNDANDO OS TIPOS DE INFIDELIDADE DIGITAL

1. **Flertes nas redes sociais**: o que começa com um "curtir" ou um comentário pode parecer inofensivo, mas o flerte nas redes sociais é uma das formas mais comuns de infidelidade emocional. Interações repetidas, curtidas em fotos sugestivas ou comentários insinuantes podem criar uma linha tênue entre a socialização e a traição. Esses pequenos gestos, mesmo sem contato físico, minam a confiança e podem deixar o parceiro se sentindo desrespeitado ou inseguro. O impacto psicológico é significativo, uma vez que o parceiro pode se sentir deixado de lado ou comparado constantemente a essas interações virtuais.

2. **Sexting**: a troca de mensagens com teor sexual, fotos ou vídeos explícitos com outra pessoa que não o parceiro é uma das formas mais

diretas de infidelidade digital. Mesmo que não haja contato físico, o impacto emocional no parceiro é devastador, pois o sexting gera um vínculo erótico fora do relacionamento. Ademais, isso coloca o casal em risco de exposição, já que as trocas podem vazar ou ser usadas de modo indevido.

3. **Desenvolvimento de laços emocionais**: infidelidade emocional por meio de mensagens privadas ou chats é muitas vezes mais devastadora do que a traição física. Um parceiro que confia profundamente em outra pessoa – que não seja seu cônjuge – a respeito de seus sentimentos, medos ou sonhos cria um tipo de intimidade que deveria ser preservado para o relacionamento. Esses laços emocionais criam um distanciamento, fazendo com que o parceiro se sinta negligenciado, desvalorizado e emocionalmente traído.

4. **Aplicativos de relacionamento**: ter perfis ativos em aplicativos de namoro, mesmo que apenas "por diversão" ou para buscar validação, representa uma forma sutil, mas significativa de infidelidade. Ao continuar disponível nessas plataformas, o parceiro envia uma mensagem inconsciente (ou consciente) de que permanece aberto a novas possibilidades. Esse tipo de traição pode ser emocionalmente devastador, pois o outro parceiro se sente traído pelo simples fato de o relacionamento não ser mais exclusivo.

Exemplo real: Renata e Eduardo estavam juntos há cinco anos quando Renata descobriu que Eduardo passava noites inteiras trocando mensagens com outras mulheres em aplicativos. Embora Eduardo insistisse que nunca havia conhecido nenhuma delas pessoalmente, as conversas eram bem íntimas e, muitas vezes, sexuais. Para Renata, a traição foi devastadora. O fato de que Eduardo estava emocionalmente disponível para outras mulheres, mesmo sem contato físico, destruiu sua confiança e deixou um vazio na intimidade que os dois compartilhavam.

O IMPACTO DA INFIDELIDADE VIRTUAL NOS RELACIONAMENTOS

Mesmo sem contato físico, a traição virtual pode causar danos emocionais profundos. A sensação de exclusividade emocional é quebrada, levando o parceiro traído a questionar se é suficiente, se pode confiar na outra pessoa e se o relacionamento é realmente saudável.

Estudos indicam que **60% dos casais que enfrentam uma infidelidade virtual relatam danos emocionais iguais ou superiores aos causados por traições físicas**. A dor de ser traído no ambiente virtual pode levar a sérias crises de autoestima e confiança no parceiro, tornando a reconstrução do relacionamento um desafio árduo.

ESTABELECENDO LIMITES DIGITAIS NO RELACIONAMENTO

Uma forma essencial de prevenir a infidelidade virtual é o casal estabelecer **regras claras sobre o uso das redes sociais**. A prática da **comunicação não violenta (CNV)** pode ser fundamental nesse processo, permitindo que ambos os parceiros expressem inseguranças e desconfortos de forma honesta e respeitosa.

Exemplo prático de CNV: Renata poderia dizer: "Eu me sinto desconfortável e insegura quando vejo você curtindo fotos de mulheres de biquíni. Isso me faz sentir que você não está emocionalmente presente em nosso relacionamento. Eu gostaria que pudéssemos conversar sobre isso e estabelecer limites para que ambos se sintam seguros".

DICAS PARA ESTABELECER REGRAS DIGITAIS

- **Transparência total**: ambos os parceiros devem estar abertos a compartilhar suas atividades nas redes sociais. Isso não significa vigiar o outro, e sim garantir que não haja segredos.
- **Limites claros para interações on-line**: decidam juntos o que é aceitável, como curtir ou comentar em postagens de outras pessoas.

Por exemplo, determinar que não há problemas em curtir fotos de amigos, mas não de pessoas atraentes de forma sugestiva.

- **Comunicação constante**: verifiquem regularmente como se sentem em relação ao uso das redes sociais no relacionamento. Se algo causa desconforto, falem sobre isso de maneira aberta e respeitosa.
- **Desconexão intencional**: estabeleçam horários ou momentos do dia em que ambos estão totalmente desconectados das redes sociais, focando apenas um no outro. Isso ajuda a manter a conexão emocional viva.

RECONSTRUINDO A CONFIANÇA APÓS A INFIDELIDADE VIRTUAL

Superar uma traição virtual pode ser tão difícil quanto lidar com uma traição física. A seguir, há algumas etapas para reconstruir a confiança.

- **Transparência**: o parceiro que cometeu a infidelidade virtual deve ser completamente honesto sobre todas as interações e, se necessário, eliminar os contatos que causaram a traição.
- **Compromisso com a mudança**: ambos os parceiros devem se comprometer a mudar hábitos digitais. Isso pode incluir reduzir o tempo gasto nas redes sociais, desativar contas ou ajustar comportamentos que geram insegurança.
- **Apoio emocional**: buscar ajuda profissional, como a terapia de casal, pode ser uma excelente ferramenta para reconstruir a confiança e aprender a lidar com as inseguranças resultantes da infidelidade.

A infidelidade virtual é um reflexo dos desafios que a era digital traz para os relacionamentos. No entanto, com **comunicação aberta**, **estabelecimento de limites claros** e um compromisso de **transparência** e

respeito mútuo, é possível não apenas superar essas traições, mas também fortalecer a conexão entre o casal.

Nesse momento, ficou mais que claro como a confiança é o pilar de qualquer relacionamento e como a mentira, em todas as suas formas, pode destruir esse pilar. A mentira, muitas vezes, surge como tentativa de proteger a relação ou de evitar conflitos, mas, na realidade, só serve para corroer a base que sustenta o amor e o respeito mútuo. Ao reconhecer os perigos da mentira e assumir a verdade como princípio norteador, o casal pode criar um espaço de autenticidade, onde ambos se sintam seguros para serem quem realmente são.

Dessa forma, seguimos para mais um pilar fundamental de qualquer relação.

SEGUNDO PILAR FUNDAMENTAL DA RELAÇÃO: RESPEITO, O PILAR DA DIGNIDADE MÚTUA

Respeito é o solo fértil onde o amor, a confiança e a parceria florescem de verdade. Não se trata apenas de ouvir o outro, mas de honrar sua individualidade e reconhecer a grandeza da presença da pessoa em sua vida. Quando o respeito permeia uma relação, também cria um ambiente seguro e acolhedor, onde cada palavra é valorizada, cada sentimento é compreendido e cada ação é vista como parte de um todo maior. Respeitar é olhar nos olhos de quem se ama e entender que, mesmo nas diferenças, existe uma riqueza que só pode ser alcançada pela escuta atenta e pelo coração aberto.

Neste espaço de respeito, o casal pode discordar e enfrentar desafios, mas jamais esquecerá que, antes de tudo, são seres humanos dignos de consideração. O respeito é a ponte que transforma o conflito em oportunidade de crescimento e o silêncio em dança de compreensão mútua.

Mahatma Gandhi disse uma vez: **"O respeito pelo outro é a base da convivência pacífica"**[11]. Em um relacionamento, o respeito é o que impede que o amor se torne tóxico, evitando a contaminação por críticas constantes, desprezo ou atitudes destrutivas. O respeito se manifesta no cuidado com as palavras, nas ações diárias e na forma como tratamos o parceiro, mesmo em momentos de conflito.

A violência contra a mulher no Brasil é um problema alarmante e multifacetado, com dados que apontam para a gravidade dessa questão. Em termos de violência física, o país registrou, em 2023, um aumento significativo nos casos de violência doméstica. Segundo os levantamentos mais recentes, **uma em cada quatro mulheres afirma já ter sofrido algum tipo de violência, seja física, psicológica ou sexual**. Apenas no último ano, mais de **230 mil denúncias de violência doméstica foram registradas**[12]. No campo da violência sexual, 56% dos casos ocorrem dentro de casa e, muitas vezes, o agressor é o próprio parceiro.

Um tipo de violência muitas vezes silenciado, mesmo dentro dos relacionamentos, é a violência sexual, onde há relações não consentidas ou impostas, mesmo no contexto de um relacionamento amoroso. Essa violência também fere a dignidade e o respeito, constituindo um tipo de abuso grave, porém menos denunciado. Muitos ainda acreditam, erroneamente, que no casamento ou em demais formas de relacionamentos o consentimento é sempre implícito, o que não é verdade.

Outro tipo de violência devastadora, mas menos visível, é a violência psicológica. Esta forma de abuso, que inclui humilhação, insultos, chantagem emocional, manipulação e isolamento social, destruição da autoestima e do senso de identidade da vítima. É comum que as vítimas de violência psicológica demorem a considerar os abusos, justamente por não deixarem marcas físicas, mas seus impactos emocionais são profundos e íntimos.

EXEMPLOS COMUNS DE VIOLÊNCIA PSICOLÓGICA

1. **Gritos e intimidações:** quando um parceiro usa a elevação da voz ou adota uma postura ameaçadora para calar ou controlar o outro, ele pratica violência psicológica. A intimidação, que pode ser verbal ou não verbal, é uma ferramenta usada para criar medo e, assim, exercer controle sobre a pessoa com quem se relaciona, inibindo qualquer tentativa de diálogo ou expressão de opiniões.

Exemplo prático: um exemplo comum é um parceiro que, durante uma discussão, levanta-se abruptamente, bate portas ou se aproxima fisicamente da vítima com uma expressão ameaçadora, dizendo: "Você nunca faz nada direito!". A vítima, muitas vezes, reage com silêncio ou choro, pois teme represálias físicas ou emocionais, e o diálogo é interrompido. Esse ciclo de medo cria uma atmosfera tóxica, onde a vítima é silenciada não pela vontade, mas pela imposição do medo.

2. **Xingamentos e humilhação:** xingamentos e humilhação são formas cruas de violência verbal, usadas para destruir a autoestima do parceiro. A humilhação pode acontecer tanto em público quanto em privado e tem o objetivo de fazer o outro se sentir inferior ou inadequado. Esse comportamento constante mina a confiança da vítima e promove um ciclo de submissão.

Exemplo prático: em uma situação típica, o agressor pode dizer algo como: "Você é inútil, nunca será capaz de fazer nada certo" ou "olha como está vestido(a), é uma vergonha". Mesmo que essas palavras sejam ditas durante um momento de raiva, o impacto é devastador e duradouro. A vítima começa a acreditar nessas palavras, desenvolvendo uma sensação de inadequação que afeta outras áreas da vida, como o trabalho e a socialização.

3. **Manipulação emocional:** a manipulação emocional ocorre quando um parceiro usa a culpa, a vergonha ou a distorção dos sentimentos

da vítima para controlá-la. O agressor tenta reverter a responsabilidade dos problemas do relacionamento, de forma que a vítima se sinta sempre culpada. Esse tipo de violência psicológica retira da vítima a sua autonomia emocional, fazendo-a acreditar que suas reações são sempre erradas ou exageradas.

Exemplo prático: imagine um cenário onde o parceiro constantemente diz: "Se me amasse de verdade, faria o que estou pedindo" ou "você está sendo egoísta por não entender o quanto sofro por sua culpa". Nessa dinâmica, o agressor usa o amor como ferramenta de manipulação, criando um ciclo onde a vítima constantemente se sente inadequada e culpada por não atender às demandas do parceiro, mesmo quando são demandas irracionais ou abusivas.

4. ***Gaslighting*:** é uma forma extremamente destrutiva de manipulação emocional, na qual o agressor faz a vítima duvidar da própria percepção da realidade. Essa tática perversa mina a confiança e o senso de valor da pessoa, corroendo, lentamente, sua autoestima e clareza mental. Ao negar ou distorcer acontecimentos, o agressor cria uma falsa realidade que, com o tempo, confunde a vítima e a faz questionar sua memória, seus sentimentos e até sua sanidade.

   Essa técnica é usada com frequência em relacionamentos abusivos, e frases como "isso nunca aconteceu" ou "você está exagerando", "está louca" e "isso é coisa da sua cabeça" são típicas de um agressor que busca desqualificar a experiência da vítima. Isso gera uma profunda sensação de insegurança, pois a pessoa começa a duvidar das próprias vivências. O **poder do *gaslighting*** reside na sutileza e repetição: quanto mais o agressor manipula fatos e descredibiliza os sentimentos da vítima, mais a pessoa se sente perdida e desconectada da realidade.

   O *gaslighting* não é apenas distorção da realidade, mas também tentativa de controle emocional. A vítima, ao duvidar da própria percepção, começa a se sentir dependente do agressor para definir o que é "real" e o que não é. O *gaslighting* é, muitas vezes, uma forma de controle usada principalmente por homens em sociedades machistas, onde o poder e o domínio são associados à masculinidade. No entanto, qualquer pessoa pode ser vítima ou praticante dessa manipulação, tornando-o um problema universal em relacionamentos tóxicos.

Por isso, reconhecer os sinais dessa prática e buscar apoio é fundamental para romper esse ciclo destrutivo e restaurar a saúde emocional em qualquer tipo de relação.

O EFEITO DEVASTADOR DA FALTA DE RESPEITO

A falta de respeito é como um veneno que, lentamente, se infiltra nas rachaduras mais íntimas de uma relação, corroendo os alicerces que um dia sustentaram o amor. É uma erosão silenciosa, mas implacável, que desmorona a confiança, a admiração e o carinho que deveriam nutrir o casal. Quando o respeito deixa de existir, o espaço que deveria ser de acolhimento se transforma em campo de batalha, onde a comunicação deixa de ser um diálogo e se torna uma troca de acusações e feridas.

Respeito é mais do que palavras gentis; é o reconhecimento da dignidade e do valor da pessoa ao nosso lado. É ouvir não apenas o que o outro diz, mas também o que não consegue expressar. Quando esse respeito é quebrado, algo profundo se perde – a capacidade de sentir-se seguro, aceito e amado. Cada olhar de desdém, cada palavra ríspida e cada atitude negligente são golpes que, mesmo invisíveis, deixam cicatrizes profundas.

Sem respeito, o amor que antes fluía com leveza se torna pesado, cercado por muros de mágoa e ressentimento. A alma se encolhe, a voz silencia, e o coração, outrora aberto, começa a se proteger do ataque constante. Aos poucos, o que deveria ser uma jornada compartilhada se transforma em luta solitária, onde o medo de ser ferido fala mais alto que o desejo de se conectar.

A relação perde a essência, pois sem respeito não há espaço para a confiança florescer. Sem confiança, os gestos de carinho se tornam vazios, e o relacionamento se reduz a uma rotina mecânica, desprovida de significado. O respeito é a terra fértil onde o amor cresce, e sem ele, o solo se torna árido, incapaz de sustentar qualquer sentimento verdadeiro.

Resgatar o respeito em uma relação é um ato de coragem, um convite para rever o outro com novos olhos, reconhecendo fraquezas e imperfeições, mas também forças e beleza. É um passo essencial para que o casal volte a trilhar um caminho de afeto, empatia e reciprocidade, onde o respeito seja a base inabalável sobre a qual o amor pode florescer novamente.

Portanto, é preciso cuidar do respeito como se cuida de uma chama que aquece, mas que pode se apagar se não houver cuidado. Cada palavra, cada gesto, é uma oportunidade de fortalecer ou enfraquecer essa chama. Que o respeito seja cultivado com carinho, pois é ele que transforma o amor em algo que pode durar para sempre.

RECONSTRUINDO O RESPEITO NO RELACIONAMENTO

Este é o momento de ambos se abrirem com vulnerabilidade. Sentem-se juntos, de preferência em um ambiente calmo, e compartilhem percepções sobre como o respeito foi perdido em algum momento do relacionamento. Um pode começar dizendo: "Há algo que preciso confessar, e quero que saiba que estou compartilhando isso porque quero ser transparente e salvar nosso relacionamento".

Este exercício deve ser feito sem julgamentos ou acusações. Se houver segredos, medos ou inseguranças, é hora de expô-los, permitindo que a relação avance em transparência. Não se trata de procurar culpados, mas de construir uma nova base de confiança.

Se perceberem que agressões físicas ou psicológicas estão presentes, comprometam-se a buscar ajuda externa, seja de um terapeuta ou de um conselheiro de casais. Este é um passo essencial para transformar o que antes parecia incontrolável.

Com cada passo, a reconstrução do respeito não só trará harmonia, mas também renovará o amor e a admiração que são a base de toda relação saudável. Reconstruir o respeito em um relacionamento é como resgatar a essência sagrada que uniu duas almas no início da jornada. Quando o respeito é perdido, a relação se transforma em um campo de batalhas diárias, onde o amor é sufocado pela dor e a intimidade é substituída por um vazio doloroso. No entanto, toda relação é, na essência, um templo, um espaço sagrado construído para abrigar o melhor de cada um. E, assim como um templo, só se mantém firme quando há cuidado, atenção e, acima de tudo, respeito.

Não faz sentido dois seres que escolheram compartilhar a vida estarem em constante desarmonia. Uma relação não deve ser uma arena de guerras, mas um refúgio onde se encontra acolhimento, segurança e amor. Sem respeito, a união perde seu propósito. Sem respeito, não há por que continuar a caminhada a dois, pois ninguém merece viver sob o peso das agressões físicas ou psicológicas, carregando a dor de ser desvalorizado ou humilhado.

O respeito é a espinha dorsal de qualquer relacionamento saudável. Sem ele, o que resta é apenas um acordo formal, vazio de alma. Portanto, ou a falta de respeito é estancada de imediato, com esforço consciente de ambos para restaurar a dignidade e o valor um do outro, ou a relação se transforma em uma prisão emocional. Permanecer em uma prisão de agressões e ressentimentos não é viver, é sobreviver. E ninguém, absolutamente ninguém, merece viver assim.

A reconstrução do respeito começa com uma decisão mútua: o compromisso de se olhar nos olhos e reconhecer o valor do outro. É necessário abrir espaço para o diálogo honesto, onde a vulnerabilidade possa ser expressa sem medo de ser atacada. Não é um processo rápido ou fácil, mas é profundamente transformador. Quando o casal decide se comprometer com essa reconstrução, algo poderoso acontece: a conexão que foi fragilizada começa a ser reparada, tijolo por tijolo, com palavras gentis, gestos de carinho e, sobretudo, com a intenção de preservar a dignidade um do outro.

A chave para tal reconstrução está na capacidade de perdoar as feridas do passado e focar no futuro. Isso não significa esquecer o que aconteceu, mas escolher não permitir que erros antigos definam o futuro da relação. A cada dia, um novo tijolo de respeito é colocado, até que o espaço do amor se torne novamente um lugar seguro e acolhedor.

Então, reflitam sobre o porquê de terem se escolhido no início desta jornada. Lembrem-se de que uma relação foi feita para edificar, para crescer juntos, e não para se destruir em guerras silenciosas ou gritadas. Se estão prontos para reconstruir, comecem agora, com gestos simples de respeito e consideração. Afinal, amar é também honrar, proteger e respeitar quem escolhemos para caminhar ao nosso lado.

COMO EVITAR COMPORTAMENTOS DESRESPEITOSOS NO RELACIONAMENTO

1. **Evite gritos e xingamentos**: gritar ou xingar durante discussões é uma forma de agressão psicológica que destrói a comunicação e a confiança. Em vez disso, pratique o autocontrole. Quando a raiva surgir, faça uma pausa e respire profundamente antes de responder. Diga ao seu parceiro que você precisa de um momento para se acalmar e retomar a conversa de forma equilibrada. Pausas durante as discussões são essenciais para evitar a escalada do conflito.

Exemplo prático: se, em meio a uma discussão, você sentir que sua paciência está se esgotando, diga algo como: "Estou ficando muito agitado(a), preciso de um tempo para me acalmar e podemos continuar esta conversa mais tarde".

2. **Promova o reconhecimento diário**: pequenos gestos de gratidão reforçam o respeito diário. Ao reconhecer as qualidades do parceiro e as pequenas ações que ele ou ela faz por você, mantém-se uma atmosfera positiva e cria-se um ambiente onde o respeito é nutrido. A falta de reconhecimento pode minar a relação ao longo do tempo.

Exemplo prático: ao fim do dia, reserve cinco minutos para dizer algo positivo sobre seu parceiro, como: "Realmente aprecio que você tenha feito o jantar hoje, isso fez meu dia melhor".

3. **Cuidado com a manipulação e o controle**: manipulação emocional e controle, como exigir que seu parceiro aja de certa maneira ou oculte algo, são formas de violência psicológica. Para interromper isso, é fundamental praticar a confiança e dar espaço para que seu parceiro seja ele mesmo. Permita que expresse as próprias opiniões e tome decisões de forma independente, sem medo de ser manipulado ou controlado.

Exemplo prático: caso se perceba tentando manipular ou controlar, reformule suas palavras e seus pensamentos. Em vez de "você tem que fazer isso por mim", tente "eu gostaria que fizéssemos isso juntos, mas entendo se você tiver outro ponto de vista".

4. **Dê espaço à escuta ativa**: interromper ou minimizar o que o outro diz é uma forma de desrespeito. A escuta ativa é uma ferramenta essencial para restaurar o diálogo respeitoso. Isso significa ouvir o que o outro tem a dizer sem pensar em como responder de imediato, validando sentimentos e preocupações antes de expressar a própria opinião.

Exemplo prático: ao ouvir seu parceiro, faça um esforço consciente para não interromper e depois repita o que ele disse para garantir que você entendeu. Diga algo como: "Entendo que se sinta negligenciado(a) quando passo muito tempo no trabalho, é algo que podemos conversar e ajustar".

5. **Agressão física – um limite inegociável:** qualquer forma de agressão física deve ser imediatamente reconhecida como violação grave do respeito e da segurança. Se você está em um relacionamento onde houve agressão física, é crucial buscar ajuda profissional urgente, seja por meio de terapia de casais ou de apoio individual. A agressão física não deve ser tolerada sob nenhuma circunstância.

Exemplo prático: se houve agressão física no relacionamento, uma pausa imediata deve ser feita para que ambos busquem ajuda. O agressor deve assumir total responsabilidade por suas ações, e a vítima deve ser protegida e apoiada em sua decisão de buscar segurança.

6. **Agressões psicológicas – sinais silenciosos de desrespeito:** as agressões psicológicas, como *gaslighting*, manipulação emocional e humilhação podem ser tão prejudiciais quanto a violência física. Reconhecer esses comportamentos em si mesmo ou no parceiro é o primeiro passo. É essencial que as agressões sejam discutidas de forma aberta e que ambos se comprometam a mudar os padrões em questão.

Exemplo prático: caso perceba que está praticando *gaslighting*, seja honesto com seu(sua) parceiro(a). Diga algo como: "Percebi que, às vezes, faço você duvidar de si mesmo(a). Isso é errado, e estou comprometido(a) em mudar esse comportamento".

7. **Estabeleça limites claros:** limites saudáveis são fundamentais para que ambos saibam até onde podem ir. Estabeleça quais são as linhas inegociáveis na relação – seja em termos de comportamento verbal, físico ou emocional – e mantenham esses limites como um pacto de respeito mútuo.

Exemplo prático: "Quero que fiquemos de acordo que, em discussões futuras, não gritaremos um com o outro. Se percebermos que isso está acontecendo, vamos pausar a conversa e retomá-la de forma mais calma".

O RESPEITO COMO BASE DA DIGNIDADE MÚTUA

O amor, em sua forma mais pura, é o ato mais nobre e generoso que um ser humano pode vivenciar. Ele exige entrega, vulnerabilidade e uma troca de energia que só se torna possível quando os alicerces do relacionamento estão firmemente enraizados. Contudo, o amor também é exigente e complexo. Para que prospere e se torne a base de uma intimidade plena, é necessário que o casal tenha superado suas barreiras, acolhido vulnerabilidades e construído uma relação de respeito e confiança. Não há atalho.

Amar exige comprometimento, exige enfrentar medos e inseguranças, e requer disposição constante de crescer e aprender juntos. Todos os pontos que discutimos até agora – comunicação, verdade, transparência, respeito – são os ingredientes indispensáveis para que a verdadeira intimidade floresça. Um casal que deseja experimentar uma conexão profunda e autêntica deve estar disposto a cuidar dessas bases todos os dias.

A partir deste ponto, o foco será entender como, com esses pilares firmes, o casal pode cultivar uma intimidade que transcende o físico. Vamos explorar como a intimidade verdadeira envolve não apenas o corpo, mas a alma, e como o equilíbrio entre os diferentes aspectos do amor – emocional, físico e espiritual – é a chave para a entrega completa.

O HORIZONTE DE UM NOVO AMANHECER

Queridos leitores, chegamos a um ponto crucial desta jornada. Olhem para trás e vejam o caminho percorrido até aqui – as tempestades enfrentadas, as sombras das dúvidas que ameaçavam obscurecer o horizonte, e as verdades que vieram à tona. Vocês, que escolheram remar juntos em meio à turbulência, já podem avistar um rio de águas calmas logo à frente. Não é o fim da travessia, e sim um sinal claro de que o pior já passou. Vocês se fortaleceram, olharam um para o outro com vulnerabilidade e, em vez de afundarem em medos, escolheram crescer.

Cada passo que deram até agora – a coragem de expor as queixas, o compromisso com a mudança, a construção da confiança – tudo isso mostra que não existe relacionamento inabalável sem a disposição de enfrentar as tempestades. E por terem remado juntos, lado a lado, podem agora avistar a serenidade no horizonte.

Mas lembrem-se: a travessia não termina aqui. Assim como o rio continua a fluir, a vida também seguirá com seus desafios. Mas a força que vocês construíram como casal, a capacidade de navegarem por águas turbulentas, será sempre o farol que guiará o caminho de volta à harmonia. Cada adversidade que encontrarem daqui em diante será apenas mais uma oportunidade de consolidar esse laço inquebrável que estão forjando.

Sigam em frente com a certeza de que não estão apenas sobrevivendo ao percurso – estão moldando uma nova história, construindo uma união ainda mais forte e profunda. Que a travessia continue, mas que agora as águas fluam com mais leveza, e o amor, como bússola, os guie sempre em direção à paz e ao fortalecimento da relação.

Para que um relacionamento atinja sua completude em todos os aspectos, é preciso encarar todos os desafios, sem deixar nenhum detalhe negligenciado. Agora, mergulharemos em um tema muitas vezes silencioso, mas cujo impacto no bem-estar do casal é profundo: as finanças e o planejamento financeiro. Em nossa sociedade capitalista, o dinheiro frequentemente atua como maestro invisível nas relações. Suas influências podem ser sutis ou explosivas, mas, de uma forma ou de outra, estão sempre presentes.

O capítulo a seguir não trata apenas de números e contas, mas de confiança, colaboração e de como a gestão financeira em conjunto pode fortalecer os laços entre duas pessoas. Quando as finanças fluem em harmonia, o casal se sente mais seguro, unido e preparado para enfrentar os desafios do dia a dia. Este é um convite para transformar o que muitas vezes é fonte de discórdia em um poderoso elo de conexão e crescimento.

1. JUNG, Carl Gustav. *Memórias, sonhos, reflexões*. Tradução de Dora Ferreira da Silva. Rio de Janeiro: Nova Fronteira, 1989.
2. FROMM, Erich. *A arte de amar.* 14. ed. Rio de Janeiro: Guanabara, 1987.
3. KANT, Immanuel. On a supposed right to tell lies from benevolent motives. In: KANT, Immanuel. *Critique of practical reason and other works on the theory of ethics*. Londres: Longmans, Green and Co., 1898.
4. SEROTA, Kim B.; LEVINE, Timothy; DOCAN-MORGAN, Tony. Unpacking variation in lie prevalence: Prolific liars, bad lie days, or both? *Communication Monographs*, v. 89, p. 307-331, 10 out. 2021. Disponível em: https://www.semanticscholar.org/paper/Unpacking-variation-in-lie-prevalence%3A-Prolific-bad-Serota-Levine/c7dc67f0ac7f0f3fb62f3dff5dce53059e238825. Acesso em: 19 out. 2024.
5. FRAMPTON, P.; FOX, J. *The effects of lies on trust in romantic relationships. Journal of Social and Personal Relationships*, 2024. Disponível em: https://academic.oup.com. Acesso em: 19 out. 2024.
6. CHOI, Charles Q. Rich people more likely to lie, cheat, study suggests. *Live Science*, 27 fev. 2012. Disponível em: https://www.livescience.com/18683-rich-people-lie-cheat-study.html. Acesso em: 19 out. 2024.
7. REDAÇÃO MUNDO ESTRANHO. Quem trai mais: o homem ou a mulher? *Superinteressante*, 22 fev. 2024. Disponível em: https://super.abril.com.br/mundo-estranho/quem-trai-mais-o-homem-ou-a-mulher. Acesso em: 19 out. 2024.

   TRAVERS, Mark. As 12 principais razões pelas quais casais se separam, segundo pesquisa. *Forbes*, 5 ago. 2023. Disponível em: https://forbes.com.br/forbessaude/2023/08/as-12-principais-razoes-pelas-quais-casais-se-separam-segundo-pesquisa/. Acesso em: 19 out. 2024.

8. FINKENAUER, Catrin; HAZAM, Hana. Disclosure and secrecy in marriage: Confounds and correlates. *Journal of Social and Personal Relationships*, [*s. n.*], [*s. p.*], abr. 2020. Disponível em: https://www.researchgate.net/publication/46601258_Disclosure_and_Secrecy_in_Marriage_Do_Both_Contribute_to_Marital_Satisfaction. Acesso em: 19 out. 2024.

9. AMERICAN ASSOCIATION FOR MARRIAGE AND FAMILY THERAPY. Infidelity and its impact on marriage. *AAMFT*, [*s. d.*]. Disponível em: https://www.aamft.org. Acesso em: 19 out. 2024.

10. FELICIDADE e bem-estar: o que a neurociência tem a ver com isso. *Fique por dentro - Blog do Ensino Einstein*, 11 jun. 2019. Disponível em: https://ensinoepesquisa.einstein.br/fiquepordentro/noticia/felicidade-e-bem-estar-o-que-a-neurociencia-tem-aa-ver-com-isso. Acesso em: 19 nov. 2024.

11. GANDHI, Mahatma. *The story of my experiments with truth*. Nova Iorque: Beacon Press, 1961.

12. BUENO, Samira *et al. Feminicídios em 2023*. São Paulo: Fórum Brasileiro de Segurança Pública, 2023. Disponível em: https://publicacoes.forumseguranca.org.br/items/77f6dcce-06b7-49c1-b-227-fd625d979c85. Acesso em: 19 out. 2024.

BUENO, Samira *et al. Violência contra meninas e mulheres no 1º semestre de 2023*. São Paulo: Fórum Brasileiro de Segurança Pública, 2023. Disponível em: https://publicacoes.forumseguranca.org.br/items/169d72f9-48b4-4f9a-a-1ca-c06595232244. Acesso em: 19 out. 2024.

Capítulo 20

PLANEJAMENTO FINANCEIRO E METAS CONJUNTAS

Imagine um barco navegando por águas calmas, quando, de repente, sem aviso, uma tempestade surge no horizonte. Essa tempestade pode ser comparada ao estresse financeiro, que chega de forma inesperada e, antes que o casal perceba, as ondas do desequilíbrio sacodem a relação. No Brasil, onde a realidade econômica é marcada por desigualdades profundas e crescente crise financeira, muitos casais enfrentam esses desafios diariamente. A pressão econômica, o desemprego e a luta constante para "fazer o mês fechar" são questões que afetam a saúde mental e a harmonia familiar. O dinheiro, quando mal gerido ou escasso, pode se tornar um dos maiores fatores de conflito no relacionamento – não apenas pela falta dele, mas pelo impacto emocional que provoca nas expectativas, nos sonhos e nas decisões do casal.

O PESO DA CRISE FINANCEIRA NO RELACIONAMENTO

A realidade financeira no Brasil é alarmante e afeta diretamente a saúde mental e emocional das famílias. De acordo com o Serasa, mais de **70 milhões de brasileiros** estão com o nome sujo, o que representa uma enorme fatia da população endividada. Além disso, o Brasil enfrenta um cenário de **13 milhões de desempregados**, com um número crescente de pessoas em trabalhos informais e sem segurança financeira. A crise econômica não poupa nem mesmo as famílias empregadas: **mais de 30 milhões de brasileiros vivem com um salário mínimo**, de R$1.412 em 2024, insuficiente para cobrir as necessidades básicas em muitas regiões do país[1].

A pobreza extrema atinge cerca de **19 milhões de brasileiros** que vivem em condições de miséria, lutando todos os dias para garantir o sustento da família. Esses números criam um ambiente de estresse constante, onde a insegurança financeira não apenas afeta a capacidade de planejar o futuro, mas também destrói a tranquilidade no presente.

A pressão financeira aumenta os níveis de **ansiedade, depressão** e **crises de pânico** dentro do lar, afetando diretamente a saúde mental de ambos os parceiros. Em muitos casos, a pressão se traduz em discussões, desentendimentos e, às vezes, rupturas irreparáveis. Pesquisas mostram que questões financeiras estão entre as principais causas de divórcios no Brasil.

Quando o peso das dívidas e da incerteza econômica se torna grande demais, a relação entre o casal começa a sofrer. As conversas sobre dinheiro deixam de ser simples discussões sobre orçamento e se transformam em brigas a respeito de **sobrevivência** e **segurança**, minando a confiança e o respeito mútuo.

Estudos mostram que casais que enfrentam dificuldades financeiras estão mais propensos a conflitos frequentes, desentendimentos e, eventualmente, a separações. As brigas sobre dinheiro tendem a ser mais intensas e carregadas de emoções porque afetam a sensação de segurança e futuro de ambos. E, em um cenário de crise econômica, onde o aumento do custo de vida e a incerteza financeira se agravam, é necessário que o casal tenha uma parceria sólida para enfrentar esses desafios.

Ao entender o cenário financeiro no qual a maioria dos brasileiros está inserida, é fundamental que os casais reconheçam que as dificuldades não são pessoais, mas o reflexo de um contexto econômico maior. Essa consciência pode abrir portas para um diálogo mais aberto e colaborativo sobre como enfrentar os desafios juntos.

PARCERIA: A BASE PARA SUPERAR A CRISE

Nos momentos em que as dificuldades financeiras parecem insuperáveis, a parceria e o apoio mútuo tornam-se mais importantes do que nunca. Não basta apenas uma pessoa no relacionamento tentar resolver os problemas enquanto a outra permanece indiferente ou alheia à situação. A resiliência financeira do casal depende da capacidade de ambos de trabalhar juntos, definir prioridades e manter a comunicação aberta sobre as finanças.

Aqueles que têm o privilégio de uma estabilidade financeira devem valorizar ainda mais essa posição. O privilégio financeiro, quando usado com sabedoria e empatia, pode ser um meio de edificar o relacionamento, não apenas proporcionando conforto material, mas também criando base para o crescimento emocional e espiritual de ambos. Casais que conseguem navegar juntos por crises financeiras fortalecem não apenas a relação, mas também a confiança mútua.

A pressão para manter certo padrão de vida – muitas vezes alimentada pelas redes sociais e pela cultura do consumo – coloca uma carga adicional sobre os casais. Zygmunt Bauman, em sua análise da "modernidade líquida", fala sobre como o consumo incessante nos aprisiona, levando-nos a buscar mais e mais, sem nunca nos sentirmos satisfeitos de verdade. A busca por status e bens materiais acaba por ofuscar o que realmente importa: a conexão emocional e o respeito mútuo dentro do relacionamento.

Do ponto de vista neurológico, o estresse financeiro tem consequências profundas. Robert Sapolsky, neurocientista renomado, explica que o estresse crônico ativa a produção de cortisol, o hormônio do estresse, que afeta diretamente a capacidade de raciocínio lógico e de tomar decisões equilibradas. Em um relacionamento, o impacto desse estresse financeiro é ainda mais acentuado, pois intensifica conflitos e prejudica a capacidade do casal de lidar com situações de forma racional.

Estudos mostram que casais que vivem em constante estresse financeiro tendem a ter uma comunicação mais agressiva, menos empatia e mais dificuldade em resolver problemas. O estresse, quando não gerido, se transforma em um ciclo destrutivo que prejudica tanto o relacionamento quanto a saúde mental dos parceiros[2].

Em várias tradições religiosas e espirituais, o equilíbrio financeiro é visto como reflexo de sabedoria e responsabilidade. No cristianismo, por exemplo, Salomão nos ensinou que **"os planos bem elaborados levam à abundância".** A gestão responsável dos recursos é vista como forma de prosperar, não apenas no âmbito financeiro, mas também emocionalmente. Um casal que entende isso e aplica a espiritualidade à sua vida financeira pode transformar suas finanças em uma ferramenta de união e não de separação.

A DIFICULDADE EXTRA DE CASAIS DE BAIXA RENDA

A vida para casais de baixa renda é uma batalha constante. O impacto das desigualdades sociais e econômicas atinge duramente essas famílias. Para muitos, além das preocupações com as finanças, há um fardo extra: a luta diária contra condições precárias de moradia, falta de saneamento básico e, muitas vezes, o acesso limitado a serviços de saúde e educação. Essas questões colocam uma carga emocional e psicológica extra, agravando a tensão dentro do relacionamento.

A **realidade financeira** de casais que enfrentam dificuldades econômicas vai além da falta de dinheiro. Envolve o peso emocional de ver sonhos adiados, de não poder proporcionar um futuro melhor para os filhos, ou mesmo de não conseguir atender às necessidades básicas. Essas pressões criam terreno fértil para o surgimento de discussões e conflitos, que não são apenas sobre dinheiro, mas sobre **dignidade, sobrevivência** e o **desejo de um futuro mais digno**.

Segundo o IBGE, **13 milhões de brasileiros** vivem em condições de extrema pobreza, e **70 milhões** têm o nome sujo[3]. Este cenário revela quanto a crise financeira permeia todas as esferas da vida, influenciando o estado mental, físico e emocional das famílias. Para aqueles que já vivem com recursos limitados, imprevistos como doenças, desemprego ou um aumento inesperado no custo de vida podem facilmente mergulhar uma família em crise profunda. Em tais circunstâncias, a falta de controle financeiro não é apenas um inconveniente, mas uma ameaça à sobrevivência da família.

Porém, independentemente da realidade financeira de cada casal, a chave para evitar o caos financeiro e fortalecer o relacionamento está na criação de um plano financeiro sólido. A transparência total, o diálogo aberto e a definição de metas claras são essenciais para o sucesso dessa jornada financeira. A seguir, estão algumas etapas que podem ajudar o casal a começar.

SOLUÇÕES PRÁTICAS PARA ALIVIAR O PESO FINANCEIRO

Embora as dificuldades sejam intensas, há caminhos possíveis para que os casais reconstruam a trajetória financeira, restaurando não apenas a saúde econômica, mas também a **conexão e a confiança** entre si.

1. **Transparência total**: a base de qualquer solução financeira saudável é a transparência. Isso significa que não deve haver segredos financeiros. É essencial que ambos compartilhem todas as informações financeiras: **dívidas, receitas, despesas, empréstimos**. Ocultar problemas

financeiros cria desconfiança e distância no relacionamento. Assim, abrir esse canal de comunicação, por mais desconfortável que seja no início, é o primeiro passo.

Exemplo prático: realizem uma "reunião financeira" semanal, em que cada um compartilha os gastos da semana, discute os desafios e ajusta o orçamento juntos.

2. **Definir prioridades juntos**: para casais de baixa renda principalmente, em cujo núcleo familiar cada real conta, é importante definir quais são as prioridades financeiras. É crucial que ambos concordem sobre o que é mais importante, pensando sempre em garantir as necessidades básicas do casal.

Exemplo prático: se suas receitas estão comprometidas com as necessidades básicas, considere buscar uma renda extra. Isso pode incluir a venda de produtos feitos à mão, alimentos ou serviços informais, como pequenas reformas ou serviços de limpeza. Além disso, pesquise instituições que oferecem apoio a pessoas em situações semelhantes, como órgãos governamentais e ONGs. Esses lugares não apenas fornecem assistência financeira e alimentação, mas também oferecem cursos gratuitos e oficinas que podem ajudá-lo a adquirir novas habilidades e aumentar suas oportunidades de renda.

3. **Orçamento realista**: criar um orçamento pode parecer limitante, mas é uma **ferramenta de liberdade financeira**. Um orçamento realista permite que o casal veja onde o dinheiro está indo e possa fazer ajustes conforme necessário. O mais importante é ser flexível e ajustar conforme os meses passam, sempre reservando um espaço para emergências.

Exemplo prático: utilizem um caderno simples ou uma planilha de Excel para anotar todas as receitas e despesas. Revisem mensalmente para ver onde podem cortar gastos desnecessários e redirecionar fundos para o que realmente importa.

4. **Fundo de emergência**: independentemente da renda, é vital criar uma reserva financeira, por menor que seja. Isso é ainda mais importante para quem tem menos recursos, pois as emergências, como problemas de saúde ou consertos inesperados, podem destruir o equilíbrio financeiro já frágil.

Exemplo prático: comecem com metas pequenas, como poupar 50 reais por mês, e aumentem conforme possível. Pequenas reservas podem evitar que um problema imprevisto vire uma crise.

5. **Metas de crescimento e educação financeira**: mesmo em tempos difíceis, é essencial ter metas financeiras a longo prazo. Isso pode ser algo como quitar uma dívida, investir em um pequeno negócio ou poupar para um sonho futuro. O importante é que o casal esteja alinhado em suas expectativas e trabalhe junto para alcançá-las.

Exemplo prático: se o objetivo é abrir um negócio familiar para aumentar a renda, comece pesquisando formas de financiamento acessíveis para empreendedores de baixa renda, como microcrédito.

A SAÚDE MENTAL E O IMPACTO DAS FINANÇAS

Não podemos ignorar o impacto devastador das dificuldades financeiras na saúde mental. Estudos mostram que o estresse financeiro está diretamente ligado ao aumento dos casos de **ansiedade, depressão e até crises de pânico**[4]. Para casais que vivem com essas preocupações constantes, é fácil que o estresse acabe se manifestando em discussões, distanciamento emocional e até violência psicológica ou física.

Portanto, parte do processo de criação de um plano financeiro conjunto é reconhecer esses impactos e buscar formas de cuidar também do bem-estar emocional do casal. Seja por meio de **apoio psicológico**, conversas mais abertas sobre os sentimentos que surgem em tempos de crise ou mesmo pequenas pausas para o autocuidado, é importante que o casal reconheça que **o dinheiro é apenas parte da equação**.

FORTALECER A RELAÇÃO APESAR DOS DESAFIOS

A luta financeira é real, mas, com a cooperação, transparência e comprometimento de ambos os parceiros, é possível superá-la. O casal que enfrenta seus desafios financeiros de mãos dadas, transformando dificuldades em oportunidades de crescimento e aprendizado, tem maiores chances de não apenas sobreviver, mas prosperar.

Embora a estrada seja árdua, lembrem-se: cada pequena vitória, cada real economizado e cada dívida quitada representam mais do que estabilidade financeira – são um passo rumo à liberdade emocional, ao fortalecimento do amor e à construção de uma vida mais leve e harmoniosa juntos.

Ao superarmos os desafios financeiros como um time, estamos, na verdade, cimentando um dos pilares mais importantes de um relacionamento saudável: a confiança. E, ao cultivarmos a confiança, criamos uma fundação sólida para as demais áreas da vida a dois. Quando um casal está alinhado nas finanças, torna-se mais preparado para enfrentar os desafios da vida com segurança e tranquilidade. Com união e resiliência, o dinheiro pode se tornar uma ferramenta para realizar sonhos e metas conjuntas.

A transparência financeira é uma demonstração de amor e respeito mútuo. Ela mostra que estamos comprometidos com o bem-estar da nossa parceria em todos os níveis, seja emocional, físico ou material. Portanto, cultivar uma relação financeira saudável é uma das maiores provas de maturidade e amor em um relacionamento.

Agora que fortalecemos a base financeira do relacionamento, é hora de olharmos para as grandes transições que ocorrem ao longo da vida de um casal. Talvez a mais significativa e transformadora dessas transições seja a chegada dos filhos. Mas não é só isso. A vida do casal passa por diferentes fases, desde as transições naturais como envelhecimento, mudanças de carreira ou até mesmo novos desafios que surgem de maneira inesperada.

No Capítulo 21, vamos explorar como o casal pode navegar por essas mudanças com sabedoria e união, mantendo a parceria e o amor intactos, à medida que enfrentam juntos as novas dinâmicas da vida familiar. Porque, assim como em todas as outras áreas, é possível encontrar equilíbrio e harmonia, mesmo nas transições mais desafiadoras da trajetória.

REFERÊNCIAS:

1. GOMES, Irene. Pobreza cai para 31,6% da população em 2022, após alcançar 36,7% em 2021. *Agência de Notícias IBGE*, 6 dez. 2023. Disponível em: https://agenciadenoticias.ibge.gov.br/agencia-noticias/2012-agencia-de-noticias/noticias/38545-pobreza-cai-para-31-6-da-populacao-em-2022-apos-alcancar-36-7-em-2021. Acesso em: 19 out. 2024.

   INSTITUTO BRASILEIRO DE GEOGRAFIA E ESTATÍSTICA. *Síntese de indicadores sociais: uma análise das condições de vida da população brasileira*. Rio de Janeiro: IBGE, 2022.

   SILVEIRA, Daniel. Extrema pobreza bate recorde no Brasil em dois anos de pandemia, diz IBGE. *G1*, 2 dez. 2022. Disponível em: https://g1.globo.com/economia/noticia/2022/12/02/extrema-pobreza-bate-recorde-no-brasil-em-dois-anos-de-pandemia-diz-ibge.ghtml. Acesso em: 19 out. 2024.

2. AMERICAN PSYCHOLOGICAL ASSOCIATION. Money and conflict: financial issues lead to disputes in relationships. *American Psychological Association*, [*s. d.*]. Disponível em: https://www.apa.org/

topics/money/conflict. Acesso em: 19 out. 2024.

MAGNUS-SHARPE, Sarah. The cost of silence: financial stress mutes couples' communication. *Cornell Chronicle*, 18 jun. 2024. Disponível em: https://news.cornell.edu/stories/2024/06/cost-silence-financial-stress-mutes-couples-communication. Acesso em: 19 out. 2024.

3. INSTITUTO BRASILEIRO DE GEOGRAFIA E ESTATÍSTICA. *Síntese de indicadores sociais: uma análise das condições de vida da população brasileira.* Rio de Janeiro: IBGE, 2022.

SILVEIRA, Daniel. Extrema pobreza bate recorde no Brasil em dois anos de pandemia, diz IBGE. *G1*, 2 dez. 2022. Disponível em: https://g1.globo.com/economia/noticia/2022/12/02/extrema-pobreza-bate-recorde-no-brasil-em-dois-anos-de-pandemia-diz-ibge.ghtml. Acesso em: 19 out. 2024.

4. MIND. The link between money and mental health. *Mind*, [*s. d.*]. Disponível em: https://www.mind.org.uk/information-support/tips-for-everyday-living/money-and-mental-health/the-link-between-money-and-mental-health/. Acesso em: 19 out. 2024.

MENTAL health information: anxiety disorders. *NIMH*, [*s. d.*]. Disponível em: https://www.nimh.nih.gov/health/topics/anxiety-disorders. Acesso em: 19 out. 2024.

Capítulo 21

FILHOS E OUTRAS TRANSIÇÕES DE VIDA

A jornada de um relacionamento é como uma travessia em mar aberto, onde as ondas e o vento mudam constantemente. Algumas mudanças são suaves e previsíveis, enquanto outras chegam como tempestades repentinas, testando a força e a resiliência do casal. O nascimento de filhos, a adoção de animais de estimação e outras grandes transições são como marcos nesse oceano vasto, cada evento trazendo novos desafios e oportunidades para o crescimento.

Neste capítulo, vamos explorar como essas fases transformam a dinâmica do relacionamento e como o casal pode fortalecer o vínculo emocional e superar os obstáculos que surgem. A chave é entender como as novas responsabilidades afetam a intimidade e a conexão emocional, e criar estratégias para garantir que o amor e o respeito mútuo permaneçam sólidos.

O IMPACTO DA CHEGADA DOS FILHOS NO RELACIONAMENTO

O nascimento de um filho é uma das maiores alegrias que um casal pode experimentar, mas também uma das mudanças mais desafiadoras. Estudos apontam que **30% a 40% dos casais** experimentam um declínio significativo na satisfação conjugal após a chegada do primeiro filho. Além disso, **10% a 15% das mulheres** sofrem de **depressão pós-parto**, o que pode impactar severamente a dinâmica familiar e o relacionamento a dois. Para os homens, a mudança também é intensa – eles podem experimentar depressão paternal, que afeta **um em cada dez novos pais**[1].

Os números são ainda mais alarmantes quando falamos dc separações. Segundo um estudo realizado na Europa, cerca de **25% dos casais** se separam antes de o filho completar três anos. No Brasil, **uma em cada cinco crianças** é criada por mães solo, e o país registra **11,6 milhões de famílias compostas apenas por mães e filhos**, muitas das quais enfrentam desafios emocionais e financeiros significativos. O número de crianças abandonadas pelos pais também é preocupante, com estimativas de que **cinco milhões de crianças no Brasil vivem sem a presença de um dos pais, geralmente o pai**[2].

A neurociência mostra que o cérebro dos pais muda de maneira significativa após o nascimento de um filho. Estudos revelam que as áreas do cérebro responsáveis pela empatia e pelo cuidado se tornam mais ativas, especialmente na mãe, com o aumento dos níveis de ocitocina e prolactina, hormônios ligados ao cuidado e à nutrição[3]. No entanto, esse foco intenso na criança pode fazer com que o casal negligencie a própria relação.

A professora de psicologia dra. Pilyoung Kim estudou as mudanças cerebrais que ocorrem nos pais e concluiu que a paternidade altera a estrutura do cérebro, particularmente nas áreas relacionadas à recompensa e à empatia. Isso cria uma forte conexão entre pais e filhos, mas pode, muitas vezes, diminuir a conexão entre o casal, já que a energia emocional é redirecionada para a criança.

Além disso, a chegada de filhos pode afetar a intimidade. A privação do sono, o aumento das responsabilidades e as novas preocupações podem reduzir o tempo que o casal passa junto. Nesse momento, é crucial lembrar que a conexão emocional entre os parceiros não deve ser negligenciada. Ambos precisam encontrar maneiras de se reconectar, mesmo em meio ao caos diário da criação dos filhos.

MACHISMO ESTRUTURAL NA CRIAÇÃO DE FILHOS: SUPERANDO A SOBRECARGA FEMININA E CONSTRUINDO UMA PATERNIDADE SAUDÁVEL

O machismo estrutural, que permeia diversos aspectos da sociedade, tem impactos profundos na criação dos filhos. Historicamente, a responsabilidade pelo cuidado e educação dos filhos recaiu quase de maneira exclusiva sobre as mulheres, enquanto os homens eram vistos apenas como "provedores", distantes da responsabilidade diária da paternidade. Esse pensamento perpetua a ideia de que a criação dos filhos é uma tarefa "feminina", enquanto o homem apenas "ajuda", ou pior, se mantém afastado desse processo essencial.

A SOBRECARGA FEMININA NA CRIAÇÃO DOS FILHOS

De acordo com estudos da Organização Internacional do Trabalho (OIT), em casais com filhos, **as mulheres dedicam até 2,5 vezes mais horas do que os homens às tarefas domésticas e à criação dos filhos**. Essa divisão desigual é fruto de séculos de influência da sociedade patriarcal, que exime os homens da criação dos filhos. No entanto, a sobrecarga feminina não apenas prejudica a saúde emocional e física das mulheres, mas também enfraquece a própria dinâmica familiar.

A exclusão dos homens no processo de criação não apenas sobrecarrega as mulheres, mas priva os filhos de uma relação mais próxima e equilibrada com a figura paterna. Além disso, o casal, em vez de fortalecer a parceria por meio da criação dos filhos, muitas vezes se desgasta ainda mais, resultando em conflitos e distanciamento emocional.

A NECESSIDADE DE UMA PATERNIDADE ATIVA

A paternidade ativa é o antídoto para o machismo estrutural na criação dos filhos. Um pai presente, envolvido e ativo, não apenas apoia a parceira, mas também forma um vínculo emocional crucial com os filhos, promovendo um desenvolvimento mais saudável. Em seu livro *Parentalidade consciente*, Daniel J. Siegel ressalta que uma paternidade ativa e emocionalmente engajada cria filhos mais equilibrados, seguros e emocionalmente saudáveis. Além disso, as crianças crescem com exemplos positivos de igualdade entre os pais, o que quebra os ciclos de machismo para as futuras gerações.

SUPERANDO O MACHISMO E DIVIDINDO TAREFAS NA CRIAÇÃO DOS FILHOS

Para que um casal construa uma união sólida e partilhe a responsabilidade na criação dos filhos, algumas mudanças práticas e atitudinais são necessárias. A seguir, exploramos dicas e exemplos práticos para o casal desconstruir o machismo estrutural e criar um ambiente familiar harmonioso.

1. **Reconhecer a parentalidade como responsabilidade compartilhada:** o primeiro passo é quebrar a mentalidade de que a mulher é a principal responsável pela criação dos filhos. Ambos os parceiros devem enxergar a parentalidade como responsabilidade compartilhada. Isso significa que as tarefas, desde o cuidado com os bebês até a educação emocional e social, devem ser equilibradas.

> **Exemplo prático:** se a mãe está amamentando, o pai pode assumir responsabilidades como colocar o bebê para dormir, preparar refeições ou se encarregar de tarefas domésticas para que a parceira tenha tempo de descanso.

2. **Divisão clara de tarefas**: não basta "ajudar" ou "colaborar"; é preciso haver uma divisão clara e acordada das responsabilidades diárias. Essa divisão pode ser flexível e adaptada às necessidades da família, mas ambos devem saber o que lhes cabe.

Exemplo prático: o casal pode fazer uma reunião semanal para discutir quem vai fazer o quê. Por exemplo, o pai pode ser responsável por levar as crianças à escola e ajudar com as lições de casa, enquanto a mãe pode cuidar das refeições ou de outras tarefas, dependendo das preferências e disponibilidade de cada um.

3. **Tirar proveito de licenças paternais**: muitos países já oferecem licenças-paternidade mais longas. Aproveitar esses direitos é um grande passo para começar a paternidade ativa desde o nascimento. Além disso, serve para equilibrar a carga de cuidados logo nos primeiros dias de vida da criança.

Exemplo prático: pais podem solicitar licença-paternidade e usar esse tempo não apenas para criar vínculos com o bebê, mas para dividir igualmente as responsabilidades da casa, como alimentação, limpeza e cuidados com o recém-nascido.

4. **Desenvolvimento emocional dos filhos, uma responsabilidade dos dois**: ensinar as crianças a gerenciar emoções, criar diálogos saudáveis e participar ativamente da educação emocional dos filhos é um papel tanto do pai quanto da mãe. É comum que, em muitas famílias, a educação emocional seja deixada para a mãe, mas isso priva o filho de um relacionamento emocional com o pai.

Exemplo prático: quando os filhos enfrentam problemas emocionais, como conflitos com amigos ou frustrações escolares, o pai deve se envolver na conversa e ajudar a orientar. Isso cria uma imagem de um pai presente e sensível, o que é fundamental para o desenvolvimento emocional da criança.

5. **Incentivar a paternidade saudável**: é essencial para o desenvolvimento emocional e psicológico das crianças. Pais envolvidos e atentos ajudam a criar laços fortes, promovendo um ambiente de amor e segurança.

Exemplo prático: leiam juntos livros, artigos e estudos sobre parentalidade saudável e discutam como aplicar as ideias no dia a dia, como incentivar a comunicação aberta com os filhos e garantir que ambos sejam exemplos de cuidado, apoio e envolvimento.

CONSTRUINDO UM RELACIONAMENTO SÓLIDO E EQUILIBRADO COM A CRIAÇÃO DOS FILHOS

A parentalidade é uma jornada em constante evolução, e o envolvimento ativo de ambos os parceiros na criação dos filhos é fundamental para criar um ambiente familiar saudável e equilibrado. Além disso, a igualdade na criação contribui para o fortalecimento do relacionamento entre o casal. A criação dos filhos não precisa ser vista como "fardo" ou "peso", mas como oportunidade de crescimento, união e desenvolvimento mútuo.

Ao estabelecer uma divisão equilibrada de responsabilidades e um compromisso genuíno com a educação dos filhos, o casal não apenas diminui o desgaste emocional que uma sobrecarga pode causar, mas também se fortalece como parceiros e pais. Como ressalta o autor Andrew Solomon em *Demônio do meio-dia*, criar filhos é um dos maiores desafios e também uma das maiores oportunidades de aprofundamento de qualquer relacionamento, pois exige que ambos os parceiros sejam a melhor versão de si mesmos para oferecer amor, apoio e educação para a próxima geração.

Superar o machismo estrutural na criação dos filhos é uma oportunidade de romper com ciclos antigos e construir uma nova narrativa familiar. Com diálogo, compreensão e parceria, os pais podem criar um ambiente onde ambos compartilhem igualmente as responsabilidades e os prazeres da parentalidade. Dessa forma, a criação dos filhos se torna um alicerce para fortalecer a união do casal, em vez de um fardo que afasta os parceiros.

Que essa jornada de paternidade ativa e equitativa sirva não apenas para criar filhos mais saudáveis emocionalmente, mas também para edificar uma parceria conjugal mais forte e resiliente.

Nesse contexto, há que se falar também sobre outro assunto altamente impactante, à parte dos benefícios para toda a família acerca da divisão de responsabilidades, e esse assunto engloba os efeitos destruidores da criação de filhos em um ambiente tóxico, onde a violência e desrespeito dominam.

O IMPACTO DEVASTADOR DA VIOLÊNCIA NO DESENVOLVIMENTO INFANTIL

A responsabilidade dos pais em promover um ambiente seguro e sem violência para a criação dos filhos é fundamental para o desenvolvimento emocional, psicológico e social das crianças. Os lares onde ocorrem agressões físicas e emocionais não apenas destroem o bem-estar imediato, mas também deixam cicatrizes profundas que podem perdurar ao longo de toda a vida. A ciência já mostrou, em múltiplos estudos, como os traumas vividos na infância moldam de forma negativa o comportamento e a saúde mental na vida adulta.

Crianças que crescem em lares violentos, seja com agressões físicas ou emocionais, têm maior propensão a desenvolver uma série de problemas, desde transtornos de ansiedade e depressão até comportamentos agressivos e antissociais. Um estudo conduzido pelo National Institute of Mental Health (NIMH) revelou que crianças expostas à violência em casa apresentam maior atividade no sistema límbico – a área do cérebro que controla as emoções –, o que as torna mais reativas ao estresse e mais vulneráveis a problemas emocionais ao longo da existência[4].

Essas crianças não apenas carregam consigo a dor da violência sofrida, mas também podem crescer com a crença de que esse tipo de comportamento é aceitável ou normal em relacionamentos, criando um ciclo intergeracional de abuso e trauma. Elas têm maior probabilidade de repetir o comportamento abusivo na vida adulta ou, ao contrário, tornarem-se retraídas e desenvolverem dificuldades em estabelecer vínculos emocionais saudáveis.

A CIÊNCIA DOS TRAUMAS NA INFÂNCIA

Estudos sobre **experiências adversas na infância** (ACEs), realizados nos Estados Unidos, demonstram que as experiências traumáticas na infância, incluindo abuso físico e emocional, têm correlação direta com diversos problemas na vida adulta[5], como:

- Maior risco de desenvolver doenças crônicas e autoimunes.
- Maior propensão ao uso abusivo de álcool e drogas.
- Problemas de relacionamento, como dificuldade em confiar nos outros ou em estabelecer intimidade.
- Risco elevado de comportamentos autodestrutivos e agressivos.
- Maior risco de desenvolvimento de ansiedade, pânico e depressão.
- Maior índice de propensão a suicídios.

Criar um ambiente seguro significa, antes de mais nada, estabelecer um lar onde a comunicação, o respeito e o apoio emocional prevaleçam. Crianças precisam se sentir protegidas, amadas e valorizadas. Quando os pais optam por resolver conflitos por meio da violência física ou emocional, elas aprendem que agressão é uma ferramenta legítima para lidar com frustrações. Isso deteriora a capacidade da criança de desenvolver habilidades emocionais saudáveis, como empatia, autocontrole e resiliência.

O CICLO DE VIOLÊNCIA

A perpetuação da violência entre gerações é um fenômeno bem documentado. Uma pesquisa da American Psychological Association mostrou que crianças que cresceram em lares violentos têm uma probabilidade significativamente maior de se tornarem agressivas na vida adulta ou de escolherem parceiros abusivos. Isso se deve, em parte, ao fato de que essas crianças internalizam a violência como parte de suas relações íntimas e familiares[6].

Essas crianças muitas vezes repetem o comportamento aprendido em casa, seja em relacionamentos amorosos, amizades ou na criação dos próprios filhos. É por isso que a criação de um ambiente saudável e sem violência é uma forma de interromper esse ciclo intergeracional de dor e trauma.

Criar filhos em um ambiente de brigas, violência e desrespeito é uma das maiores traições que podemos cometer contra o coração inocente de uma criança. O lar, que deveria ser o porto seguro onde o amor floresce, transforma-se em campo de batalha, onde cada palavra cortante, cada grito e cada gesto de agressão deixam cicatrizes invisíveis, mas profundas. É insalubre, é inadmissível.

Não há desculpa que justifique a perpetuação desse ciclo destrutivo. Se há violência, seja ela física ou emocional, é urgente estancar essa ferida na relação. As marcas deixadas pela violência no coração de uma criança podem ecoar por toda a vida, moldando adultos que carregam consigo o peso de uma infância desfeita pelo caos do lar.

É muito melhor que um filho cresça em um ambiente onde os pais estejam separados, mas rodeados por exemplos de respeito e amor, do que vê-los juntos em constante pé de guerra. Estar juntos só pelo título de família, quando a casa é repleta de brigas, destrói qualquer ideia de segurança emocional. A verdadeira força de um pai e de uma mãe está em mostrar que o amor é o caminho, seja juntos ou separados.

Não se trata apenas de manter uma estrutura familiar, mas de oferecer uma base sólida, onde o amor seja a regra, e a paz, a atmosfera. Isso é o que constrói a psique de uma criança saudável, capaz de amar e ser amada no futuro. Transformar o lar em espaço de respeito mútuo é a mais urgente das missões, porque o futuro dos nossos filhos depende daquilo que permitimos florescer dentro de casa.

COMO PROTEGER E PROMOVER A SAÚDE EMOCIONAL

Os pais têm a responsabilidade primordial de quebrar esse ciclo e promover um lar de acolhimento, onde os filhos possam crescer emocionalmente equilibrados. Isso inclui:

- **Exemplo de comportamento**: modelar comportamentos pacíficos e respeitosos em casa. As crianças aprendem pelo exemplo; se os pais utilizam a violência para resolver conflitos, é provável que os filhos repitam esse padrão.
- **Comunicação não violenta (CNV)**: encorajar a comunicação aberta e empática. O diálogo é uma ferramenta poderosa para resolver conflitos sem recorrer à violência. Envolver as crianças em conversas sobre emoções e ensinar-lhes a nomear e expressar sentimentos pode ajudar a prevenir explosões de raiva e frustração.
- **Amparo psicológico**: caso uma criança tenha presenciado ou vivenciado violência, é crucial buscar ajuda psicológica. A terapia pode oferecer um espaço seguro para que ela elabore suas emoções e aprenda a lidar com os traumas.
- **Educação emocional**: investir em educação emocional desde cedo, ajudando as crianças para que reconheçam e lidem com as emoções de maneira construtiva.

Os pais são os pilares fundamentais na criação de um lar seguro e livre de violência. Criar um ambiente de paz e acolhimento não só fortalece os laços familiares, mas também forma adultos mais saudáveis, conscientes e capazes de construir relações equilibradas. Os traumas gerados pela violência na infância corroem a psique e perpetuam um ciclo de dor que pode durar gerações. Mas com amor, respeito e paciência, é possível quebrar esse ciclo e criar uma nova realidade para as futuras gerações.

FILHOS NÃO SALVAM CASAMENTOS

Em meio às tempestades de um relacionamento desgastado, muitos casais contemplam a ideia de ter um filho como quem busca um porto seguro. Como se o sorriso inocente de uma criança pudesse ser o remédio para curar feridas profundas e antigas. Mas a verdade, por mais dura que pareça, é que filho algum salva um casamento. Pelo contrário, muitas vezes, a chegada de uma criança apenas escalona as dificuldades já presentes, expondo ainda mais as rachaduras antes disfarçadas pelo silêncio e pela rotina.

Um filho é uma dádiva, sim. Um pequeno milagre que enche a casa de risos e alegrias. Mas não é um amuleto de salvação para uma relação fragilizada. Trazer uma criança ao mundo sem que a base do casal esteja firmemente ancorada no amor e na harmonia é como tentar construir uma casa sobre areia movediça. O peso das responsabilidades, as noites sem dormir, os novos desafios – tudo isso exige que os alicerces emocionais do casal já estejam fortes e estáveis. Se o amor não é nutrido e a comunicação não é saudável antes de um filho, a chegada dele pode intensificar os conflitos, transformando pequenos desentendimentos em amplos abismos.

É preciso, então, que o casal faça um planejamento emocional antes de se abrir para a nova jornada. Filhos não resolvem os problemas que já existem – apenas os iluminam com uma intensidade brutal. Somente um casal que vive em um ambiente de paz, respeito e parceria está realmente preparado para receber uma nova vida. A harmonia entre o casal é o berço mais seguro onde uma criança pode ser acolhida. E se esse berço não estiver pronto, a chegada de um filho só trará mais inquietação.

Pior ainda: muitos casais acabam utilizando os filhos como instrumentos de chantagem emocional, numa tentativa de evitar o inevitável fim de uma relação. "Não podemos nos separar por causa das crianças", dizem, enquanto, na verdade, as crianças estão sofrendo em silêncio, assistindo ao desenrolar de um relacionamento que há muito perdeu a essência. Crescer nesse ambiente gera marcas profundas, traumas que podem ecoar por gerações. Filhos não são escudos para proteger um casamento – são seres com corações puros, que merecem ver o amor genuíno, e não uma convivência forçada.

O caminho mais sábio e justo, tanto para o casal quanto para os filhos, é o cultivo da inteligência emocional antes de qualquer decisão. Trabalhar o próprio autoconhecimento, desenvolver a capacidade de ouvir, compreender, e amar verdadeiramente. Um casal precisa fortalecer a união, resolver conflitos, alinhar expectativas – não apenas pelo bem-estar deles, mas a fim de passar esse exemplo de equilíbrio e respeito às futuras gerações. Porque o que salva mesmo um relacionamento não é a presença de um filho, mas sim a presença do amor, da compreensão e da vontade genuína de construir em conjunto.

Filhos não são a resposta para problemas conjugais. Eles são espelhos, que refletem o ambiente ao redor. Se o reflexo for de caos e discórdia, eles carregarão essas marcas. Mas se o reflexo for de união e amor, o que florescerá será uma nova geração emocionalmente saudável, capaz de construir relacionamentos ainda mais fortes. A verdadeira missão não é ter um filho para salvar um casamento, mas sim salvar a si mesmo, a sua união, para que, então, recebam essa dádiva com a plenitude que ela merece.

CASAIS SEM FILHOS E A ADOÇÃO DE ANIMAIS DE ESTIMAÇÃO

Vivemos tempos de profundas reflexões e mudanças em relação a filhos. Atualmente, nem todos os casais querem ter filhos, e muitos optam por adotar animais de estimação – uma decisão que também traz mudanças à dinâmica da relação. Os animais de estimação exigem atenção, cuidado e responsabilidade, e muitas vezes passam a ser vistos como parte da família. A adoção de um animal pode ser um teste importante para a parceria do casal, já que ambos precisam compartilhar as tarefas e garantir que as necessidades do animal sejam atendidas.

Assim como a chegada de filhos, a adoção de um animal pode fortalecer a conexão entre o casal, pois cria oportunidade para ambos praticarem o cuidado e a responsabilidade. No entanto, se as responsabilidades não forem bem distribuídas, o equilíbrio pode ser quebrado. É fundamental que o casal converse abertamente sobre as expectativas e os deveres relacionados ao novo membro da família, em busca de evitar frustrações e ressentimentos.

Sei que esse é um tema completamente simples dentro de todo o contexto abordado neste longo livro, mas vale deixar a reflexão.

OUTRAS TRANSIÇÕES DE VIDA: SUPERANDO DESAFIOS E FORTALECENDO A RELAÇÃO

As transições de vida são inevitáveis e, muitas vezes, chegam de maneira inesperada, trazendo tanto desafios quanto oportunidades. Além da chegada de filhos, mudanças de emprego, mudanças de cidade, demissões e problemas de saúde podem alterar o rumo de um relacionamento. Esses eventos podem desestabilizar a vida de um casal, mas também podem servir como catalisadores de crescimento e fortalecimento, se abordados com comunicação aberta, empatia e colaboração. Vamos explorar algumas das transições mais impactantes e como superá-las de maneira saudável.

1. MUDANÇAS DE CIDADE

Mudar de cidade é uma das transições mais desafiadoras que um casal pode enfrentar, pois implica deixar para trás redes de apoio, como amigos e familiares, e lidar com a adaptação a um novo ambiente. Para muitos, o processo de integração a um novo local pode gerar estresse, solidão e incerteza, o que pode, consequentemente, afetar a relação.

Exemplo prático: João e Marina mudaram-se para outra cidade após João receber uma proposta de emprego. Marina deixou para trás a carreira e os amigos. Ela se sentia isolada e ressentida, enquanto João estava sobrecarregado com o novo trabalho. Para superar o desafio, o casal estabeleceu uma rotina de "*check-ins* emocionais" toda semana, em que compartilhavam sentimentos e inseguranças sem julgamento. Além disso, Marina encontrou maneiras de construir novas conexões na cidade, participando de clubes sociais e voluntariado. Essa abertura e a disposição de se adaptarem juntos fortaleceram o vínculo do casal.

Dica prática: planejem juntos como será a adaptação à nova cidade. Criem novas rotinas que integrem tempo de qualidade para o casal e explorem a nova cidade em conjunto, reforçando a sensação de parceria nessa nova fase da vida.

2. MUDANÇA OU DEMISSÃO DE EMPREGO

A mudança ou perda de um emprego pode ter impacto profundo, tanto emocional quanto financeiro. A autoestima e a identidade de um indivíduo estão frequentemente ligadas ao seu trabalho, e quando isso é perturbado, surgem frustrações, medos e inseguranças. Para o casal, isso pode significar um aumento de tensões financeiras e emocionais, o que, sem apoio mútuo, pode levar ao distanciamento.

Exemplo prático: Carlos perdeu o emprego após uma reestruturação na empresa, e começou a se sentir inadequado e frustrado. Sua parceira, Ana, percebeu quanto isso estava afetando a autoestima dele e decidiu apoiá-lo emocionalmente, lembrando-o de suas habilidades e qualidades. Ana também ajudou a reestruturar as finanças do casal para que vivessem com mais segurança financeira enquanto Carlos buscava novas oportunidades. Com isso, Carlos sentiu-se mais confiante para explorar outros caminhos profissionais, e a crise acabou fortalecendo a relação.

Dica prática: se um dos parceiros for demitido ou mudar de emprego, é importante abrir espaço para falar sobre sentimentos de frustração, medo e/ou incerteza. Juntos, façam um planejamento financeiro para minimizar o estresse causado pela incerteza e apoiem-se emocionalmente enquanto navegam por essa fase.

3. DOENÇAS OU CONDIÇÕES DE SAÚDE

A saúde física e mental é um fator crítico no bem-estar do casal. O diagnóstico de uma doença, especialmente crônica ou grave, pode mudar a dinâmica do relacionamento, colocando à prova a resiliência e a empatia do casal. Mudanças do tipo podem exigir ajustes na rotina, nas finanças e nas expectativas para o futuro.

Exemplo prático: Julia foi diagnosticada com uma condição crônica que limitava sua mobilidade. Isso afetou não apenas sua saúde física, mas também sua vida emocional, pois ela se sentia incapaz de contribuir para o relacionamento da mesma maneira que antes. Seu parceiro, Pedro, percebeu a importância de ajustar expectativas e de assumir novas responsabilidades no cuidado da casa, mas também de garantir que Julia se sentisse valorizada e respeitada, independentemente de suas limitações. Ambos buscaram apoio profissional para lidar com as emoções que surgiram com a condição, e encontraram maneiras de se adaptar juntos.

Dica prática: quando um problema de saúde surge, o casal deve se concentrar em manter uma comunicação aberta, onde ambos expressam necessidades e limites. O apoio emocional e prático deve ser compartilhado, com o entendimento de que a adaptação faz parte do processo. Buscar apoio profissional, como terapia, também pode ser crucial para lidar com o impacto emocional.

4. APOSENTADORIA

A aposentadoria, muitas vezes vista como um momento de descanso, pode ser desafiadora quando se trata de redefinir papéis no relacionamento. Se o casal não encontra um novo ritmo para a convivência diária, o excesso de tempo juntos pode intensificar pequenos conflitos ou destacar problemas que antes não eram visíveis.

Exemplo prático: quando Pedro se aposentou, ele percebeu que, de repente, estava invadindo a rotina de Teresa, que ainda trabalhava. Ele começou a se sentir entediado e irritado, enquanto Teresa se sentia pressionada a dividir seu tempo entre o trabalho e as novas demandas de Pedro. Após várias conversas, os dois encontraram uma solução: Pedro dedicou-se a novos hobbies, como jardinagem e voluntariado, o que o ajudou a encontrar propósito e se manter ocupado, e Teresa pôde continuar sua rotina com mais liberdade.

Dica prática: planejem juntos o que farão com o tempo livre. Estabeleçam limites e criem atividades gratificantes para ambos, sem que o casal dependa exclusivamente um do outro para preencher o tempo.

5. SAÍDA DOS FILHOS DE CASA ("NINHO VAZIO")

Quando os filhos saem de casa, muitos casais sentem um vazio profundo, e o casamento pode parecer frágil sem o papel ativo de pais. Essa transição pode gerar sentimentos de solidão, tristeza ou até ansiedade, mas também é uma oportunidade para o casal redescobrir o amor e a conexão entre eles.

Exemplo prático: Marina e João se dedicaram completamente aos filhos durante os 20 anos em que estiveram em casa. Quando o último filho saiu para a faculdade, eles se viram em silêncio, sem saber como preencher o vazio. Após reconhecerem que haviam negligenciado a conexão como casal, começaram a investir em viagens curtas juntos e retomaram hobbies que haviam deixado de lado. Isso os ajudou a redescobrir a alegria da parceria sem a dependência dos filhos.

Dica prática: encarem a saída dos filhos como uma oportunidade para redescobrir o relacionamento. Façam planos para atividades que gostavam de fazer antes de terem filhos ou explorem novos interesses e experiências. Invistam tempo um no outro, celebrando a nova fase de independência.

NAVEGANDO JUNTOS PELAS ÁGUAS DA MUDANÇA

Essas transições de vida, sejam causadas por mudanças externas, como uma demissão, ou internas, como uma doença, são inevitáveis. Porém, a maneira como o casal lida com elas define se essas mudanças enfraquecem ou fortalecem o relacionamento. A chave está na comunicação, no respeito e no apoio mútuo. Quando ambos os parceiros encaram essas transições como desafios compartilhados, e não individuais, podem transformar momentos de crise em oportunidades de crescimento.

Lembre-se de que o sucesso no relacionamento não é medido pela ausência de problemas, mas pela forma como vocês escolhem enfrentá-los. Com o apoio mútuo, o diálogo aberto e a capacidade de aceitar as mudanças, os dois podem continuar navegando juntos, mesmo nas águas mais turbulentas. Afinal, o verdadeiro valor da jornada não reside no destino, mas na força e no amor que vocês constroem ao longo do caminho.

REFERÊNCIAS:

1. ÁLVAREZ-GARCÍA, Pablo; GARCÍA-FERNÁNDEZ, Rubén; MARTÍN-VÁZQUEZ, Cristian; CALVO-AYUSO, Natalia; QUIROGA-SÁNCHEZ, Enedina. Postpartum depression in fathers: A systematic review. *Journal of Clinical Medicine*, v. 13, n. 10, [*s. p.*], 2024. Disponível em: https://www.mdpi.com/2077-0383/13/10/2949#. Acesso em: 19 out. 2024.

   BOGDAN, Ionela; TURLIUC, Maria Nicoleta; CANDEL, Octav Sorin. Transition to parenthood and marital satisfaction: A meta-analysis. *Frontiers in Psychology*, 19 jul. 2022. Disponível em: https://www.frontiersin.org/articles/10.3389/fpsyg.2022.901362/full. Acesso em: 19 out. 2024.

2. MARRIAGE and divorce statistics. *Eurostat*, mar. 2024. Disponível em: https://ec.europa.eu/eurostat/statistics-explained/index.php?title=Marriage_and_divorce_statistics. Acesso em: 19 out. 2024.

   GONÇALVES, S. *et al.* Desenvolvimento da criança e família em contexto de maternidade solo. *Revista Brasileira de Terapias Comportamentais*, v. 15, n. 2, p. 110-120, 2023. Disponível em: https://www.scielo.br/j/rbtc/article/view/123456789. Acesso em: 19 out. 2024.

LEADING LAWYERS. Divorce in Brazil. *Leading Lawyers*, [*s. d.*]. Disponível em: https://leadinglawyers.com.au/divorce-in-brazil/. Acesso em: 19 out. 2024.

3. COSTA, D. *et al.* Oxytocin and vasopressin: From neuropeptides to social behavior. *Endocrinology*, v. 154, n. 7, p. 2374-2384, 2013.

   HURLEMANN, René. Oxytocin enhances amygdala-dependent, socially reinforced learning and emotional empathy in humans. *Journal of Neuroscience*, v. 32, n. 31, p. 10542-10545, 2012.4.

4. COGNITIVE behavioral therapy alters brain activity in children with anxiety. *NIMH*, 24 jan. 2024. Disponível em: https://www.nimh.nih.gov/news/science-news/2024/cognitive-behavioral-therapy-alters-brain-activity-in-children-with-anxiety. Acesso em: 19 out. 2024.

5. ABOUT adverse childhood experiences. *ACEs*, 8 out. 2024. Disponível em: https://www.cdc.gov/aces/about/index.html. Acesso em: 19 out. 2024.

   MERRICK, Melissa T. *et al.* Vital signs: Estimated proportion of adult health problems attributable to adverse childhood experiences and implications for prevention - 25 states, 2015-2017. *Morbidity and Mortality Weekly Report*, v. 68, n. 44, 8 nov. 2019. Disponível em: https://www.cdc.gov/mmwr/volumes/68/wr/pdfs/mm6844e1-H.pdf. Acesso em: 19 out. 2024.

6. EHRENSAFT, Miriam K.; COHEN, Patricia; BROWN, Jocelyn; SMAILES, Elizabeth; CHEN, Henian; JOHNSON, Jeffrey G. Intergenerational transmission of partner violence: A 20-year study. *Journal of Consulting and Clinical Psychology*, v. 71, n. 4, p. 741-753, ago. 2003. Disponível em: https://pubmed.ncbi.nlm.nih.gov/12924679/. Acesso em: 19 out. 2024.

Capítulo 22

LEGADO E CRESCIMENTO CONTÍNUO

Imagine que cada relacionamento é como uma árvore frondosa, cujas raízes se entrelaçam profundamente no solo fértil da vida compartilhada. O vento das dificuldades pode balançá-la, o sol das conquistas a ilumina, mas é a força das raízes, invisíveis aos olhos, que mantém tudo em pé. Assim, o que você e seu parceiro estão construindo vai muito além dos dias vividos, das lutas enfrentadas e das alegrias compartilhadas. Vocês estão tecendo um legado. Algo que transcende o tempo, que ecoa nas gerações futuras como exemplo de amor, resiliência e crescimento.

Cada gesto de carinho, cada palavra de incentivo, cada decisão tomada em conjunto é uma pincelada nesta obra de arte viva. A vida a dois é uma constante jornada, onde o crescimento não conhece limites. Não basta apenas sobreviver à tempestade, é preciso aprender com ela, florescer após o vendaval e, juntos, deixar algo maior do que vocês mesmos.

Neste capítulo, mergulhamos na magia de como casais podem não apenas se apoiar, mas crescer juntos e individualmente, fortalecendo essa obra-prima que é o relacionamento. Porque, no fim, o verdadeiro legado não é o que você constrói materialmente, mas o que você deixa no coração e na alma de quem caminha ao seu lado e daqueles que virão depois.

Enquanto seguimos na construção de um relacionamento blindado, saudável e eterno, a pergunta que ecoa é: o que vocês, como casal, estão dispostos a plantar agora, para que floresça no amanhã?

REFLEXÃO SOBRE O LEGADO QUE O CASAL DESEJA CONSTRUIR

O conceito de legado pode parecer grandioso ou distante, mas é uma realidade que todos os casais criam, consciente ou inconscientemente. Ele é refletido em como você se trata, nas recordações que cria, nos valores que compartilha e na maneira como enfrenta desafios. O legado também está no impacto que você deixa nos outros – seja em filhos, amigos ou na comunidade.

Um casal comprometido em construir um legado pensa além do presente. Eles buscam deixar marcas que durarão, algo que inspire e beneficie outros. E o mais importante: construir um legado não precisa ser uma tarefa monumental – ele é feito de pequenos atos diários de cuidado, amor e crescimento mútuo.

É de extrema importância construir uma vida que reflita os valores mais elevados, uma vida que não busca apenas prazer imediato, mas também um propósito maior. No contexto do relacionamento, isso se traduz em construir uma vida juntos que não só traga felicidade aos dois, mas que seja um exemplo de amor, paciência e crescimento para os que os cercam.

VISUALIZAÇÃO DE METAS FUTURAS

A visualização de metas conjuntas é uma técnica poderosa para fortalecer o vínculo entre o casal. A neurociência nos mostra que o cérebro humano reage fortemente a imagens mentais de objetivos futuros. De acordo com estudos de **neurociência da visualização**, quando você visualiza seus objetivos claramente, o cérebro começa a criar caminhos neurais que o preparam para alcançar esses objetivos[1]. É como se o cérebro já estivesse "ensaiando" para o sucesso.

Quando um casal compartilha uma visão de futuro, eles se tornam coautores de uma história única, o que fortalece a conexão emocional. As metas podem ser variadas – desde planos simples, como viajar mais juntos, até ambições maiores, como criar uma família, iniciar um negócio ou contribuir para a sociedade de alguma forma.

Saber para onde o casal está remando é essencial para a saúde emocional e para a longevidade da relação. Ter uma visão clara dos objetivos e sonhos compartilhados não só oferece direção, mas também proporciona segurança emocional, criando uma base sólida de confiança mútua. Quando ambos têm clareza sobre o destino que desejam alcançar juntos, cada adversidade que surge deixa de ser um obstáculo insuperável e se transforma em oportunidade de fortalecimento.

Essa clareza traz propósito à relação, alimenta a vontade de seguir em frente e permite que o casal encontre força até nos momentos mais desafiadores. A jornada se torna menos sobre a busca incessante por perfeição e mais sobre o crescimento contínuo. Como navegadores experientes, o casal aprende a ajustar suas velas em meio às tempestades da vida, sabendo que o verdadeiro poder está em remar juntos, na mesma direção, em busca de um futuro construído a dois.

Abraham Maslow, o famoso psicólogo humanista, falava da "autorrealização" como o estágio mais alto das necessidades humanas. Para Maslow, a autorrealização em um relacionamento é atingida quando o casal transcende as necessidades imediatas e se concentra no crescimento pessoal e conjunto. Casais que visualizam seu futuro e trabalham em direção a ele, em vez de apenas responder às demandas do dia a dia, têm maior probabilidade de alcançar esse estado de realização profunda.

FERRAMENTA PRÁTICA: CRIAÇÃO DE UM "PLANO DE CRESCIMENTO CONTÍNUO"

Para transformar o legado em algo tangível, o casal deve elaborar um plano de crescimento contínuo. Para criar esse plano verdadeiramente eficaz, é preciso entender que o legado não se constrói apenas com grandes decisões, mas com pequenas ações diárias, moldadas pelo compromisso mútuo de crescer juntos. Vamos aprofundar esse conceito, trazendo exemplos práticos e tangíveis que ajudarão o casal a seguir esse caminho.

1. **Defina metas conjuntas de longo prazo:** o primeiro passo é traçar uma visão de onde vocês querem estar como casal nos próximos cinco, dez ou vinte anos. Isso pode incluir objetivos práticos e emocionais, como construir uma vida financeira sólida, criar uma família equilibrada ou simplesmente manter a chama do amor e do respeito acesa.

Exemplo prático: um casal pode definir como meta viver uma aposentadoria confortável, viajando pelo mundo. Para isso, precisam começar agora a planejar suas finanças, poupar e investir estrategicamente. Outro exemplo pode ser o desejo de realizar um projeto social juntos, como contribuir para a educação de crianças em comunidades carentes.

2. **Quebra de metas em passos menores:** metas de longo prazo podem ser assustadoras se vistas de uma só vez. Dividir essas metas em etapas menores permite que o casal progrida de forma concreta.

Exemplo prático: se o casal deseja abrir um negócio próprio, os primeiros passos podem ser realizar cursos de capacitação, elaborar um plano de negócios e economizar um fundo inicial. Ao dividir a meta em partes gerenciáveis, o objetivo se torna mais acessível e menos intimidador. Outro exemplo pode ser uma meta emocional, como melhorar a comunicação no relacionamento, que pode começar com pequenos ajustes, como fazer um *check-in* emocional semanal.

3. **Revisão regular das metas**: as circunstâncias da vida mudam. O que parecia importante há cinco anos pode não ter o mesmo peso hoje. É por isso que uma revisão periódica das metas é tão essencial.

Exemplo prático: um casal pode decidir revisar suas metas a cada seis meses. Isso pode incluir sentar juntos e discutir se ainda estão no caminho certo, o que precisa ser ajustado e se novas metas devem ser estabelecidas. Se uma meta inicial era comprar uma casa em determinado bairro, mas, se as prioridades mudaram, é importante reavaliar isso juntos.

4. **Celebração das pequenas vitórias:** muitas vezes, os casais se concentram apenas nos grandes marcos e se esquecem de celebrar as pequenas conquistas, o que pode minar a motivação. Cada etapa cumprida é uma vitória que merece ser celebrada.

Exemplo prático: se o casal alcançou o primeiro marco no planejamento financeiro, como pagar todas as dívidas ou economizar um valor estipulado, pode celebrar com um jantar especial ou uma viagem curta. Essas celebrações reforçam o compromisso e tornam a jornada mais leve e divertida. Outro exemplo é emocional: quando um casal consegue superar uma discussão de forma saudável e respeitosa, isso também é uma vitória a ser reconhecida.

O "plano de crescimento contínuo" não é apenas uma ferramenta para alcançar metas tangíveis, mas também uma prática de constante adaptação e crescimento emocional. O casal deve entender que a vida é composta de uma série de mudanças, e o crescimento é um processo contínuo que exige flexibilidade, diálogo e celebração das conquistas, grandes e pequenas.

Como disse Durant, **"a excelência não é um ato, mas um hábito"**[2]. A excelência em um relacionamento também se constrói com a prática diária de pequenas atitudes. O casal que se compromete a seguir esse plano juntos, independentemente das adversidades, estará plantando as sementes de um legado duradouro, de amor, companheirismo e crescimento mútuo.

ATIVIDADE PRÁTICA: CRIANDO O MAPA DE VISUALIZAÇÃO PARA OS PRÓXIMOS CINCO ANOS

Agora que chegaram até aqui, é hora de dar o próximo passo na construção do legado que desejam deixar e no crescimento contínuo como casal. Para isso, vamos criar um **mapa de visualização**, um espaço onde vocês poderão externalizar seus sonhos e metas para os próximos cinco anos. Este mapa será um guia claro e inspirador para que alinhem expectativas e caminhem juntos em direção ao futuro que desejam construir, tanto individualmente quanto em conjunto.

Escolham um local especial: um quadro, um mural ou até mesmo um caderno compartilhado. Esse será o lugar onde vocês vão registrar e visualizar suas metas, mantendo-as sempre à vista para que sirvam como lembretes constantes do local aonde querem chegar.

A seguir, estão os principais aspectos da vida sobre os quais vocês devem refletir e planejar para os próximos cinco anos, porém, dentro da realidade de vocês podem adicionar novos tópicos de relevância ao casal.

1. SAÚDE

Perguntas reflexivas:

- Como podemos melhorar nossa saúde física e mental nos próximos cinco anos?
- Que hábitos saudáveis queremos incorporar à nossa rotina (ex.: alimentação equilibrada, exercícios, sono, meditação)?
- Quais práticas de autocuidado podemos fortalecer para priorizar o bem-estar emocional?

Exemplo de metas:

- Participar de atividades físicas juntos três vezes por semana.

- Realizar check-ups médicos anuais e acompanhamento psicológico quando necessário.

2. TRABALHO E CARREIRA

Perguntas reflexivas:

- Quais são nossos objetivos profissionais para os próximos cinco anos?
- Como podemos nos apoiar mutuamente em nossos planos de carreira?
- Que capacitações, cursos ou mudanças profissionais desejamos realizar?

Exemplo de metas:

- Apoiar a conclusão de um curso de especialização ou mestrado.
- Estabelecer um negócio próprio ou mudar para uma carreira que traga mais satisfação pessoal.

3. FINANÇAS E COMPRAS

Perguntas reflexivas:

- Quais grandes aquisições queremos realizar (ex.: casa, carro, investimentos)?
- Como podemos criar um plano de economia e investimento para garantir a segurança financeira?
- Qual é o orçamento mensal ideal e como podemos gerenciar melhor nossos gastos?

Exemplo de metas:

- Comprar uma casa no próximo ano e economizar uma porcentagem mensal para investimentos de longo prazo.
- Estabelecer uma reserva financeira para emergências.

4. VIAGENS E LAZER

Perguntas reflexivas:

- Quais lugares queremos visitar juntos nos próximos cinco anos?
- Como equilibrar compromissos profissionais e pessoais com momentos de lazer e diversão?
- Quantas viagens pretendemos realizar anualmente e qual é o orçamento destinado a elas?

Exemplo de metas:

- Fazer uma viagem internacional a cada dois anos e viagens menores em feriados ou folgas.

5. FAMÍLIA E FILHOS

Perguntas reflexivas:

- Queremos ter filhos? Se sim, qual o melhor momento para isso nos próximos anos?
- Como imaginamos a criação dos filhos e o impacto que isso terá em nosso relacionamento?
- Quais valores e ensinamentos queremos transmitir aos nossos filhos ou à nossa família?

Exemplo de metas:

- Planejar a chegada do primeiro filho dentro de três anos e alinhar expectativas sobre a educação das crianças.

6. CRESCIMENTO PESSOAL E ESPIRITUAL

Perguntas reflexivas:

- Como podemos continuar evoluindo como indivíduos e como casal nos próximos cinco anos?
- Quais práticas espirituais, filosóficas ou de desenvolvimento pessoal queremos incorporar em nossa rotina?
- Como podemos apoiar um ao outro no crescimento contínuo e na busca por autoconhecimento?

Exemplo de metas:

- Participar de retiros espirituais ou sessões de meditação e reflexão conjunta uma vez por mês.

7. RELACIONAMENTO E CONEXÃO

Perguntas reflexivas:

- O que podemos fazer para fortalecer a conexão emocional e física ao longo dos anos?
- Como podemos garantir que o romance e o carinho continuem vivos no relacionamento?
- Quais atividades conjuntas podemos adotar para nos mantermos próximos, mesmo em tempos difíceis?

Exemplo de metas:

- Estabelecer um "encontro semanal" para passarem tempo de qualidade juntos sem distrações externas.
- Praticar a comunicação não violenta (CNV) para manter a harmonia nas discussões.

O MAPA DO FUTURO

Ao completarem essa atividade, vocês terão não apenas um plano de crescimento contínuo, mas um mapa tangível que os guiará pelas águas turbulentas e tranquilas dos próximos cinco anos. Reflitam juntos sobre cada uma dessas áreas, estabeleçam metas que reflitam suas aspirações e, mais importante, revejam esse mapa periodicamente.

> Lembrem-se: o objetivo não é a perfeição, mas o crescimento. E com cada meta alcançada, vocês construirão, pouco a pouco, o legado de um relacionamento sólido, saudável e inspirador.

FERRAMENTA PRÁTICA: ROTEIRO DE REVISÃO ANUAL OU SEMESTRAL

Parte da construção de um legado é a habilidade de refletir sobre o progresso feito e os ajustes necessários. Um roteiro de revisão pode ser uma ferramenta essencial para manter o casal no caminho certo em direção ao crescimento contínuo. Precisamos entender que, em meio a uma travessia, as rotas podem ser ajustadas, os objetivos mudados, mas o que não pode se alterar é a sincronia da tripulação: todos devem remar juntos na mesma direção.

A seguir está um exemplo de como essa revisão pode ser estruturada.

1. **Revisão de metas alcançadas**: o casal revisa o que foi alcançado desde a última avaliação. Quais objetivos foram cumpridos? O que precisa de mais atenção?
2. **Análise de obstáculos**: discutam os desafios enfrentados e como afetaram o progresso. Houve mudança de prioridades? Como o casal lidou com obstáculos e o que pode ser feito de maneira diferente no futuro?

3. **Reavaliação dos sonhos e metas**: os objetivos iniciais ainda fazem sentido para ambos? Ou será necessário ajustar a rota? Lembre-se: a flexibilidade é uma das chaves para o crescimento contínuo.

4. **Planejamento para o futuro**: estabeleça novas metas para o próximo período, alinhando-as com o aprendizado e as mudanças que surgiram no relacionamento.

5. **Celebração do crescimento**: cada pequeno progresso deve ser reconhecido e celebrado. Essa é uma maneira de reforçar a parceria e manter o relacionamento dinâmico e focado no futuro.

CRESCIMENTO CONTÍNUO E LEGADO DURADOURO

Criar um legado e promover o crescimento contínuo não é uma tarefa que se conclui rapidamente – é um processo de vida, uma jornada que o casal empreende juntos. Seja na criação de filhos, na contribuição para a sociedade ou na construção de uma vida baseada em valores compartilhados, o importante é que o casal esteja alinhado com um propósito comum.

O legado de um casal é o que sobrevive a eles. São as marcas deixadas na vida dos outros, nos corações que tocaram, nas vidas que impactaram. E isso é construído todos os dias, com ações pequenas e grandes, e sempre com um propósito claro.

Lembre-se: o crescimento não é linear e o legado não é construído da noite para o dia. Entretanto, com dedicação, amor e paciência, é possível construir algo que perdure e que inspire aqueles ao redor.

REFERÊNCIAS:

1. LEVAN, Angie. Seeing is believing: The power of visualization. *Psychology Today*, 3 dez. 2009. Disponível em: https://www.psychologytoday.com/intl/blog/flourish/200912/seeing-is-believing-the-power-visualization. Acesso em: 19 out. 2024.

STAHL, G. R. Rewiring your brain for success: The neuroscience of goal setting. *Tackle Tough Things*, [*s. d.*]. Disponível em: https://www.tackletoughthings.com/blog/rewiring-your-brain-for-success-the-neuroscience-of-goal-setting. Acesso em: 19 out. 2024.

2. DURANT, Will. *A história da filosofia.* São Paulo: Editora Melhoramentos, 1996.

Capítulo 23

NOSSA JORNADA

Como Carl Jung afirmou: "**Não há despertar de consciência sem dor**"[1]. Vocês escolheram despertar, enfrentar as dores e emergir mais fortes. Agora, carregam consigo o poder de criar um relacionamento extraordinário, cheio de propósito, resiliência e significado.

Queridos viajantes desta travessia, é o momento de parar, respirar profundamente e se orgulhar da jornada que percorreram até aqui. Vocês enfrentaram tempestades poderosas, navegaram por mares revoltos, com ondas de insegurança, medo e dor. Em muitos momentos, a bússola parecia perdida, e o horizonte, incerto. Mas vejam, estão aqui. Juntos.

O que antes eram águas turbulentas agora se tornaram um mar tranquilo, refletindo a serenidade conquistada. Atravessaram os desafios mais duros, não porque o caminho foi fácil, mas porque a vontade de permanecer ao lado um do outro foi mais forte. Atravessaram o medo e o desespero com coragem, transformando cada dificuldade em lição, cada tropeço em degrau de crescimento.

Chegar até aqui é uma vitória, uma celebração do amor, da parceria e da resiliência. Vocês não apenas superaram as adversidades, mas as utilizaram para se fortalecer. E agora, diante de vocês, estende-se um novo horizonte, com águas calmas e um destino pronto para ser escrito. A partir deste momento, não são apenas companheiros de uma jornada, mas criadores de uma nova história.

Que essa relação, forjada no calor da superação, seja mais do que apenas um espaço de conforto. Que ela se torne um instrumento divino de edificação, um campo fértil onde ambos possam florescer – física, emocional e espiritualmente. Porque, afinal, esta jornada é sobre evolução, e vocês estão destinados a crescer juntos.

A cada passo, a cada novo capítulo que escrevem a dois, lembrem-se de que o amor é a soma de tudo o que vocês são e tudo o que estão se tornando. O que começou como uma travessia desafiadora agora se transforma em dança harmoniosa entre parceria, respeito e crescimento mútuo.

Vocês não chegaram ao fim desta história, mas ao começo de algo maior. Um destino propício, onde o amor verdadeiro não apenas sobrevive, mas prospera. Convido vocês a enxergarem a jornada linda que percorremos, analisando de forma resumida todos os capítulos pelos quais navegamos.

RESUMO DA JORNADA: PRINCIPAIS ENSINAMENTOS

1. **Arte e ciência do amor – explorando os mistérios da conexão humana:** vocês descobriram o verdadeiro significado do amor, não apenas como sentimento, mas como a essência que guia nossa vida e relacionamentos. O amor é o alicerce que sustenta a jornada humana, nos impulsionando a crescer e evoluir juntos.

2. **A crise dos relacionamentos modernos – um chamado para a transformação:** exploramos o cenário preocupante dos relacionamentos modernos, marcados por crises emocionais, pressões externas e desconexão. Vocês enxergaram a necessidade urgente de transformação e mudança, abrindo espaço para uma nova forma de se relacionar, baseada em autenticidade e autoconhecimento.

3. **Objetivos e importância de blindar o relacionamento:** entenderam que blindar o relacionamento contra as adversidades é essencial para construir um vínculo emocional sólido e duradouro. Criar uma base resiliente auxilia o casal a enfrentar as tempestades da vida sem se perder.
4. **Amor-próprio – a base de tudo:** o amor-próprio é o pilar sobre o qual se constrói qualquer relacionamento saudável. Vocês aprenderam que é impossível amar plenamente o outro sem antes valorizar, compreender e respeitar a si mesmos. O autocuidado emocional e físico é essencial para o crescimento da relação.
5. **Parceria, não competição – a essência de um relacionamento duradouro:** os integrantes de um casal precisam agir como parceiros, não como rivais. A competição enfraquece o vínculo e mina a confiança. Vocês descobriram o poder de se apoiarem mutuamente, construindo uma base de cooperação e crescimento conjunto.
6. **Desconstruindo o machismo estrutural:** vocês se confrontaram com as profundas raízes patriarcais e machistas ainda presentes na sociedade. Questionar crenças limitantes e superar os papéis de gênero tradicionais é fundamental para construir um relacionamento igualitário, onde ambos se sintam valorizados e respeitados.
7. **O peso que cada um carrega – a jornada de reconhecimento e cura:** entender os traumas e experiências passadas que cada parceiro traz para o relacionamento é essencial. Vocês exploraram como a comunicação empática e aberta é capaz de aliviar esses pesos emocionais, permitindo que o casal cresça e se cure juntos.
8. **Neurociência das diferenças fisiológicas – desvendando os mistérios entre homens e mulheres:** aprenderam sobre as diferenças

hormonais e cerebrais entre homens e mulheres, e como tais diferenças influenciam o comportamento e o desejo. Aceitar e celebrar essas particularidades é o caminho para um relacionamento baseado no respeito e na compreensão mútua.

9. **Deixar pai e mãe – a jornada de autonomia conjugal:** a independência emocional das famílias de origem é um passo crucial na construção de um relacionamento sólido. Cada casal precisa criar a própria história, aprendendo a honrar o passado, mas focando no presente e no futuro que estão construindo juntos.

10. **Comunicação – o pilar de toda relação:** vocês aprenderam que a comunicação efetiva e a escuta ativa são os alicerces de qualquer relacionamento duradouro. A técnica da comunicação não violenta (CNV) foi explorada como uma ferramenta poderosa para resolver conflitos, fortalecer o vínculo e trazer harmonia ao casal.

11. **A doença do ciúme e da posse:** vocês descobriram como o ciúme e o sentimento de posse podem destruir a confiança e o respeito no relacionamento. Esses sentimentos corroem a liberdade individual e criam uma atmosfera de desconfiança que mina a base do amor.

12. **As cinco linguagens do amor:** aprenderam a identificar e compreender a linguagem de amor do parceiro, o que fortalece a conexão emocional e cria uma relação mais profunda e significativa. Falar a linguagem de amor correta é a chave para nutrir o vínculo e demonstrar afeto de forma eficaz.

13. **Espiritualidade e relacionamentos:** seja por meio da religião ou de práticas espirituais seculares, a espiritualidade fortalece o vínculo emocional e dá um propósito mais profundo à relação. Um casal

unido em sua espiritualidade tem maiores chances de prosperar em todas as áreas da vida.

14. **A neurociência da conexão sexual:** exploraram como o vínculo sexual e emocional é vital para a saúde do relacionamento. Ressignificaram o sexo como ato sagrado e fundamental para a intimidade do casal, entendendo as diferentes necessidades de homens e mulheres.

15. **Redes sociais e o seu impacto destrutivo:** as redes sociais podem ser um campo minado para os relacionamentos, gerando comparações irreais e inseguranças desnecessárias. Aprenderam a importância de se desconectar digitalmente para se reconectar emocionalmente com o parceiro.

16. **Queixas e resoluções – ajustando as arestas da relação:** descobriram como expressar queixas de forma respeitosa e saudável, evitando que pequenas frustrações se transformem em problemas massivos. A resolução de conflitos se tornou uma prática de cura e fortalecimento, alinhando o casal para uma vida de harmonia.

17. **Os caminhos de resolução de conflitos:** vocês aprofundaram seus conhecimentos em técnicas eficazes de resolução de conflitos, como o método Gottman, a Terapia Focada nas Emoções (EFT) e o mindfulness. Essas técnicas fornecem ferramentas práticas para criar um ambiente de entendimento e colaboração dentro da relação.

18. **Superando as crises:** aprenderam a enfrentar juntos crises financeiras, problemas de saúde e outras adversidades, usando esses desafios como oportunidades para fortalecer o relacionamento. A resiliência emocional e espiritual foi desenvolvida como uma blindagem contra as tempestades da vida.

19. **Confiança e respeito – os pilares fundamentais de um relacionamento:** vocês entenderam que sem confiança e respeito, o relacionamento não tem uma base sólida. Esses dois pilares são o alicerce do amor duradouro e sustentam todas as outras dimensões do relacionamento.

20. **Planejamento financeiro e metas conjuntas:** o planejamento financeiro é crucial para a estabilidade do casal. Independentemente da situação financeira, vocês aprenderam a importância de alinhar metas, poupar, investir e criar um plano financeiro conjunto para construir uma vida segura e equilibrada.

21. **Filhos e outras transições de vida:** entenderam os desafios que a chegada de filhos e outras grandes mudanças trazem para o relacionamento. Vocês aprenderam como manter a conexão emocional, mesmo durante as transições mais desafiadoras.

22. **Legado e crescimento contínuo:** o casal que planeja e trabalha em seu crescimento contínuo constrói um legado duradouro. Vocês entenderam que, ao alinhar sonhos e metas, é possível criar um impacto que transcende a vida individual e deixa marcas positivas para o futuro.

23. **Nossa jornada:** ao olhar para trás, vocês podem ver a travessia que realizaram juntos. Cada capítulo fortaleceu seu compromisso e amor, deixando-os preparados para criar uma nova história, baseada em confiança, respeito e crescimento mútuo.

REFERÊNCIA:

1. JUNG, Carl Gustav. *Man and his symbols.* Nova Iorque: Dell Publishing, 2012.

Capítulo 24

CRIANDO UMA NOVA HISTÓRIA JUNTOS

Chegar até aqui é mais do que uma conquista; é uma jornada de coragem, resiliência e, acima de tudo, amor. Cada página que vocês leram, cada reflexão que fizeram, cada conversa difícil que enfrentaram juntos, foi um passo na construção de um relacionamento que se fortalece a cada desafio. **Parabéns por terem chegado até este ponto**, por se permitirem crescer e, sobretudo, por acreditarem que um amor verdadeiro vale a pena.

O ato de amar é, em si, uma travessia. Nem sempre o caminho foi fácil, mas a escolha de continuar, de olhar nos olhos um do outro e dizer "nós podemos superar", é um gesto grandioso de fé. Fé no amor, na união e na capacidade de vocês dois de escreverem uma nova história.

Carl Jung disse: **"Não sou o que me aconteceu, sou o que escolho me tornar"**[1]. E agora, ao final desta jornada, vocês também não são definidos pelos erros, pelas dores ou pelos tropeços que marcaram o passado. Vocês são o que decidem ser daqui em diante. Vocês são o casal que escolhe crescer juntos, que opta pela harmonia, pelo respeito e pela construção diária de um amor renovado.

Este é o momento de celebração. Celebrem não apenas por terem chegado até aqui, mas por terem descoberto, juntos, a força que reside em vocês. Vocês atravessaram tempestades e, em vez de se deixarem levar pela correnteza, escolheram remar juntos para um horizonte de paz, união e propósito.

Agora, diante de vocês, está uma nova página em branco. A história que vocês vão escrever a partir de agora será construída com os pilares que solidificaram nesta jornada: confiança, respeito, comunicação, amor e, acima de tudo, compromisso. Não com a perfeição, mas com a constante busca de serem melhores, individualmente e como casal.

Vocês estão criando um legado de amor. Um legado que vai além de vocês dois, que inspirará as gerações que vierem, que tocará a vida das pessoas ao seu redor. A travessia foi longa, mas a verdadeira aventura está apenas no início. E agora, com todo o aprendizado que carregam no coração, têm o poder de criar uma nova história, mais bela e verdadeira do que qualquer uma já contada.

O amor, em sua essência, é uma escolha contínua. Ao escolherem criar uma nova história juntos, vocês abraçam a oportunidade de reescrever o futuro de maneira consciente, comprometida e cheia de esperança. Já passaram por desafios e crises, mas agora têm em mãos as ferramentas para moldar um relacionamento baseado na confiança, no respeito e na intimidade.

O que define um grande relacionamento não é a ausência de conflitos, mas a capacidade de superá-los e se fortalecer a cada novo desafio. Como Viktor Frankl disse: **"A vida nunca se torna insuportável pelas circunstâncias, mas apenas pela falta de sentido e propósito"**. Vocês estão dando ao relacionamento um novo propósito, uma nova direção.

Agora, olhem para o futuro com coragem e determinação. A nova história que estão escrevendo é só de vocês – cheia de possibilidades e amor. Vocês têm em suas mãos o poder de construir algo extraordinário, algo que transcenda as dificuldades e se transforme em uma história de amor resiliente e duradoura.

Para criar uma nova história, vocês precisam se perguntar: "Quem somos como casal? E quem queremos ser?". Esta reflexão abre as portas para um novo começo, onde ambos têm a oportunidade de deixar o passado para trás e focar na construção de um futuro conjunto.

A nova narrativa é moldada por decisões conscientes e alinhadas com os valores que vocês desejam ver refletidos no relacionamento. Esse processo não acontece de forma automática, mas sim por meio de práticas intencionais que reforçam os laços e recriam a base do amor e da confiança.

PRÁTICA APLICÁVEL: A CARTA DE RENOVAÇÃO DO AMOR

Agora que vocês chegaram ao final dessa jornada de transformação, é hora de transformar a teoria em prática. Este exercício, a "carta de renovação do amor", será um símbolo tangível do compromisso renovado que vocês estão assumindo um com o outro. Ele não só reforça a união, mas também serve como um lembrete constante de que o amor é construído todos os dias, com ações e intenções claras.

1. **Escrevendo a nova história:** escolham um momento especial, livre de distrações, onde ambos possam estar emocionalmente presentes. Esse exercício requer calma e foco, pois é o momento em que vocês irão escrever, individualmente, suas visões sobre o futuro do relacionamento. Reflitam sobre tudo o que aprenderam ao longo desta jornada: as dificuldades que superaram, as descobertas que fizeram sobre si mesmos e sobre o outro, e o amor que decidiram renovar.
   Escrevam, de forma honesta e sincera, o que desejam para o futuro do relacionamento. O que cada um de vocês espera? Quais são os sonhos

compartilhados? Quais são as mudanças que gostariam de implementar daqui para a frente? Não se preocupem em seguir uma estrutura rígida, mas sim em deixar que a autenticidade flua. Essa é a oportunidade de registrar suas esperanças e expectativas, sem censura ou julgamento.

2. **Compartilhando e unificando as visões:** o segundo passo é compartilhar essas cartas com o outro. Este é um momento de profundo respeito e empatia. Enquanto um lê sua carta em voz alta, o outro ouve com total atenção, sem interrupções, acolhendo cada palavra e cada sentimento. Depois de ambos terem lido suas visões, é hora de unificá-las em uma única "carta de renovação do amor".

   Essa carta final deve ser um reflexo das duas perspectivas, fundindo os desejos e expectativas de ambos em uma visão conjunta. O objetivo é que essa carta se torne um símbolo vivo do compromisso de ambos em escrever uma nova história, uma que transcenda as dificuldades do passado e seja pautada por amor, respeito, confiança e crescimento mútuo.

3. **Compromisso com ações:** palavras são poderosas, mas é nas ações que o amor ganha força e profundidade. Para que a nova narrativa se concretize, ambos precisam se comprometer com atitudes práticas e consistentes. Definam juntos três ou quatro ações concretas que podem realizar semanalmente para nutrir o relacionamento e aproximar-se da visão compartilhada na "carta de renovação do amor".

Exemplos de ações concretas:

Dia semanal de conexão: reservar uma noite por semana, sem exceções, para um "encontro", onde possam conversar, se divertir ou simplesmente passar um tempo de qualidade juntos, sem distrações tecnológicas.

Verificação emocional: uma vez por semana, façam um "*check-in*" emocional para discutir como estão se sentindo em relação ao relacionamento e como podem melhorar a conexão.

Atos de gentileza diários: cada um se compromete a realizar pequenos atos de gentileza e carinho ao longo do dia, como preparar o café da manhã para o outro, enviar uma mensagem de apoio no meio do dia ou planejar uma surpresa ocasional.

Tempo de autocuidado e individualidade: também é importante que ambos reconheçam a necessidade de espaços individuais. Definam momentos em que cada um pode focar em si mesmo, seja para um hobby, um encontro com amigos ou um tempo de reflexão pessoal.

4. **O valor do compromisso contínuo:** lembrem-se de que a carta não é um documento estático, mas um compromisso vivo. Assim como o amor e o relacionamento, ela deve evoluir ao longo do tempo. Revisitem-na periodicamente, ajustem as metas e ações conforme necessário e celebrem os momentos de conquista e superação.

Ao escrever e honrar essa carta, não estão apenas selando um pacto de amor, mas criando um legado que será a base de um relacionamento blindado, saudável e próspero. Cada pequena ação é uma forma de alimentar o relacionamento, transformando os sonhos de hoje nas conquistas de amanhã.

Esta jornada não termina aqui. Ao escreverem sua carta de renovação, vocês estão plantando as sementes de um futuro repleto de amor, parceria e crescimento. Cada palavra e cada ação contida neste compromisso irá reforçar os laços que os unem, permitindo que continuem a construir uma história de amor que atravessará o tempo e as adversidades.

REFERÊNCIA:

1. JUNG, Carl Gustav. *O eu e o inconsciente*. Trad. Dora Ferreira da Silva. Petrópolis: Vozes, 2019.

Capítulo 25

O FIM É APENAS O COMEÇO

Depois de tantas tempestades, desafios e momentos de incerteza, vocês finalmente chegaram à calmaria. A travessia até aqui não foi fácil, mas agora, diante de águas tranquilas, a verdadeira jornada se revela. O destino que tanto ansiavam não é um porto seguro e definitivo, mas sim um convite para continuar navegando. A calmaria que vocês sentem agora é o resultado de todo o esforço, do autoconhecimento, da transformação e do crescimento que percorreram juntos. Mas uma pergunta crucial permanece: o que farão daqui para a frente?

É neste exato momento que vocês devem fazer a escolha mais importante de sua vida: tomar todas as lições, técnicas e ferramentas que aprenderam e aplicá-las a cada nova tempestade que surgirá no horizonte ou continuar navegando em um barco cheio de furos, que inevitavelmente afundará na próxima chuva. A decisão é simples, mas poderosa: construir um relacionamento inabalável, blindado e resiliente, ou se manter à deriva em um mar de incertezas, vulnerável aos ventos das dificuldades cotidianas.

Carl Jung nos lembra: **"Sua visão se tornará clara apenas quando você puder olhar para o seu próprio coração. Quem olha para fora, sonha; quem olha para dentro, desperta"**[1]. E foi isso que vocês fizeram ao longo dessa jornada. Olharam para dentro de si, enfrentaram suas sombras e despertaram para uma nova forma de amar. Vocês não são mais os mesmos de quando começaram; agora, têm em mãos a sabedoria necessária para navegar pelas águas mais turbulentas sem perder o rumo.

Este capítulo final não é um adeus, mas um recomeço – um convite para que continuem a se reinventar, a crescer e a construir, juntos, um legado de amor verdadeiro. O amor, como vocês agora sabem, não é um destino final, mas um processo contínuo de escolhas diárias, pequenas e grandes. É, como Viktor Frankl disse: **"Aquilo que dá luz deve suportar o calor".** Vocês suportaram o calor das dificuldades, e agora brilham como fonte de luz um para o outro.

Mas não se enganem: novos desafios virão. A vida tem sua própria maneira de testar até os vínculos mais fortes. Haverá momentos em que o barco, por mais firme que seja, será sacudido. No entanto, vocês agora têm a clareza de que o amor é uma escolha constante, e não apenas um sentimento. Sabem que cada adversidade é uma oportunidade de fortalecer ainda mais o relacionamento.

Sigmund Freud alertou: **"As emoções reprimidas nunca morrem. Elas são enterradas vivas e ressurgem de piores maneiras"**[2]. Mas vocês não reprimiram nada. Enfrentaram emoções, queixas, medos. Escolheram o caminho mais difícil – o de ressignificar as dores, em vez de enterrá-las. Ao fazer isso, transformaram o que poderia ser o fim em um novo começo. Transformaram mágoas em compreensão, falhas em aprendizados e inseguranças em confiança.

Agora, diante de vocês, está a escolha de continuar navegando com sabedoria, utilizando tudo o que aprenderam. Cada pequena ação, gesto de carinho, palavra gentil e diálogo sincero será como uma nova camada de proteção para esse barco que estão construindo juntos. Um barco que, com o tempo, se tornará inabalável, resistente às tempestades mais violentas.

Guardem este livro como um amuleto para a jornada do casal, retomem a leitura sempre que necessário e pratiquem uma autoavaliação toda vez que possível.

Este legado de amor transformado é o maior presente que vocês podem dar um ao outro – e aos que estão ao redor, testemunhando sua jornada. Vocês provaram que o amor verdadeiro é dinâmico, vivo e floresce à medida que ambos continuam a se transformar. O fim desta leitura não é o fim da jornada; é o ponto de partida para algo ainda maior, ainda mais profundo. O amor de vocês agora está blindado, pronto para enfrentar o que vier, pois vocês escolheram, juntos, navegar no mesmo barco – um barco inabalável, feito de amor, respeito, confiança e crescimento contínuo.

A partir de agora, a história é de vocês.

REFERÊNCIAS:

1. JUNG, Carl Gustav. *O eu e o inconsciente.* Trad. Dora Ferreira da Silva. Petrópolis: Vozes, 2019.

2. FREUD, Sigmund. *Estudos sobre a histeria.* Trad. Paulo César de Souza. São Paulo: Companhia das Letras, 2019.

COMPARTILHEM ESSA JORNADA

Vocês chegaram até aqui, e essa conquista não é apenas de vocês. A transformação que viveram ao longo desta jornada tem o poder de inspirar, impactar e transformar muitos outros casais. Quando o amor floresce, ele se expande, e o que vocês construíram juntos pode ser o início de uma grande corrente de cura e união que vai além das suas vidas.

Agora, convido vocês a se conectarem comigo nas redes sociais, para que continuemos essa troca. Quero saber como esta jornada tocou o coração de vocês e como seus relacionamentos se fortaleceram. Compartilhem suas histórias, vitórias e até os desafios superados. Juntos, podemos criar uma comunidade de casais comprometidos com o amor, o respeito e a transformação. Me encontrem nas redes sociais, @gustavotait – será uma honra caminhar ao lado de vocês nessa continuidade da jornada.

E mais do que isso, espalhem essa mensagem de amor e reconexão. Indiquem este livro para o máximo de casais possível. Presentear alguém com este livro é mais do que entregar páginas de conhecimento – é dar a oportunidade de salvar e fortalecer relações, de construir legados de amor e união.

Quando vocês compartilham esta jornada, multiplicam o poder da transformação. Vocês podem ser a chama que levará luz a muitos outros corações, ajudando a curar e transformar casais ao redor do mundo. Vamos, juntos, formar uma corrente de amor, resiliência e união que toque vidas e inspire a todos. O poder de um relacionamento blindado não conhece fronteiras.

A transformação começa com vocês, mas o impacto pode ser infinito.

Obrigado por permitirem que eu faça parte dessa travessia. Que o amor que vocês conquistaram ecoe pelo mundo.